COMMISSAIRE-PRISEUR

www.editions-jclattes.fr

Simon de Pury
et William Stadiem

COMMISSAIRE-PRISEUR

Traduit de l'anglais (États-Unis)
par Marie Boudewyn

JC Lattès

Titre de l'édition originale :
THE AUCTIONEER, Adventures in the Art Trade
Publiée par St. Martin's Press, New York

Ouvrage publié sous la direction éditoriale
de Sibylle Zavriew-Zutter

Maquette de couverture : Atelier Didier Thimonier
Photo : Simon de Pury © Courtesy Phillips ; Artwork © 2015 the Andy Warhol Foundation for the visual arts, inc./artists rights society (ARS) New York

ISBN : 978-2-7096-5690-0

Première édition octobre 2016.

À mes enfants : Alban, Charles, Loyse,
Balthasar et Diane Delphine

Remerciements

Ne possédant qu'une capacité de concentration limitée, j'ai lu très peu de livres au cours de ma vie. L'un des rares que j'aie terminés s'intitule *Haute Curiosité.* Il date de 1975 et Maurice Rheims en est l'auteur. Les Mémoires de ce commissaire-priseur français pour qui l'art tournait à l'obsession me marquèrent profondément jeune homme. « Voilà le genre de vie auquel j'aspire ! » en conclus-je aussitôt. J'ai eu la chance, jusqu'ici, de ne pas connaître de routine et de ne jamais m'ennuyer ; l'exaltation a même parfois dépassé la mesure, à mon goût. Comme le clame à juste titre une œuvre de Jenny Holzer : « Protégez-moi de ce que je veux ». L'empreinte laissée en moi par les Mémoires de Rheims m'a donné l'envie de livrer mon expérience à mon tour.

Mon vieil ami Stanley Buchthal n'a pas cessé de m'y encourager. Je lui suis fort reconnaissant de l'impulsion déterminante qu'il m'a donnée.

Avoir la patience de lire un livre est une chose ; être assez discipliné pour un rédiger un en est une autre. Une adorable « plume » m'a été présentée. Au bout de deux séances, elle m'a envoyé un chapitre à titre d'exemple. Sa lecture, celle de ma propre histoire pourtant, m'a plongé dans l'ennui. Peu après, par pure coïncidence, Jeffrey Deitch (à l'époque directeur du MoCA de Los Angeles) m'a présenté Bill Stadiem. Auteur et scénariste à succès, Bill s'était adressé à lui dans l'intention de coucher sur le papier ses Mémoires mais Jeffrey ne voulut pas s'embarquer dans un projet d'une telle vanité. Je sais gré à Jeffrey de m'avoir présenté Bill.

Ce fut le début de longs échanges via Skype entre Londres et Los Angeles. J'avais l'impression de m'adresser à un psy ; je parlais à tort et à travers tandis que Bill, de temps à autre, me lançait une question révélatrice. La discrétion innée et le caractère suisse s'accordent mal avec la rédaction d'une autobiographie. Bill n'arrêtait pas de me dire : « Des noms ! donne-moi des noms ! »

Quand je pris enfin connaissance du résultat de toutes nos conversations, j'y retrouvai certaines anecdotes mais pas du tout mon « ton ». Je ne tardai pas à admettre que cela valait mieux ainsi, et la capacité de Bill à transformer certains de mes « coups de pinceau impressionnistes » des plus approximatifs en descriptions précises et détaillées m'a épaté. Je lui voue une profonde reconnaissance et le remercie de sa collaboration et de sa patience.

Le moteur à l'œuvre derrière tout ce que j'entreprends reste mon amour, ma curiosité, ma passion pour l'art. J'estime que j'ai de la chance de pouvoir m'y consacrer. Pour qui raffole des bonbons, rien de mieux que de travailler dans un magasin de sucreries !

À l'heure des bilans, aucune de nos réalisations ne garde de sens, mise en balance avec l'amour inconditionnel de nos familles. Je voue une reconnaissance sans bornes à mon épouse, ma collaboratrice et la mère de ma plus jeune fille : Michaela, qui m'apporte un soutien absolument fabuleux. J'éprouve par ailleurs une immense gratitude envers Isabel, la mère de mes quatre enfants aujourd'hui adultes, pour son appui absolument formidable et aussi parce qu'elle a été la seule personne en dehors de Stanley à lire ce livre à l'état de manuscrit.

Les pages qui suivent ne relatent qu'une partie des extraordinaires aventures que j'ai vécues, et de nombreuses personnalités du milieu de l'art et de proches amis collectionneurs n'y reconnaîtront pas leur nom, peut-être à leur grand soulagement.

Je tiens à remercier mes deux inestimables collègues, Harmony Hambly-Smith et Mark Ferkul, qui m'ont aidé à chaque étape.

Mes remerciements s'adressent enfin à notre agent littéraire, Dan Strone, qui a trouvé en St. Martin's Press la meilleure maison d'édition possible.

Enfin, merci à Jennifer Weis, ma merveilleuse éditrice, à Sylvan Creekmore, Sally Richardson et toute l'équipe de St. Martin's Press.

1

Un nu en guise de portrait

Si quelqu'un avait alors besoin de rebondir, c'était bien moi. Professionnellement, mes projets de transformer le duopole de maisons de vente constitué par Sotheby's et Christie's en triumvirat dont j'aurais fait partie s'étaient envolés en fumée dans les décombres du 11 Septembre. Je ne pouvais pourtant pas rêver meilleur partenaire financier que le magnat français du luxe Bernard Arnault, ni meilleure associée en affaires que mon ex-collègue de chez Sotheby's, pour l'heure galeriste, Daniella Luxembourg. Hélas ! à l'automne 2001, le monde qu'on dit « réel » et celui de l'art, à la réalité parfois douteuse, étaient tous deux sens dessus dessous à cause d'Al-Qaida et de la terreur qui régnait alors sur la haute finance, ébranlant la confiance des collectionneurs même les plus indifférents à la géopolitique et aux poches les mieux garnies. Arnault avait pris le large et Daniella s'apprêtait à l'imiter. En incurable optimiste, je refusais toutefois d'admettre l'impossibilité de sauver ma barque bien que, de l'avis général, elle prît l'eau plus vite que le

Titanic. O Captain ! Dans le milieu de l'art, tous prenaient soin d'éviter le condamné en sursis pour lequel je passais alors, aussi bien dans Bond Street que sur Madison Avenue ou les rues de Ginza.

Sentimentalement aussi, ma vie courait au désastre. Je suivais dorénavant un chemin distinct de celui de mon épouse Isabel, que j'ai considérée pendant nos nombreuses années de mariage comme la plus brillante des femmes, sur le plan intellectuel. Je nouai ensuite une liaison avec Louise Blouin MacBain, ébloui par l'habileté de cette entrepreneuse de génie. Son pouvoir et sa réussite, sans parler de la magnificence de son style de vie à la Marie-Antoinette, détenaient des vertus aphrodisiaques. L'éclat de son aura a dû jouer sur mon ambition à défier les géants Sotheby's et Christie's. Mais de notre histoire, il ne restait plus que des cendres et j'allais à la dérive. L'art a toujours été pour moi source de réconfort aussi bien que d'inspiration. Alors même que je touchais le fond, ce fut chez une artiste que je puisai l'un et l'autre.

Ahn Duong était hautement convoitée dans le milieu de l'art et je n'exclus pas de m'être épris d'elle à cause de cette même mégalomanie qui m'attirait à ce moment-là vers les Bernard Arnault, Louise MacBain et consorts. Tout comme le chant des sirènes a bien failli conduire Ulysse à sa perte. Les Grecs de l'Antiquité avaient analysé le concept. Malheureusement, il ne restait personne à bord de ma barque, baptisée Phillips de Pury et près de sombrer, pour m'attacher au mât et m'éviter de succomber aux séductions fatales. Qu'on me pardonne mes rêves de grandeur : ils ne manquaient pas de fondement, après tout. Le sort m'avait doté d'une femme et de quatre enfants fabuleux, et lancé dans une carrière trépidante. J'avais occupé deux des postes les plus convoités du monde de l'art : celui de conservateur de la collection Thyssen-Bornemisza, la plus belle au monde des collections privées, n'ayant de rivale que celle de la reine d'Angleterre, et celui de P-DG de la colossale branche européenne de Sotheby's. Je ne pouvais plus m'empêcher de voir grand : tels étaient les risques de mon métier. Et voilà désormais que les périls s'accumulaient et me menaçaient.

Par chance, Anh Duong, au talent et à la beauté pourtant remarquables, ne se prenait pas pour une femme fatale. Anh, aux origines espagnoles et vietnamiennes des plus exotiques, est née à Bordeaux. Après des études d'architecture aux Beaux-Arts de Paris, elle devint danseuse puis mannequin – le fleuron des couvertures de *Vogue,* des défilés d'Yves Saint Laurent et de Christian Lacroix. Elle ravit ensuite le cœur de Julian Schnabel à son épouse Jacqueline, dessinatrice de mode. Et là, c'était le mien qu'elle s'apprêtait à ravir, certes à rien de plus qu'à la prostration, la solitude et la commotion liée au défi de sauver la maison Phillips de Pury de l'oubli précoce qui la guettait.

Ce qui m'emballait le plus chez Anh Duong ne tenait pas à son statut de mannequin mais d'artiste. Elle avait en effet bénéficié des encouragements de Schnabel, connu autant pour ses immenses peintures sur des fragments d'assiettes cassées que pour son ego surdimensionné : il se vantait d'être le nouveau Picasso comme Cassius Clay se targuait de boxer mieux que personne depuis Joe Louis. Le fait qu'un ego d'une telle dimension ait toléré la maturation artistique d'Anh en disait long sur la personnalité de celle-ci.

Un beau jour, Schnabel lui acheta un chevalet, des pinceaux et des couleurs, avec lesquels elle se mit à s'amuser. Au fil du temps, elle adopta un style rappelant un peu celui de Frida Kahlo. On la connaît surtout pour ses autoportraits, où elle apparaît souvent nue ou en lingerie transparente.

Anh et Schnabel rompirent à la veille du remariage de celui-ci avec une actrice espagnole, Olatz. L'artiste vivait depuis dans son atelier de la 12ᵉ rue Ouest, non loin des nouveaux locaux de Phillips de Pury, dans la 15ᵉ rue, où je venais de battre précipitamment en retraite ; mes calamiteuses tentatives de concurrencer les plus grandes maisons de vente m'ayant contraint à fuir la 57ᵉ rue et ses loyers exorbitants. À l'époque, le Meatpacking District attendait encore de se changer en nouveau SoHo, et je me plais à croire que j'ai contribué à la gentrification culturelle du quartier. Je fis la connaissance d'Anh lors d'un dîner chez *Pastis* et lui laissai entendre un peu cavalièrement que j'aimerais lui commander mon portrait. Tout aussi cavalièrement, elle accepta de le réaliser. Rejouions-nous, en plus moderne, la scène de séduction où l'on invite l'objet de sa convoitise à jeter un coup d'œil à ses gravures ? Je ne pense pas. Je ne songeais à rien de sentimental, à ce moment-là, du moins pas consciemment.

Anh s'était acquis une certaine réputation comme portraitiste. Elle venait tout juste de croquer le grand collectionneur d'art contemporain Aby Rosen, un magnat de l'immobilier établi à New York mais originaire de Francfort, futur acquéreur du Lever House et du Seagram Building, deux des édifices parmi les plus convoités de la ville. Ahn l'avait représenté en caleçon. Elle peignait à présent la mannequin Karen

Elson, célèbre pour sa pâleur et ses cheveux de flamme, dans le plus simple appareil. Je me demandai ce qu'elle me réservait.

Les séances de pose tendent à s'éterniser et à faire naître une certaine intimité entre le peintre et son modèle. Je crois me rappeler qu'il fallut cent cinquante heures à Lucian Freud pour venir à bout du portrait de Heini Thyssen, en une quinzaine de mois, de 1981 à 1982.

Je ne savais pas trop ce que j'attendais d'Anh, hormis qu'elle mette moins de temps à me représenter qu'il n'en avait fallu à Freud pour Heini et qu'elle ne me figure pas nu. J'exigeai d'apparaître dans le costume Caraceni, à double rangée de boutons, qui me tient lieu d'uniforme ; une manie vestimentaire héritée de mon ancien patron, le baron Hans Heinrich Thyssen-Bornemisza qui m'envoya lui-même à Milan procéder à mes premiers essayages. Depuis, je n'ai plus décroché. Tailleur des rois et roi des tailleurs, Caraceni habillait les têtes couronnées d'Italie et de Grèce du temps où elle portaient encore la couronne, mais aussi Gianni Agnelli, Cary Grant, Gary Cooper, et même de grands couturiers tels qu'Yves Saint Laurent ou Valentino. Grisé par une telle compagnie, je souhaitais passer à la postérité sous ces atours. J'arborerais en outre mon habituelle cravate bleu marine assortie à l'étoffe de mon costume, une chemise blanche et – autre signe distinctif – mon agenda en cuir rouge de chez Smythson, de Bond Street. Les commissaires-priseurs sont connus pour leurs grigris et leurs manies : avant chaque vente, j'ai coutume de croquer une pomme. Et de me parer de quelque chose de rouge. Anh se montra très tolérante.

À l'heure de poser pour Anh, ce qui m'attira le plus chez elle fut son regard observateur, fascinant, qui m'examinait sous toutes les coutures en générant la tension indispensable à toute création artistique. Je me laissai en outre charmer par ses goûts musicaux, parfaits reflets des miens. Nous n'aurions pas pu concevoir nos séances sans musique. Anh opta pour un mélange éclectique dont la moindre mélodie trouvait en moi un écho. Depuis tout petit, je nourris trois passions : l'art, la musique et le foot. Avec Anh, j'en partageais pleinement deux. De fil en aiguille, quelque chose prit forme entre nous. Elle m'offrit une sculpture la représentant. Je lui achetai son portrait de Karen Elson. Bien qu'on l'y voie entièrement nue de face, Anh n'en conçut aucune jalousie. Il s'agissait d'art. Rien de sexuel là-dedans. C'est dire à quel point Anh adhérait à la vie de bohème, version Chelsea. N'empêche que l'art, c'est sexy, plus sexy que quoi que ce soit, aussi finit par arriver ce qui devait arriver.

Entra dès lors en scène Eric Fischl, un artiste que j'admire depuis toujours, et qui perpétue à mes yeux la grande tradition des réalistes américains – l'héritier spirituel de Winslow Homer et Edward Hopper. Dans les années 1980, il n'y avait pas plus fort que lui. Il atteignait alors des sommets, à l'instar de Schnabel et Ross Bleckner, formant avec eux un trio incontournable, découvert et représenté par celle dont l'étoile brillait à l'époque au firmament artistique de SoHo : Mary Boone, Cléopâtre des temps modernes, d'origine comme il se doit égyptienne. Du temps où je dirigeais Sotheby's à Genève, j'invitai en Suisse Eric, au sommet de sa popularité, dans le cadre de mes conférences mensuelles. Y prirent aussi part Jeff

Koons, Karl Lagerfeld et Philippe Starck, preuve que je n'étais pas à la traîne de l'imminente explosion de l'art et du design contemporains.

Compte tenu des aléas du marché, Eric et Mary Boone n'ont plus atteint les succès des années 1980. Eric est connu comme le Degas des banlieues américaines : ses toiles transgressives représentent son alter ego en train de fouiller le sac à main de sa mère qu'il contemple nue endormie sur son lit (*Bad Boy*) ou encore occupé à se masturber dans une piscine de jardin (*Sleepwalker*). Eric n'en concevait aucune aigreur mais prétendre que, pas plus dans le monde de l'art qu'à Hollywood, on ne se réjouit du malheur des autres serait malhonnête. Ce n'était toutefois une tragédie pour personne que les prix de ses œuvres n'atteignent plus sept chiffres, comme auparavant, ou huit comme c'était encore le cas pour ses camarades prodiges. J'y vis plutôt une opportunité à saisir. Un marchand d'art n'apprécie rien tant qu'un artiste sous-évalué. Mon désir d'acquérir une toile d'Eric à bon prix à l'aube du nouveau millénaire s'attisa d'autant plus que je n'en avais pas eu les moyens dans les années 1980.

En 2002, je découvris à la galerie Mary Boone un Fischl dont l'acquisition me parut une nécessité. L'œuvre, peinte dans une maison de Mies van der Rohe transformée en musée, à Krefeld, en Allemagne, qu'elle représente d'ailleurs, s'intitulait *Living Room, Scene 2.* Eric y avait engagé des acteurs pour faire de la banlieue allemande ce qu'il avait déjà fait de celle de son enfance dans l'Arizona. *Living Room* représente un couple aisé dans son domicile cossu, entouré de ce qu'il s'enorgueillit le plus de posséder : un Gerhard

Richter, un Warhol et un Bruce Nauman. Cette toile parlait au collectionneur et plus encore au marchand d'art en moi. J'allai voir Mary et scellai l'achat de la toile par une poignée de main.

Hélas, celle-ci n'échappa pas à la corruption de toute chair. Mary m'annonça bientôt son intention de se dédire et d'annuler la vente. Elle venait de recevoir une offre concurrente du musée d'art de Seattle. Paul Allen, de Microsoft, natif de Seattle, jouait alors les mécènes auprès de la scène artistique émergente de ce Nirvana de la technologie. Des nombreuses superstars que Mary représentait au temps de sa gloire, seuls Eric Fischl et Ross Bleckner lui étaient restés fidèles. Schnabel avait suivi son propre chemin, de même que David Salle, Georg Baselitz, Barbara Kruger et Brice Marden. Quant à Jean-Michel Basquiat, il n'était malheureusement plus de ce monde.

Furibond, je m'insurgeai dans un premier temps contre une telle perfidie de la part de Mary. « Pas question ! affirmai-je, en colère. Un marché, c'est un marché. » Mais il n'y a pas plus obstiné que Mary Boone. Elle voulait vendre le Fischl au musée autant que je tenais à l'acquérir. Elle me proposa un compromis : si tu renonces à *Living Room,* je convaincrai personnellement Eric de réaliser ton portrait. Il n'en peint que très peu, insista Mary, pas près de lâcher le morceau. Et seulement à la demande de ses amis les plus proches, comme Steve Martin.

N'y songe même pas, lui répondis-je. J'avais déjà commandé mon portrait à Anh. Combien me fallait-il de représentations de moi-même ? Et qui étais-je, d'abord ? Louis XIV ? Certainement pas après ma récente débâcle. Et qui voudrait de mon portrait par

Eric Fischl ? Une telle œuvre s'annonçait insipide car la marque de fabrique de Fischl consistait en une tension soutenue entre deux individualités présentes sur la même toile. À mon sens, Eric était aussi doué que Lucian Freud pour matérialiser ce genre de dissonance. Si tu ne me vends pas *Living Room,* j'aime autant mourir, déclarai-je à Mary avant de raccrocher.

J'y réfléchis à deux fois, mais rien d'altruiste ni de noble dans ma conduite. J'entrevis une fabuleuse occasion d'accorder une faveur à Mary, et à moi du même coup, en faisant de ce portrait un Eric Fischl digne de ce nom plutôt qu'un simple hommage à ma personne. La tension caractéristique de ses œuvres prendrait forme à condition de m'adjoindre un autre modèle. Anh Duong. Et celle-ci poserait nue.

Anh s'était si souvent figurée nue sur ses propres toiles que je ne pris pas la peine de la consulter au préalable. Je soumis directement mon idée à Mary, tout de suite enthousiaste. J'en fis part à Eric et il me parut aussi emballé. Puis je prévins Anh, qui me répondit : quand tu veux. Anh avait déjà posé nue pour des artistes tels que Peter McGough, proche de Schnabel dans les années 1980, et qui l'a figurée en pin-up de l'âge d'or du jazz sur *Anh Duong, 1917,* à la manière d'un daguerréotype. En plus, Eric Fischl et Anh étaient de bons amis, et elle appréciait beaucoup son travail.

Par un beau week-end d'été, nous allâmes donc à Montauk honorer notre rendez-vous. Eric vivait à Sag Harbor en compagnie de son épouse, April Gornik, peintre paysagiste reconnue. Il avait fui SoHo et les excès en tous genres liés à son statut d'artiste millionnaire pour se réfugier à l'extrémité orientale quelque peu rustique de Long Island avant que ne l'envahissent les spéculateurs de la haute finance. Eric était tout sauf quelqu'un de maniéré : sportif, il avait échangé des œuvres contre des leçons de tennis avec son pote John McEnroe, et travaillé à ses débuts comme vigile dans un musée de Chicago.

À la différence d'Anh, qui peignait sur le vif, Eric ne travaillait que de mémoire et d'après photos. Il se montra intraitable sur deux points : je n'aurais pas mon mot à dire au sujet du portrait, et ne le verrais qu'une fois achevé. Je m'attendais à ce qu'Eric nous indique très précisément ce qu'il espérait de nous : il ne nous livra aucune instruction. « Alors, qu'est-ce que vous souhaitez ? » nous demanda-t-il. Ni Anh ni moi n'en avions la moindre idée. Elle venait à ce moment-là de se déshabiller et, entièrement nue, ne savait quelle contenance adopter ; pas plus que moi, d'ailleurs, malgré mon costume Caraceni. Eric finit par briser la glace en prenant une suite d'instantanés à n'en plus finir. J'avisai soudain un fauteuil à bascule dans l'atelier au plancher en bois, et y pris place. Anh, sans réfléchir, vint s'asseoir sur mes genoux. Eric monta alors sur une échelle avant de nous mitrailler en plongée. « Bon sang ! J'ai l'impression d'être Helmut Newton ! » s'exclama-t-il. À cet instant, j'eus l'intuition qu'il réaliserait notre portrait sous cet angle.

La séance de pose dura en tout une heure et demie. Une fois Anh rhabillée, nous prîmes le thé le plus décemment du monde avec Eric et April avant de retourner en voiture à Montauk, où nous logions chez des amis. Ma liaison avec Anh se prolongea dix mois pour se terminer avant même la remise de notre portrait. J'avais prévenu Anh que notre amour ne rimerait pas forcément avec toujours mais elle n'en conçut aucun regret. Tout ce qu'elle faisait, elle le faisait pour l'art. Telle était sa philosophie. Quand je découvris enfin la toile d'Eric, elle m'enchanta. Il ne s'agissait pas d'un simple portrait mais d'un authentique Eric Fischl. On y décelait une tension psychologique criante, au point que je me demandai si j'avais jusque-là mesuré la précarité de ma relation avec Anh. J'ai l'air on ne peut plus seul, là-dessus, en dépit de la présence émoustillante d'Anh, nue, en travers de mes genoux. On ne perçoit aucun lien entre nous. Une telle œuvre atteste la capacité d'artistes du calibre d'Eric de discerner la réalité bien au-delà du motif.

Je ne montre à personne cette peinture pourtant en ma possession, de crainte que mes amis ne la déprécient en l'attribuant au démon de midi ou pire encore. En 2012, Mary Boone demanda à me l'emprunter, le temps d'une exposition de portraits d'Eric Fischl dans sa nouvelle galerie de Chelsea. J'acceptai, non sans appréhension. Elle l'accrocha à l'entrée, lui réservant un pan de mur entier. Ce serait la première chose que l'on verrait en entrant. Anh vint y jeter un coup d'œil. En l'avisant, elle éclata de rire. Un critique du *New York Times* descendit en flammes l'exposition, lui reprochant de ne montrer que le pourcentage le plus riche de la population. Je m'en offusquai. Les artistes, tout au long de l'histoire, n'ont-ils pas portraituré les princes de leur temps ? Les Médicis n'appartenaient-ils pas à l'élite financière ?

Cela me fit de la peine pour Mary, et pour Eric, toujours en bonne place sur ma liste des dix à quinze meilleurs artistes actuellement sous-estimés. Le critique du *New York Times* trouva surtout à redire à mon portrait, qu'il présenta comme une « pietà sacrilège ». Eric me devait cette brillante idée et, le pauvre, voilà qu'il essuyait tous les reproches ! Quant à l'autre portrait, à l'origine de toute cette histoire, Anh le termina, lui aussi, peu avant notre rupture. Il ne s'agit pas de sa meilleure œuvre. Notre séparation fut tout sauf amicale et je me demandai si l'art n'imitait pas les ratés de la vie. Au bout du compte, nous avons tous les deux fini par admettre en riant que l'art avait mis à nu la vérité d'une relation qu'il aurait mieux valu s'abstenir d'immortaliser sur une toile.

2

La ruée vers le contemporain

Les artistes contemporains sont les nouveaux maîtres anciens. Pour la bonne raison qu'il ne reste plus de maîtres anciens à écouler, ni par les marchands ni par les maisons de vente. Aujourd'hui, toute leur production appartient à des musées. Il en ira bientôt de même des impressionnistes et des post-impressionnistes, de plus en plus rares parmi les collections privées. Et plus le temps passe, plus les modernes du XXe siècle prennent à leur tour un coup de vieux. Les expressionnistes abstraits, Jackson Pollock et consorts, se parent désormais d'un petit air de maîtres anciens. En 1998, Christie's a bouleversé, si ce n'est les règles du jeu de l'art, du moins leur définition en qualifiant de « contemporaines » les œuvres datées non plus d'après la fin de la Seconde Guerre mondiale mais du lendemain de la révolution des années 1960 (à partir de 1970). Bien que leurs rivaux de Sotheby's aient voulu s'en tenir à 1945, 1970 s'est imposée comme la nouvelle « date limite de production optimale », l'année charnière en matière de vente.

Il s'en est vendu, des œuvres ! Grâce à leur longévité et leur fécondité, les artistes contemporains produisent à n'en plus finir et, en dehors de quelques retournements épisodiques du marché, la demande suit l'offre. Rien ne l'illustre mieux que le discours de Michael Douglas, dans le film *Wall Street*, de 1987, où son personnage clame que « la cupidité a du bon ». Le marché de l'art contemporain a suivi l'exemple de Wall Street. Qui d'autre, en effet, que des barbares massés aux portes, se demanderont peut-être certains puristes, pourraient bien convoiter des œuvres telles que le cendrier rempli de mégots de Damien Hirst, que j'ai vendu chez Phillips en 2001 pour le prix alors record de 600 000 dollars, depuis dépassé par cent trente-sept créations du même artiste – et ce n'est pas terminé ?

Ou encore la *Femme dans la baignoire* de Jeff Koons : une dame sans tête dans un bain moussant, les mains sur les seins, menacée par un intrus dissimulé par un masque de plongée, sous l'eau. En 2000, Christie's l'adjugea pour 1,7 million de dollars avant de déguiser en « panthère rose » la moitié des acteurs au chômage de New York, histoire de créer du battage autour de la mise aux enchères d'une sculpture éponyme de Koons. La manœuvre paya. *Panthère rose* atteignit 1,8 million de dollars, à la surprise y compris de Christie's, qui ne l'estimait au plus qu'à moitié. Je tentai de l'acquérir, sans succès, pour le compte d'un collectionneur particulier, de même que *Fool*, de Christopher Wool, adjugée 420 000 dollars. Peu après, un journaliste vint me demander de but en blanc si je n'étais pas fou. Je lui répondis en riant que j'avais été bien bête (j'employai le mot « *fool* ») de ne pas réussir à mettre la main sur l'œuvre du même nom. La montée croissante des prix a fini par me donner raison. Mon intuition n'était donc pas si folle que ça.

La cupidité a certes du bon. Et c'est aujourd'hui plus vrai que jamais. J'en veux pour illustration l'une des nombreuses soirées de cupidité effrénée à marquer d'une pierre blanche dans les annales de l'art aux prix astronomiques. En ce jour de printemps 2013, Christie's ne ressemblait plus à une maison de vente mais à un casino. Il y avait de l'électricité dans l'air printanier chaud et humide du Rockefeller Center, comme les grands soirs à Monte Carlo, et des joueurs, ou plutôt, des collectionneurs, s'il faut vraiment leur donner ce nom, venus du monde entier ; de Russie, d'Asie et du golfe Persique, aussi bien que des États-Unis mêmes. La clôture de la soirée confirma mon pressentiment : nous allions vivre des instants mémorables. Quinze artistes contemporains battirent des records mondiaux et les ventes rapportèrent un total de 495 millions de dollars. Je venais d'assister à l'adjudication d'œuvres d'art la plus considérable de l'histoire – jusqu'alors.

Les *Dustheads* de Jean-Michel Basquiat remportèrent la palme à 48 millions de dollars. Les temps changeaient, et vite. À peine un an et demi plus tôt, en tant que P-DG de Phillips de Pury, la seule maison rivale du duopole Christie's et Sotheby's, j'avais adjugé un autre Basquiat pour la somme alors record de 16,3 millions de dollars. Voilà que les prix, non contents de doubler, triplaient. Sur le moment, j'avais cependant cru atteindre un sommet. J'adorais établir des records ; la raison d'être de tout marchand d'art ou commissaire-priseur. Mais il restait d'autres pics encore à gravir. Le monde, près de sombrer dans la crise en 2008, se relevait à vitesse grand V, s'il ne renaissait pas carrément de ses cendres. La bourse a priori invulnérable carburait au super et les cours des œuvres suivaient ceux des actions, à un rythme plus effréné encore.

Aujourd'hui, la valeur d'un artiste se mesure souvent au prix de ses œuvres. Quel autre dénominateur commun imaginer entre les acheteurs de Wall Street, de Russie, de Chine et d'Arabie, aux goûts distincts ? À en juger par un tel critère, Jean-Michel Basquiat est le Van Gogh de l'art contemporain. Ces deux génies tourmentés ont de fait été glorifiés à titre posthume au Panthéon du capitalisme culturel. J'espère que de là où il trône à présent, Jean-Michel me sourit avec bienveillance, car je me plais à croire que c'est en partie grâce à moi que le marché l'adule autant. Tout a commencé voici quelques années, quand trois records mondiaux furent établis chez Phillips de Pury.

Le premier, de 8,8 millions de dollars, ce fut son *Grillo* qui l'atteignit en 2007 un hommage monumental (de plus de neuf mètres de large) aux racines portoricaines de la mère de Basquiat. Cette œuvre m'avait subjugué près de dix ans auparavant, à l'époque où je dirigeais la branche européenne de Sotheby's. Elle appartenait à Micky Tiroche, un marchand d'art israélien, qui s'engagea à m'en confier un jour la vente, ce que je pris sur le coup pour une simple promesse en l'air. Étonnamment, Micky tint parole. En son honneur, je soignai mon numéro de commissaire-priseur, adjugeant l'œuvre depuis New York à un acheteur en ligne. Des quantités de ventes se concluent par téléphone avec des acquéreurs soucieux de leur anonymat – entre autres lubies et nonobstant leur renommée.

En 2008, j'établis un autre record, cette fois de 11 millions de dollars, à New York, avec la vente d'*Ange déchu* de Basquiat, sa version personnelle d'une victoire ailée, datée de 1981, l'année des miracles pour l'artiste : avant sa rencontre avec Warhol et le début de leur étroite amitié, à l'époque où les initiés commençaient tout juste à l'aduler ; ce qui ne l'empêcha pas de donner alors le meilleur de lui-même. L'œuvre appartenait jusque-là à un Italien. La réalisatrice Tamra Davis, l'épouse de Mike D, des Beastie Boys, a immortalisé mon éblouissant numéro dans son documentaire *Jean-Michel Basquiat : The Radiant Child.* Manque de chance : la séquence de la vente, remportée par un mystérieux acheteur au bout du fil, a été coupée au montage.

Quoi qu'il en soit, la cote de Basquiat n'allait plus cesser de grimper. Quand, en 2009, mon dernier record en date fut battu chez Sotheby's, une montée d'adrénaline m'incita à surpasser mes rivaux ; d'où la vente en 2012 du portrait *Sans titre* d'un noir nimbé d'un halo, au squelette rouge flamboyant, lui aussi daté du grand cru 1981 et jusque-là propriété de Robert Lehrman. Collectionneur discret de Washington, ville assez peu réputée pour son avant-gardisme, Lehrman, avocat et riche héritier des supermarchés Giant Food, avait acquis deux Basquiat contre 5 000 dollars chacun, à l'époque.

La vente de l'un, avant que le marché de l'art ne s'apparente à une chasse au gros gibier, lui procura un bénéfice convenable, mais l'heure était à présent aux bénéfices inconvenants. L'euphorie régnait. Un tel déferlement d'enthousiasme n'était-il pas insensé ? L'avenir trancherait. Toujours est-il que l'effet boule de neige perdure. Depuis la cession, en 2008, d'une part de Phillips de Pury au groupe Mercury, le conglomérat russe leader du luxe, je disposais grâce aux oligarques d'assez de fonds pour rivaliser avec Christie's et Sotheby's et donner à M. Lehrman les garanties qu'il exigeait. À savoir la somme qui lui reviendrait, même dans le cas où le Basquiat *Sans titre* partirait à un prix inférieur à celui estimé (entre 9 et 12 millions de dollars). Je prenais de gros risques mais qui ne joue pas gros n'empoche pas beaucoup et je m'étais accoutumé aux lancers de dés.

Loin de l'image populaire des ventes aux enchères dans une salle comble où s'agitent les plaquettes d'une multitude d'enchérisseurs, seules trois personnes s'intéressèrent au Basquiat *Sans titre*. Aucune n'était d'ailleurs physiquement présente à Chelsea. Il arrive aux acheteurs potentiels de se livrer une bataille enragée mais ce ne fut pas le cas. La qualité prima sur la quantité. L'exaltation n'en atteignit pas moins son comble. Si les Romains allaient au Colisée voir du sang, les New-Yorkais allaient chez Phillips voir de l'argent. Des experts de la maison représentaient les collectionneurs anonymes tout en suivant l'adjudication sur la toile. Mon rôle de commissaire-priseur consistait à faire monter les prix, comme s'ils se pressaient en personne autour de mon estrade.

On pourrait croire qu'en m'adressant à mes employés au moment de la vente, je prêchais des convertis, mais en réalité, je me donnais autant de mal qu'un missionnaire résolu à convertir une tribu de chasseurs de têtes. Je répandais un évangile d'inspiration transcendantale fondé sur des valeurs pérennes. Et je savais pertinemment qui s'apprêtait à enchérir au bout du fil. Quand l'un des acheteurs potentiels se manifestait, je me tournais vers mes experts, les implorant, eux et ceux qu'ils représentaient, de faire monter les prix, et pas qu'un peu, sous peine que l'objet de leur convoitise leur échappe. Je leur envoyais pour cela des signes sans équivoque : un haussement de sourcils, un coup d'œil appuyé, une inflexion de voix ; peu importait du moment que je leur transmettais avec une subtilité digne d'être récompensée par un Oscar, le message suivant : « Vous devez mieux faire. » Il fallait absolument que les prix enflent : Basquiat m'était monté à la tête.

Loin d'une autre idée répandue, la plupart des ventes aux enchères à huit chiffres ne traînent pas en longueur : vite expédiées, elles n'excèdent pas une dizaine de minutes. Celle-là se conclut au bout de six. Lorsque j'abattis mon marteau et souris au correspondant téléphonique de l'acquéreur, celui-ci venait de s'engager à débourser 16,3 millions de dollars, soit davantage que l'estimation la plus optimiste. Et ce nouveau record, c'était le mien. L'assistance en eut le souffle coupé. Un tonnerre d'applaudissements retentit. Formidable ! Je me doutais bien que ça ne durerait pas, que ça ne pouvait pas durer. Je ne m'en réjouis pas moins. Voilà ce qui rend mon métier palpitant : on ne peut pas s'y reposer sur ses lauriers. Ni, par conséquent, s'y ennuyer.

Les *Dustheads* revinrent à un Malaysien d'une trentaine d'années, un bon vivant du nom de Taek Jho

Low, qui les acquit par téléphone pour 48 millions de dollars – un nouveau record. Nul ne savait d'où il tirait ses revenus. D'après certains, du pétrole, selon d'autres, de l'immobilier, ou peut-être de la vente d'armes. Diplômé de la Wharton School, il avait en tout cas dû y apprendre quelques ficelles et mettre à profit la leçon. L'époque était aux écoles de finance, et les grands collectionneurs étaient plus susceptibles de détenir un MBA qu'une décoration de l'empire britannique ou un nom à particule. Les fortunes liées aux nouvelles technologies, au pétrole et aux fonds d'investissement éclipsaient depuis peu les héritages. Voilà de quel milieu étaient issus ceux qui jouaient gros dans les maisons de vente et les casinos du monde entier.

Le talentueux M. Low comptait parmi les rares grands collectionneurs que je ne connaissais pas encore. Où se cachait-il jusque-là ? me demandai-je en l'inscrivant sur ma liste de personnes à rencontrer. Je balayai des yeux la salle de vente de Christie's. Son revêtement en bois lui donnait un petit air de bibliothèque, plus chaleureux que les murs blanc hôpital de Sotheby's. Mais après tout, ne procédions-nous pas lors des ventes à des opérations ? L'assistance, ou du moins sa partie susceptible d'enchérir, ne se composait que de visages familiers. Forcément. Dans le milieu de l'art, la connaissance, des œuvres et des acheteurs, assure un pouvoir qui se traduit par des bénéfices. L'ignorance ne mène qu'à l'échec et il ne viendrait à l'idée de personne de la qualifier de « bienheureuse ».

À cinq rangs devant moi, face à l'estrade, se tenait Laurent Graff, marchand de diamants londonien parti de peu, originaire de Stepney. Graff se débrouillait aussi bien dans le domaine de l'art que des pierres précieuses ; la beauté intrinsèque de l'un et des autres les rapprochant d'ailleurs. Ce soir-là, il convoitait la *Femme au chapeau fleuri* de Roy Lichtenstein, un hommage pop art à Picasso de 1963, jusque-là propriété de Ron Perelman, de Revlon, estimé à 28 millions de dollars. Je venais un peu plus tôt de prendre le thé avec Graff, chic au possible dans son costume sur mesure de Savile Row : l'image même du roi des diamants qu'il était. Graff avait fait le déplacement à New York rien que pour la vente, en compagnie de son éblouissante compagne anglo-brésilienne, elle aussi joaillière, Josephine Daniel, de plus de trente ans sa cadette et mère de deux de ses enfants.

À l'heure du thé, Graff me confia sa passion pour Lichtenstein. Passionné mais à quel point ? C'est ce que révélerait son bras de fer avec Brett Gorvy, le jeune président de Christie's (d'une cinquantaine d'années), chargé de représenter au pied de l'estrade un acheteur téléphonique anonyme. En dépit de son poste prestigieux, Gorvy, à la différence de Graff, arborait un costume sobre, convenant plus à un banquier ou à un homme de loi ; un intermédiaire, en somme. Dans ce genre de situation, il ne convient pas de voler la vedette aux clients, et Gorvy n'éblouissait que par sa rigueur et son zèle. La compétition entre les deux hommes prit des allures de match de tennis ; Graff enchérissant, un set après l'autre, moins à l'aide de ses gestes de la main quasi imperceptibles que de ses battements de paupières. Les prix montèrent jusqu'à ce qu'il l'emporte à 55 millions de dollars, près du double de l'estimation initiale.

La salle entière se pâma. Les plus grands marchands d'art au monde, réunis pour l'occasion, n'en avaient pas perdu une miette. À commencer par Larry Gagosian, un tombeur impavide aux tempes grisonnantes, Arménien établi à Beverly Hills, le Duveen de sa génération. À côté de lui, les Nahmad, des Juifs syriens détenteurs de véritables empires à Londres et à New York, tenaient le rôle de Wildenstein de leur époque. Plusieurs membres de la famille se trouvaient dans l'assistance mais pas – et son absence ne passa pas inaperçue – Hillel ou « Helly ». Ce trentenaire fort envié, propriétaire d'une galerie en vue sur Madison Avenue, ne comptait plus ses conquêtes mannequins. Il avait initié ses amis de Hollywood, comme Leonardo DiCaprio, aux joies du contemporain. On venait hélas de l'arrêter à Los Angeles, l'accusant de tremper dans un réseau international de paris illégaux. Il allait croupir plusieurs mois en prison avant de revenir à l'art, où il donne aujourd'hui encore le meilleur de lui-même. Ce soir-là, le reste de la famille fit acte de présence mais personne ne fit allusion à Helly. Le spectacle de l'art devait continuer.

Les Mugrabi aussi avaient répondu présents à l'appel. Ces Juifs, syriens également, établis à Bogotá, dans le commerce des tissus, détenaient une collection constituée par le rachat d'immenses lots de peintures au moindre effondrement du marché de l'art. Elle comprenait le plus grand ensemble au monde de Warhol (plus de huit cents pièces), plus d'une centaine de Basquiat, et des œuvres majeures de Damien Hirst, Jeff Koons et Richard Prince, stockées dans de gigantesques entrepôts à Genève et Newark. Au moment de saluer Jose et ses fils David et Alberto, je songeai que les Levantins dominaient décidément le marché de l'art : sans doute avaient-ils tous hérité le gène du commerce. Parmi les Moyen-Orientaux opulents, ne manquait ce soir-là que Charles Saatchi, le magnat de la publicité – Côme de Médicis irakien des Jeunes Artistes Britanniques – à qui l'on devait sans doute plus qu'à tout autre collectionneur la commotion dont je m'apprêtais à être le témoin.

Dans une loge où des rideaux opaques préservent d'ordinaire l'incognito de princes arabes et de sosies de Greta Garbo, se tenait ce soir-là le grand patron de Christie's, François Pinault, qui contrôle aussi bien Gucci que Bottega, Veneta, et Stella McCartney, mais que les Américains connaissent surtout comme le beau-père de l'actrice Salma Hayek. Pinault ne rechigne pas à mettre la main à la pâte : il lui est arrivé, à l'Art Basel, d'enfiler le bleu de travail d'un transporteur, rien que pour jeter un coup d'œil avant tout le monde aux œuvres en vente. C'est dire à quel point le dominent l'esprit de compétition et la volonté de l'emporter. Il y en eut d'ailleurs plus d'un pour considérer comme de la folie suicidaire ma témérité à défier ce géant avec l'appui de son grand rival Bernard Arnault (LVMH, mais aussi Dior, DKNY, Marc Jacobs, et j'en passe), dans la guerre des maisons de vente. Quoi qu'il en soit, François m'adressa un chaleureux salut de la main.

Nous nous étions croisés, quelques jours plus tôt, à une vente de charité au bénéfice de la fondation Leonardo DiCaprio, qui s'évertue à protéger des espèces animales dans leur environnement naturel. *Sauvez le tigre !* Même si l'on ne récolta que 31 millions de dollars à cette occasion, pas grand-chose à côté des

500 millions de la soirée à venir, le battage afférent compensa – qui sait ? – le manque à gagner en incitant les jeunes à partager l'intérêt naissant de leurs stars bien-aimées pour l'art. Outre Leonardo et Salma, on reconnut parmi l'enthousiaste et photogénique assistance Tobey Maguire, Bradley Cooper, Mark Ruffalo et Owen Wilson. Larry Gagosian prouva son enthousiasme pour le projet en déboursant plus de 7 millions de dollars en échange d'un Mark Grotjahn. Un tel geste lui valut une moisson d'autant plus abondante de cœurs à prendre à Hollywood – comme s'il en manquait ! – qu'une fois encore, il se révélait « dans le coup ». À vrai dire, c'est lui-même, le coup.

Quoi qu'il en soit, une vente n'atteint jamais que l'éclat de ceux qui y prennent part, et ce soir-là se trouvait réunie ce qu'en sport on qualifierait d'équipe de rêve. En plus de Graff, était présent l'empereur de Los Angeles, Eli Broad, qui à lui seul ou presque a fait de la capitale du cinéma celle de l'art, en finançant les principaux musées de la ville avant d'y fonder le sien. À plus de quatre-vingts printemps, Eli continue de déployer l'énergie d'un jeune homme. Sa fontaine de jouvence, c'est l'art, qui l'incite à sillonner le globe avec son épouse Edythe (on les surnomme E&E), de foires en foires, dont le côté glamour n'ôte rien au sérieux.

Cela m'a beaucoup flatté qu'Eli Broad songe entre autres à moi pour diriger le MOCA (le musée d'art contemporain) de Los Angeles. À l'issue de notre entretien en 2009, dans sa suite d'hôtel à South Beach, Miami, lors de l'Art Basel, préoccupé par mes propres projets d'alors chez Phillips, je déclinai son offre, non sans regret. Je lui recommandai toutefois mon ami Jeffrey Ditch, éminent marchand d'art et galeriste à SoHo, qui figurait lui aussi parmi le petit nombre d'heureux élus retenu par Eli. La nouvelle de sa nomination, dont je me réjouis d'autant plus que je l'estimais on ne peut mieux taillé pour un tel poste, et son turbulent règne de trois ans au MOCA, attestent la propension d'Eli Broad à s'écarter des conventions, Jeffrey n'ayant nullement suivi le parcours universitaire classique des conservateurs. Les expositions de son cru au MOCA, comme celle consacrée à des graffitis, intitulée « l'art des rues », sortaient vraiment du lot : un parfait reflet de l'anticonformisme foncier de ses bienfaiteurs, les Broad, en dépit de leurs apparences rangées.

Malgré leurs milliards, les Broad sont aussi ternes à première vue que leur collection en impose. Chez eux, c'est sur les murs que ça se passe. Comptable de formation, Eli a fait fortune dans les lotissements, puis dans les assurances, avant de se passionner pour la peinture. Tout a commencé avec l'acquisition par Edythe d'une affiche de Toulouse-Lautrec et d'une estampe de Braque. Elle laissa ensuite lui filer sous le nez une boîte de soupe de Warhol, par crainte des foudres d'Eli : en effet, elle coûtait 100 dollars. Les Broad offrent la preuve vivante qu'on peut devenir collectionneur sans une once de sophistication.

Ce fameux soir, l'homologue d'Eli était là aussi. On doit à Peter Brant, playboy et joueur de polo milliardaire, propriétaire des revues *Art in America* et *Interview,* et producteur des films *Basquiat* et *Pollock*, une formidable fondation doublée d'un musée dans le Connecticut. Warhol prit sous son aile cet authentique amateur d'art, dans l'idée d'en faire son héritier, avant qu'il ne se consacre au mécénat, dès ses jeunes années. Brant transforma l'entreprise de papeterie de son père d'origine bulgare en un vaste empire ; un moyen d'assouvir ses passions pour l'art, les chevaux et la beauté féminine. Pour une fois, son épouse mannequin, l'ex d'Axl Rose, Stephanie Seymour, souvent critiquée, entre autres par la presse à scandale, pour s'être acoquinée avec Brant, ne l'accompagnait pas. Mais il n'avait nul besoin d'un faire-valoir.

Alors même que des dizaines de millions de dollars changeraient de main ce soir-là, Peter préparait une vente encore plus colossale en novembre : celle, par Christie's, de son *Balloon Dog,* une énorme sculpture orange de Jeff Koons, estimée entre 35 et 55 millions de dollars ; de quoi ridiculiser jusqu'au record qu'atteindrait Basquiat quelques heures plus tard, et en établir un nouveau pour Koons. Celui-ci a réalisé quatre autres chiens de différentes couleurs, dont les propriétaires forment une oligarchie à part : Brant, Broad, Pinault, le capitaine d'industrie grec Dakis Joannou et le ponte des fonds d'investissement Stevie Cohen, dont les soucis avec la SEC (qui régule les marchés financiers aux États-Unis) l'empêchaient alors d'être des nôtres.

En parlant d'exclusion : j'en étais encore à démêler ce que m'inspirait le principal changement dans ma vie, mon départ de Phillips de Pury au mois de décembre précédent. Depuis le rachat par les Russes de Mercury de toutes mes parts de l'entreprise en 2012, je n'y avais plus mon mot à dire. J'avais transformé la maison de vente classique en flambeau de l'avant-garde contemporaine avant de décider, fidèle à mes habitudes, de relever de nouveaux défis. Comme je n'appartenais plus à la maison, mon nom n'y figurait plus. Lorsque Staline éliminait ses rivaux, ils cessaient d'exister pour se réduire à des sortes de non-entités. Il en allait apparemment de même chez Phillips depuis la purge de Pury. J'avais fait de mon mieux en me mesurant aux deux géants : faute de renverser le double Goliath, mon David avait du moins secoué ses bases.

Il suffit que j'aperçoive une estrade pour aspirer à y monter. Ce soir-là, je fus témoin de la joie de mon amie Tiqui Atencio, qui avait mis en vente les *Dustheads* de Basquiat. Tiqui, une élégante Vénézuélienne disposant d'une demeure de rêve où elle organise les fêtes les plus folles de la Côte d'Azur (ce qui n'est pas peu dire), ne recule pas devant une certaine exubérance. Lorsque le marteau retomba, fixant le prix de l'œuvre à 48 millions de dollars, elle bondit en levant les bras, comme si son équipe venait de remporter la coupe du monde. Je regrettai de ne pas partager cet instant de triomphe. Ce n'est pas l'appel du large qui me tiraille mais l'appel du marteau. Voilà pourquoi je gardais un pied dans la place en participant à des ventes de charité partout dans le monde, en général une fois par semaine.

J'observai le commissaire-priseur finlandais de Christie's, Jussi Pylkkanen (lui aussi un pro de la mise en scène), alors qu'il gonflait d'un million ici ou là le prix de l'œuvre dont la vente lui avait été confiée. Un tel exploit n'a rien de sorcier. Ceux qui, comme tant d'habitués des maisons de vente, valent des milliards enchérissent d'un million comme d'autres jouent au Monopoly : en manipulant de l'argent qui ne signifie rien à leurs yeux. Ils ne risquent pas grand-chose : quelle que soit leur mise, ils n'en retireront que du plaisir. C'est « l'effet casino ». Mais le jeu n'est-il pas truqué ? C'est en tout cas ce que prétendent depuis des années les législateurs de New York appelant à des réformes qui rendraient illégales les enchères dites « au lustre », où le commissaire-priseur fait grimper les prix en signalant dans le fond de la salle un vague acheteur à l'existence douteuse… qui pourrait bien se confondre avec un luminaire. C'est au commissaire-priseur de suggérer des prix croissants lors d'une vente, ne serait-ce qu'afin d'atteindre le prix minimum confidentiellement établi avec le propriétaire. Précisons qu'il s'agit là d'une pratique tout à fait légale, et qui risque bien de le rester encore longtemps.

Me rappelant les années 1980, où l'adjudication d'une œuvre à un million de dollars créait la sensation, j'observai les acquéreurs potentiels dans la salle. Chez Christie's, on n'aurait pour rien au monde commis la bévue de placer deux rivaux à proximité l'un de l'autre. L'attribution des sièges lors des ventes les plus spectaculaires constitue un casse-tête. À mon avis, il ne doit pas y avoir plus d'une trentaine de personnes au monde capables de (et prêtes à) dépenser plus de 100 millions de dollars pour une seule œuvre. Entre cent et cent vingt-cinq pourraient aller jusqu'à débourser 50 millions. La pyramide s'élargit ensuite vers la base. Les œuvres dont le prix atteint le million de dollars faisaient jadis la une des journaux qui n'en touchent aujourd'hui même plus mot. Le socle, c'est le domaine d'eBay où, selon les dernières estimations, quatre-vingt-cinq millions de collectionneurs se livrent bataille sur le plus grand marché aux puces de la planète. Sur la cent cinquantaine de joueurs disposés à engager les plus importantes mises au monde, tous étaient a priori présents ce soir-là, du moins en esprit.

Je songeai à la manière dont j'aurais moi-même mené la vente, gonflant bien sûr les chiffres déjà annoncés, atteint du syndrome « c'est moi le meilleur », la maladie professionnelle des commissaires-priseurs. Au grand art les grands ego. Je dus toutefois admettre, et tant pis si cet aveu me coûte, que Jussi s'en sortait à merveille. En toute sincérité, je n'éprouvais pas plus de remords à la place du vendeur que de jalousie à l'égard du commissaire-priseur. Ce qui dominait en moi, c'était alors l'exaltation, le frisson d'enthousiasme face à un marché en plein boom où je cherchais à me repositionner. La ruée vers l'or du nouveau millénaire nous poussait tous vers l'art contemporain et je me sentais dans la peau d'un prospecteur que rien ne parviendrait à détourner de son engouement pour la quête de la pépite ni des innombrables moments de victoire qui la jalonneraient.

3

ARTOPOLIS

En tant que marchand d'art, collectionneur et, en somme, monomaniaque de l'art, je me plais à penser, sans me montrer, je l'espère, trop chauvin, que quelqu'un d'aussi fou d'art que moi ne pouvait voir le jour que dans une seule ville : Bâle. On en compte des quantités qui abritent des œuvres fabuleuses – Florence, Paris, Saint-Pétersbourg viennent tout de suite à l'esprit – mais seuls les habitants de ma cité natale ont l'art dans le sang. C'est la première ville qu'on lui associe spontanément, du fait de l'Art Basel ; que cette foire, la plus prestigieuse au monde, ait lieu à Bâle même ou à Miami, Hong Kong, ou Dieu sait où encore à l'avenir. Cette manifestation a vu le jour en 1970 mais, à Bâle, petite cité idyllique sur les bords du Rhin, aux confins de la France, de l'Allemagne et de la Suisse, on s'occupe d'art depuis des siècles. Croissant fertile des collectionneurs, la ville se situe au point de convergence de la culture et des grandes fortunes.

C'est à Bâle que subsiste la plus ancienne et la meilleure université de Suisse, fondée en 1460, où enseignèrent en leur temps Érasme et Nietzsche. Des liens étroits la rattachent au Kunstmuseum, le plus ancien musée d'art ouvert au public, depuis 1661. Y siègent de nombreuses compagnies pharmaceutiques ; c'est d'elles que provient l'argent, le point de départ des collections. Novartis, Hoffmann-La Roche, Syngenta et tant d'autres ont leurs bureaux en ville. Autrement dit, toutes les conditions s'y trouvent réunies pour que se forment comme par réaction chimique de formidables collections. L'instinct de l'art flotte sur les eaux du Rhin. Grâce au génie suisse du négoce se sont édifiées là des fortunes consacrées à la culture et à la réunion de magnifiques ensembles d'œuvres. Voilà mes racines.

Je suis né à Bâle en 1951. Mon père, issu d'une famille de Neuchâtel, pittoresque cité couronnée d'un château à une centaine de kilomètres de là, y occupait à l'époque un poste de juriste chez Hoffmann-La Roche. Frédéric de Prusse anoblit nos ancêtres, qui participaient au gouvernement de la principauté de Neuchâtel pour son compte. La proximité de la cité avec tant de puissances bien souvent en guerre la convertit en un enjeu politique de taille. Lassé par les affrontements à répétition entre nations, mon ancêtre David de Pury fit un beau jour ses valises pour s'établir à Lisbonne, où il devint banquier du roi du Portugal. À sa mort, il légua sa fortune lusitanienne à Neuchâtel ; d'où sa statue sur la place principale de la ville, la place de Pury, et l'accueil royal qu'on me réserva au château, emblème de la cité, lors de mes premières noces.

Je conserve en outre des liens avec l'Amérique. En 1731, le fils de David de Pury, Jean-Pierre, sollicita auprès du roi d'Angleterre la permission d'établir une colonie de six cents paysans neuchâtelois sur les rives marécageuses de la Savannah au sud de Charleston, à l'époque le « Paris » du Nouveau monde, en Caroline du Sud. Les aspirants à une vie meilleure s'embarquèrent à Gênes et baptisèrent la ville qu'ils fondèrent Purrysburg, avec un « r » de plus pour faire bonne mesure. Leur éthique protestante fondée sur le travail n'empêcha malheureusement pas la malaria et autres maladies du « Low Country », le nom qu'on donne à la région, de la transformer en ville fantôme peu après la Révolution américaine. Mais pas avant que George Washington n'inscrive le nom de Purrysburg dans l'Histoire en y prenant un beau jour son petit déjeuner.

La colonie abandonnée transmit à la Caroline du Sud jalouse de son passé une ribambelle de patronymes suisses depuis indissociables de l'aristocratie huguenote des fondateurs de cet État. Dans les années 1980, des descendants de ces grands seigneurs lancèrent l'idée d'un échange entre Purrysburg et Neuchâtel, m'invitant à prendre part au deux cent cinquantième anniversaire de la fondation de la ville. Les fêtes en hommage à cette colonie à la *Autant en emporte le vent* prirent une coloration si pleine de nostalgie romanesque que je me sentis malgré moi dans la peau d'un Rhett Butler helvétique.

Du temps de mes jeunes années à Bâle, je m'identifiai cependant plus à un Oliver Twist. À dix ans, je me retrouvai coupé des miens lorsqu'on offrit à mon père une opportunité professionnelle comme on n'en rencontre qu'une fois dans sa vie : diriger de Tokyo la branche japonaise de Hoffmann-La Roche. Sous sa houlette, la petite équipe de dix personnes présente à son arrivée en 1961 se développa au point de compter jusqu'à dix mille employés. Mes deux frères et ma sœur, tous plus âgés que moi, volaient déjà de leurs propres ailes. Il fallut me sacrifier sur l'autel de la brillante carrière de mon père et me confier à des amis de la famille.

J'avais été un piètre élève du très réputé Humanistisches Gymnasium fondé par Érasme. En dépit de ma haute stature, je n'étais pas très dégourdi ; nul en sport, toujours le dernier choisi à l'heure de former des équipes. J'adorais le foot, sans taper moi-même dans un ballon. Mais j'appréciais surtout l'art, au grand étonnement de mes parents et plus encore de ma « famille d'accueil », les Bonhote, dont le mari était cadre dans une compagnie pharmaceutique rivale de celle de mon père, Ciba-Geigy. Les Bonhote s'intéressaient aussi peu à la culture que mes propres parents s'en montraient avides. Un soir, Mme Bonhote me demanda où je venais de passer l'après-midi. Je lui répondis : « à une exposition de Klee » ; elle comprit « clés ». Peut-être me voyait-elle de l'avenir en tant que serrurier. Elle offrait en tout cas la preuve vivante que Bâle a beau être une grande ville d'art, son virus n'y contamine pas tout le monde.

Je l'attrapai lors de voyages, enfant, à Florence, avec ma mère, où les musées des Offices et du Bargello me marquèrent plus encore que les *gelati*. Un premier séjour à Paris, chez un oncle, sur l'île Saint-Louis, vint alimenter le feu qui, déjà, couvait en moi : on me laissa explorer le Louvre à ma guise.

En tout cas, l'art, c'était mon « truc ». Je raffolais des sorties scolaires au Kunstmuseum de Bâle, comme d'autres raffolent des séances de cinéma. Le père d'un de mes amis avait hérité une partie de la collection du premier grand collectionneur de Bâle, Raoul La Roche. La résidence de sa famille, en soi quelconque, abritait des œuvres absolument divines. Les tableaux de Picasso, Léger, Braque et Gris me fascinaient, tandis que mon ami, indifférent aux œuvres en possession de son père, dévorait des bandes dessinées.

Je finis par me rendre avec lui à Paris, à quatre heures de train de Bâle, le temps d'y visiter l'incroyable résidence conçue pour La Roche (un banquier, celui-là, sans lien avec la compagnie pharmaceutique) par son grand ami Le Corbusier, où l'on a rassemblé la majeure partie de sa collection après sa mort en 1965. La Roche entreprit d'amasser des œuvres modernes de ses amis parisiens dès ses vingt-neuf ans, en 1918. Je résolus de prendre modèle sur ce personnage hors du commun. Mes frères aînés réussirent brillamment, l'un en théologie, l'autre en droit. Sans le moindre espoir de rivaliser avec eux, je me mis en quête d'une autre voie à emprunter ; pas encore frayée, celle-là.

Au cours de mon adolescence solitaire survint à Bâle, en 1967, un événement qui montre bien qu'aucune autre ville ne soutient la comparaison avec elle en matière d'art. J'avais alors seize ans et une idée fixe : la pop anglo-saxonne. J'appréciais également le pop art. La mère américaine d'un camarade amateur d'art m'avait fait découvrir Rauschenberg et Warhol, qui me plurent tout de suite : ils captaient dans leurs œuvres l'essence même de l'Amérique de mes rêves, celle qui retentissait à mes oreilles. Si Andy Warhol m'en offrait une image, Jimi Hendrix en incarnait une autre. Marilyn, Elvis, les boîtes de soupe Campbell,

« Purple Haze ». J'appris plus tard que les jeunes Américains de ma génération s'évadaient de leur quotidien étriqué en feuilletant le *National Geographic*. Je m'échappais du mien grâce à l'art et à la musique. Si même dans mes rêves les plus fous, je ne m'imaginais pas devenir un jour un nouveau Raoul La Roche, je collectionnais malgré tout les albums des Beatles, des Stones, des Beach Boys et de Bob Dylan, comme les parents de mes amis des toiles de maîtres.

À Zurich, nul ne détenait de plus belles œuvres que la famille de mon camarade Ruedi Staechelin. Son grand-père Rudolf possédait l'un des ensembles les plus admirables au monde d'impressionnistes (Monet, Renoir, Sisley) et de post-impressionnistes français (Van Gogh, Gauguin). Ruedi lui-même finirait d'ailleurs par travailler pour Sotheby's. En avril 1967, une catastrophe frappa les Staechelin, à la tête de la principale compagnie aérienne charter de Suisse, Globe Air. L'un de leurs avions, un Bristol Britannia parti de Bangkok à destination de Bâle, s'écrasa lors d'une tornade près de Nicosie, sur l'île de Chypre, entraînant la mort de cent vingt-six vacanciers, suisses pour la plupart. Les deux pilotes venaient de passer plus d'heures en vol que ne les y autorisait la loi et l'un d'eux n'avait pas reçu de formation suffisante pour conduire un tel appareil. On intenta contre les Staechelin des actions en justice qui les saignèrent à blanc. Leur assurance ne suffirait pas à dédommager toutes les victimes. Il ne leur resta dès lors plus qu'un moyen de surmonter une telle crise financière : vendre une partie de leur collection. L'incident marqua ma première confrontation avec des ennuis fiscaux ; les soucis d'argent des Suisses fortunés demeurant une rareté dans ce pays aussi célèbre pour ses banques que pour ses fromages et son horlogerie.

Les Staechelin cédèrent pour commencer un Van Gogh à Walter Annenberg, juste avant sa nomination par Nixon comme ambassadeur à la cour de Saint-James. Mais un Van Gogh ne résoudrait pas à lui seul les démêlés de la famille avec les tribunaux. Il fallait vendre encore plus, or Annenberg faisait figure en ce temps-là d'émir du Qatar : collectionneur insatiable, il disposait de réserves de fonds inépuisables. Les Staechelin résolurent de se séparer de deux tableaux de Picasso parmi les plus estimés au monde, en dépôt permanent au Kunstmuseum de Bâle. Deux véritables chefs-d'œuvre : les *Deux frères* de la période rose (1906) et l'*Arlequin assis* de 1923. Quand le bruit se répandit qu'Annenberg comptait les acquérir, les habitants de Bâle montèrent au créneau et pas seulement parce qu'Annenberg était un Américain, un nouveau riche – fils d'un ancien détenu ayant fait fortune, non pas en imprimant des bibles de Gutenberg mais en vendant en porte à porte la bible des paris sur les courses de chevaux, *The Racing Form*.

Les Bâlois se seraient sentis lésés même si les toiles avaient dû revenir à la reine d'Angleterre en personne. Picasso ne passa qu'une nuit à Bâle, à contempler le Rhin depuis sa chambre du grand hôtel *Les Trois Rois* ; le Suisse Paul Klee, auquel il comptait rendre visite, lui ayant ce soir-là fait faux bond. Bâle n'en considérait pas moins Picasso comme un citoyen d'adoption. Les principaux collectionneurs du peintre étaient tous originaires de la ville : La Roche, Staechelin et le marchand d'art le plus en vue de Bâle, Ernst Beyeler, qui vendit plus de quatre cents œuvres du peintre espagnol partout dans le monde. Les responsables du musée et les principales autorités de la cité demandèrent aux Staechelin ce qu'il leur faudrait pour que les deux Picasso restent à Bâle. Près d'un million et demi de dollars ; de quoi hisser les deux tableaux au rang des plus chers de la planète. Bâle disposait certes de moyens financiers assez considérables mais pas autant qu'Annenberg. La municipalité résolut de s'en remettre à ses habitants, leur laissant le soin d'assumer ou pas ce que beaucoup jugeaient une dépense scandaleuse, une tentative d'extorsion artistique.

S'ensuivit l'une des campagnes électorales les plus hautes en couleur de l'Histoire. Des hommes politiques se déguisèrent en arlequins pour s'assurer des votes. On organisa des kermesses dans les rues. Des peintres locaux vendirent des Picasso de leur cru sur des stands d'un bout à l'autre de la ville, auprès de vendeurs de saucisses et de tavernes en plein air. Des fanfares entonnèrent « All You Need is Picasso » sur l'air de « All You Need is Love », des Beatles. Des badges « I Like Pablo » fleurirent aux boutonnières, à l'instar de ceux de la campagne présidentielle aux États-Unis, « I Like Ike », en faveur d'Eisenhower. L'opposition, les conservateurs économes, plus pingres que des Écossais, jetèrent le haro sur ce qu'ils tenaient pour un considérable gaspillage.

Les générations s'affrontèrent ; les plus jeunes soutenant en masse l'achat des Picasso. Certains gamins les plus pauvres n'y virent toutefois que du snobisme, et du plus mauvais aloi. On montra du doigt Rudi Staechelin sur les terrains de jeu et de foot de la ville. Ses parents le changèrent d'école pour lui éviter des raclées de la part de ses condisciples. Pour finir, Picasso l'emporta. Et par un véritable raz-de-marée. Pour la première fois dans l'histoire de la démocratie, une ville venait de se prononcer en faveur de l'art. Bâle vécut là son heure de gloire. Les résultats du référendum émurent à tel point Picasso qu'il céda au Kunstmuseum quatre autres toiles, plus une étude de 1907 des *Demoiselles d'Avignon*, d'une valeur inestimable. Sa générosité fit des émules, dont Mme Maja Sacher, l'une des héritières d'Hoffmann-La Roche, dont le mari, grand ami d'Igor Stravinsky, se distinguait lui aussi comme mécène. Mme Sacher offrit son propre chef-d'œuvre cubiste de Picasso au Kunstmuseum, apportant ainsi la touche finale à la transmutation de la tragédie de Globe Air en triomphe pour notre ville.

4

L'artiste

Adolescent, à Bâle, je caressais trois rêves aussi peu réalistes les uns que les autres : devenir une star du foot, du rock ou un grand artiste. Pelé, Paul (McCartney) et Picasso formaient ma sainte Trinité. Mon peu d'aptitude pour le sport ou la chanson ne me laissait toutefois pas d'autre choix que de me lancer sur la seule voie d'accès à mes rêves pas encore bouchée. « I Like Pablo » devint mon mantra. Bien avant que mes parents ne partent au Japon, je me mis à dessiner, à suivre des cours d'art plastique et même à peindre. Et à la surprise de ma famille, mes professeurs ne me jugèrent pas mauvais, en dépit de ma formation autodidacte. Je m'en sortais tellement mal à l'école que mon père et ma mère se leurrèrent peut-être sciemment en assimilant à de l'art ce que d'aucuns auraient rejeté comme de simples excentricités. Ils m'incitèrent à poursuivre mes efforts pour devenir bon à quelque chose au moins.

Ce qui m'emballait le plus, enfant, c'était de voyager, l'été. Mes visites à mes parents au Japon, à l'époque où ils menaient la grande vie à l'hôtel Okura, s'apparentaient pour moi à de véritables aventures. D'un point de vue architectural, l'hôtel était aussi réussi que la villa La Roche du Corbusier – le comble de la modernité des années 1960. Je me plaisais beaucoup dans le monde féerique illuminé par les néons du quartier de Ginza, la nuit, en tout point opposé à la Bâle conservatrice de mon enfance, mais j'aimais aussi les antiques traditions et l'ineffable sérénité nippones. Je découvris à Tokyo la saveur des sushi, et dévorai mon premier Big Mac au McDonald's de Ginza, qui marchait alors du tonnerre.

Tandis que mon père se hissait au rang de capitaine d'industrie en développant la branche japonaise de son entreprise, Nippon Roche, ma mère, elle, devint une artiste à part entière, experte en *ikebana,* l'art japonais de la composition florale, qu'elle étudia au point d'obtenir – une première pour une étrangère – le diplôme le plus haut de l'école d'*ikebana* Sogetsu, la plus avant-gardiste du Japon. Une fois de retour avec mon père à Bâle, ma mère y fonda une annexe de Sogetsu. J'avais beau ne pas avoir la main verte, la présence d'une artiste au sein même de ma famille m'emplit de fierté, m'incitant à la persévérance. Le moment venu, mon père aussi s'adonnerait à l'art en prenant des cours de sculpture à Tokyo auprès du maître Yukio Inoue.

À dix-sept ans à peine, je me rendis pour la première fois à New York, sur le chemin de Washington, où devait se marier mon frère. Mes parents ne voulurent d'abord pas que j'assiste à la cérémonie à cause de mes exécrables résultats scolaires. Ils finirent par me prendre en pitié et céder. Mon père m'enjoignit d'en profiter car, mon avenir ne s'annonçant pas des plus prometteurs, je n'aurais à l'en croire plus d'occasion ultérieure de voyager. Et dire qu'aujourd'hui, je passe le plus clair de mon temps dans des avions ! J'en ris maintenant. Si je me déplace autant, ce n'est peut-être que pour me rattraper aux yeux de mon père en lui prouvant qu'il avait tort de douter de moi.

En tout cas, il avait raison de m'inciter à profiter de cette première opportunité de découvrir le monde. L'instant le plus exaltant de ma brève existence coïncida avec l'apparition à l'horizon des majestueux gratte-ciel de Manhattan, sur la route depuis l'aéroport. Je logeai à Greenwich Village chez ma cousine Marianne de Pury, qui menait une vie de bohème à l'américaine, se produisant sur des scènes radicalement alternatives et confidentielles et traînant avec des artistes et des musiciens chevelus. Cela m'impressionna énormément qu'elle mentionne devant moi Charlie Mingus. Admirer au MoMa le *Guernica* de Picasso me procura un grand moment d'extase et renforça encore ma détermination à devenir artiste. « I Like Pablo ! », oui vraiment !

Le Metroliner me conduisit ensuite à Washington pour le mariage de mon frère, mon premier aperçu de la politique américaine, de l'intérieur. Ma future belle-sœur n'était autre que la fille d'Ernest Cuneo, l'un des avocats démocrates les plus influents de la capitale. Ancien joueur vedette de l'équipe de football américain de l'université de Columbia, par la suite passé pro, puis bras droit du maire de New York Fiorello La Guardia, il devint l'un des principaux conseillers de Franklin Roosevelt, et l'un des juristes spécialistes des médias les plus estimés de la planète, conseiller de l'éditorialiste des années 1950 toujours à l'affût des ragots, Walter Winchell. À la noce assistèrent des flopées de sénateurs, d'anciens membres du gouvernement et des barons de la presse. Mais une fois de plus, ce fut l'art qui prima.

Ce qui me galvanisa à Washington, ce ne fut pas ma rencontre avec le futur secrétaire d'État Cyrus Vance mais la magnifique journée que je consacrai une fois encore à un musée : la National Gallery. Son directeur à l'étoile montante, Carter Brown, issu d'une lignée plus ancienne encore que le *Mayflower*, et dont Bernard Berenson devint le mentor à sa sortie de Harvard, serait quelques années plus tard mon collègue. À l'époque, une telle perspective relevait de la science-fiction. Sur le moment, je fus simplement enchanté de me trouver là : je parcourus les salles de l'institution en état de grâce.

L'année suivante, je quittai le lycée, reçu de justesse. Me pendaient alors au nez six mois de service militaire obligatoire avant que je n'aie à me colleter à une réalité plus dure encore : celle de la faculté de droit où j'étais censé suivre le même chemin que mon frère David, quoique sans le moindre espoir de lui arriver à la cheville. Étudier la théologie comme mon autre frère Albert était impensable. En tant que plus jeune professeur titulaire de l'université de Genève, où il occupait d'ailleurs une chaire, il assurait des cours sur l'Ancien Testament, et parlait couramment hébreu et arabe. Ma sœur Marie-Isabelle échappait à l'impératif de faire carrière, encore qu'aujourd'hui elle vilipenderait peut-être bien le sexisme à l'origine des moindres exigences qui pesaient sur elle. Marie-Isabelle devint en tout cas infirmière et s'installa dans un village du

Dahomey avant de revenir épouser un éminent homme de loi en Suisse, où elle mène depuis une vie épanouie.

Avant de tirer un trait sur ma jeunesse et de me plier à l'idée que d'autres que moi se faisaient d'une brillante carrière, je voulus laisser au germe de l'art une dernière occasion d'éclore en moi. Je m'établis pour cela à Tokyo où je fréquentai pendant plusieurs mois l'académie des beaux-arts Todaï du parc Ueno. Il s'y concentre bon nombre des principaux musées de la ville, un peu comme sur l'île aux musées à Berlin. J'étudiai le *sumi-e* ou « peinture à l'encre » : une technique picturale à base d'encre de Chine plus ou moins diluée, à l'instar de la calligraphie orientale.

L'ensemble du processus me fascinait : les pinceaux en bambou, des *objets d'art* à part entière, le papier *washi* à base de végétaux, le plus beau du monde, la complexité même de la technique. Ça paraît simple, mais les pas de danse de Fred Astaire aussi. Il est impératif de maîtriser le moindre coup de pinceau, de le répéter à des milliers de reprises. Un procédé tout sauf lassant. Je me sentis renaître. J'étudiai également la peinture classique japonaise ou *nihonga*, peignant à l'aquarelle sur de la soie, et accompagnai mon père à ses cours de sculpture, profitant des splendides modèles d'Inoue pour m'entraîner au dessin. Jamais je n'aurais osé imaginer que l'art nous rapprocherait un jour, mon père et moi.

À vrai dire, toute la mythologie de l'art japonais me séduisait, comme par exemple la légende de ce prêtre du XVIIe siècle auquel il fallait un grand pinceau pour réaliser une œuvre de taille : on raconte qu'il se laissa pousser les cheveux et mit au point une sorte de pinceau humain en les trempant dans l'encre de Chine.

Je me fis la réflexion que l'art japonais des siècles passés revêtait par bien des côtés un caractère plus « contemporain » que la production européenne de la même période. Il m'apparut en outre que l'expressionnisme abstrait de l'après-guerre, la « nouvelle école » non figurative, tournant le dos à la tradition pour se centrer sur les émotions, représentée par Pollock, Rothko, Newman et de Kooning, et qu'on s'arrachait à New York jusqu'à l'émergence du pop art, avait beaucoup en commun avec la peinture nipponne. Je partageai la fascination de Van Gogh pour les estampes japonaises, où je puisai moi aussi mon inspiration. Un tel amour se verrait payé de retour à la fin des années 1980, chez Sotheby's, lorsqu'un riche Japonais, à l'origine de la plus importante période haussière de l'histoire du marché de l'art, débourserait des sommes vertigineuses pour des toiles de Van Gogh et Renoir.

De ce point de vue, le sommet fut atteint en 1990 : le magnat de la papeterie Ryoei Saito acquit aux enchères chez Christie's à New York le *Portrait du Docteur Gachet* de Van Gogh contre 82,5 millions de dollars. Le lendemain soir, j'eus la chance de contribuer à mon tour à l'établissement d'un record encore plus vertigineux. Alors au service de Sotheby's, en ligne avec un collectionneur résolu à emporter le *Bal du Moulin de la Galette* de Renoir, je dus rivaliser avec Ryoei Saito lors d'une terrible lutte. M. Saito, l'homologue japonais du grand collectionneur américain, magnat de la papeterie Peter Brant, s'était enrichi grâce au genre de papier qui me fascinait tant ; une branche de l'industrie tout indiquée pour un amateur d'art.

Le Renoir qu'il convoitait appartenait alors à la dynastie américaine des Whitney. Je représentais un client aux aspirations elles-mêmes dynastiques et avide de Renoir, mais finalement moins que M. Saito, qui nous ravit la toile au prix astronomique de 78 millions de dollars. Je ratai le livre des records à une enchère près. Il s'en était fallu d'un cheveu. Ces deux soirées consécutives secouèrent le monde de l'art : ce fut le plus grand « dévalisage » de boutiques de l'histoire du luxe. Les Japonais firent étalage de leur puissance avec autant d'éclat que lors de leur récent rachat du Rockefeller Center, du golf de Pebble Beach et des studios Columbia.

Le moment de gloire de M. Saito ne dura toutefois pas. Peu après, il provoqua la consternation des milieux artistiques en révélant son intention d'être incinéré à sa mort avec son Van Gogh et son Renoir. Il expliqua par la suite qu'il plaisantait mais la presse artistique n'apprécia pas son sens de l'humour. L'éclaboussa ensuite un scandale de pots-de-vin censés lui assurer la mainmise sur des terres boisées où il comptait établir un golf auquel il eût donné le nom de Vincent Van Gogh – forcément ! qui d'autre ? Après le décès en 1996 de M. Saito des suites d'une attaque, peut-être parce qu'il ne bénéficiait plus de l'état de grâce – il avait compté sur l'art pour le lui conférer –, le Van Gogh ne reparut plus en public. Encore un exemple, hélas, d'« après moi, le déluge ». Le marché de l'art ne tarda pas à s'effondrer et, pendant un certain temps, tout le monde chercha des boucs émissaires auxquels imputer son torpillage ; ce qui eut au moins le mérite de me consoler de mon entrée manquée dans le livre des records.

Mais, en 1969, nous sommes encore loin de 1990. Me voilà pour l'heure aussi étranger au marché de l'art que peut l'être un peintre novice. J'en pris conscience sur le chemin de ma Suisse natale où me guettaient mes obligations militaires. De retour de Tokyo, je décidai de faire une halte à New York pour essayer d'y vendre mes œuvres *made in Japan*. J'étais cependant encore trop naïf pour me laisser intimider par les risques de rebuffade auxquels s'expose tout jeune artiste, si tant est que je ne m'arrogeais pas ce titre par pure présomption.

Je débarquai chez ma cousine bohème à Greenwich Village et mis au point un plan de bataille : je me présenterais dans les galeries dont les annonces occupaient le plus d'espace dans le *New York Times*. Nous étions après tout dans la « grosse pomme », la patrie de la démesure. Ici, apparemment, plus on voyait grand, mieux ça valait. Je passai pour commencer à la galerie Knoedler, la plus ancienne et la plus prestigieuse de Manhattan, sise dans une imposante maison de ville de la 57ᵉ rue, non loin de la 5ᵉ avenue, à un saut de puce de Tiffany's, Bonwit Teller et Harry Winston. L'argent, le luxe et la splendeur imprégnaient l'atmosphère, en dépit du contraste saisissant que formaient les manifestants contre la guerre du Vietnam, pancartes à la main, avec les hordes de dames chic à l'assaut des boutiques.

— Je souhaiterais parler à M. Knoedler, annonçai-je à l'austère préposée à l'accueil du ton le plus charmeur de mon répertoire.

— Il n'y a pas de M. Knoedler, ici, me rétorqua-t-elle, et de lancer un regard noir à mon porte-dessins en carton comme si elle avait affaire à un sans-domicile trimballant toutes ses possessions dans une caisse.

J'avais potassé avant de venir, mais pas assez. Du fait des origines européennes de la galerie Knoedler, fondée en 1846 comme succursale d'un établissement parisien, et de son premier gestionnaire allemand, je m'attendais à ce que mon statut d'Européen m'en ouvre les portes. Tu parles ! Knoedler s'était fait un nom (et enrichi) à la fin du XIXe siècle, une époque de prospérité fabuleuse aux États-Unis, en vendant des tableaux de maîtres anciens aux nouveaux requins de la finance ; les Astor, Frick, Vanderbilt, Mellon, Rockefeller et consorts. Une nouvelle génération de Knoedler, en la personne de Roland Balaÿ, vendrait sous peu la galerie au capitaine d'industrie Armand Hammer, que me présenterait plus tard Heini Thyssen. Mais l'hôtesse d'accueil ne disposait pas de boule de cristal. Elle aurait pu m'annoncer à M. Balaÿ qui, en un sens, était un Knoedler, mais n'en vit pas la nécessité. Je lui apparus tel que je me présentais alors. Et ce fut bientôt la porte que l'on me désigna.

En 2011, ce colosse du monde de l'art mit du jour au lendemain la clé sous la porte par la faute d'un ignominieux scandale : la galerie avait écoulé pour des millions de dollars de faux Pollock, Diebenkorn et Rothko réalisés par un Chinois du Queens qui s'était fait la main en vendant sa production douteuse à un coin de rue. On n'éventa la supercherie qu'en découvrant qu'il utilisait une sorte de peinture pas encore disponible sur le marché, du vivant des artistes qu'il imitait. L'un de mes proches amis, Domenico De Sole, ayant relevé Gucci de ses cendres, et qui préside aujourd'hui le conseil d'administration de Sotheby's, s'y laissa prendre : son achat d'un faux Rothko à Knoedler prouve que les collectionneurs même les plus avertis, y compris quand ils disposent des moyens d'enquêter sur la provenance des toiles, sont eux aussi susceptibles de tomber dans le panneau.

Quoi qu'il en soit, Knoedler ne tomba pas dans le mien. Une bonne trotte me mena ensuite le long de Madison Avenue jusqu'à la 77e rue et mon prochain objectif : la galerie Leo Castelli. Deux ans plus tard, Castelli s'installerait à West Broadway, déplaçant le centre de gravité du milieu de l'art new-yorkais plus au sud de la ville. Pour l'heure, il correspondait encore à l'Upper East Side, où s'élevait la massive forteresse de la maison de vente Sotheby Parke Bernet. Castelli occupait au coin de la rue, entre Madison et la 5e avenue, une belle maison de ville, à l'instar de Knoedler.

Courtois, élégant et frêle, Castelli (né Krausz) grandit à Trieste et suivit des études pour être avocat avant d'entrer au service d'une compagnie d'assurances à Bucarest. Cela me fut d'un grand réconfort de songer à son parcours initial sans le moindre lien avec l'art, à l'époque où je peinais moi-même en faculté de droit. Dans les bureaux où il travaillait en Roumanie, il eut le coup de foudre pour l'art, mais pas seulement. Il y rencontra sa future épouse, héritière d'un industriel de la confection, une certaine Ileana Schapira, dont le père offrit au couple un Matisse en cadeau de mariage et financerait sous peu la première galerie de Leo à Paris, place Vendôme, face au Ritz. Des débuts éclatants attendaient Leo ; d'autant plus éclatants que, grâce aux relations des parents d'Ileana, le couple se réfugia hors de portée des nazis à New York en passant par Tanger et La Havane.

Dans le New York de l'après-guerre, les Castelli, à la page, rejoignirent un cercle artistique fréquenté par bon nombre d'expressionnistes abstraits encore à leurs débuts, tels que Pollock et de Kooning, mais aussi par le galeriste le plus audacieux de l'époque, Sidney Janis, qui fit de Castelli son protégé. En 1957, Castelli disposait déjà de sa propre galerie, celle dont je m'approchais alors fébrilement, où il exposait les vedettes de l'expressionnisme abstrait, Pollock, de Kooning et Twombly, de même que les futures stars du pop art, Johns, Rauschenberg, Lichtenstein et, après un refus initial, Warhol. Quel vent de folie m'avait donc saisi pour songer ne serait-ce qu'à me frotter à un cercle aussi exclusif ? Je ne me rendais compte de rien. La galerie passait une annonce pleine page dans les journaux. Il y avait des affaires à faire.

— Pourrais-je parler à M. Castelli ? m'enquis-je.

— Il est en déplacement, m'informa la réceptionniste stylée à la mine impénétrable.

— Je souhaiterais lui montrer mon travail…

Elle me coupa net.

— M. Castelli ne s'intéresse qu'à l'art américain.

Elle venait de me juger – de me condamner, plutôt – rien qu'à mon accent. Elle ne se doutait absolument pas du genre d'œuvres que contenait mon encombrant porte-dessins en carton.

— À vrai dire, il s'agit d'art japonais.

Je m'efforçai de ne pas perdre la face.

— M. Castelli ne représente que des artistes américains, persifla-t-elle.

Jamais, au cours de mes quelques voyages antérieurs ni des nombreux qui ont suivi depuis, je ne me suis senti à ce point étranger en terre étrangère. Et dire que les Américains se plaignent des maîtres d'hôtel hautains des temples de la gastronomie comme *Le Pavillon* ! Cette femme altière aurait filé un complexe d'infériorité à Gianni Agnelli en personne. Je m'excusai de mon intrusion et pris furtivement la porte.

Mon troisième objectif était la galerie Staempfli, judicieusement située dans la 77e rue aussi, à l'est de l'avenue Madison. On connaît surtout George Staempfli pour avoir été le galeriste de Salvador Dali. Mais c'était avant tout un Suisse, originaire de Berne ; un compatriote, donc. Il me semblait impensable que j'essuie de sa part le même genre d'accueil humiliant que chez Castelli rien qu'à cause de mes origines européennes. Staempfli a fait ses armes chez Knoedler avant de voler de ses propres ailes en ouvrant sa propre galerie en 1959. Il se targuait de représenter des artistes du vieux continent. Ce pour quoi je me prenais alors.

— Je souhaiterais voir M. Staempfli, dis-je en guise d'introduction.

— Je le regrette mais il n'est pas là pour le moment, m'annonça la réceptionniste ; le genre de blonde américaine qu'on se figure plus en train d'agiter des pompons sur un terrain de foot au soleil qu'à jouer les cerbères, toute de noir vêtue.

Comme le laissait espérer son air sympathique, elle, au moins, ne me snoba toutefois pas.

— Il ne devrait plus tarder. Laissez-moi votre porte-dessins et revenez dans trois heures.

Je sortis de là sur un nuage. Là où il y a de l'art, il y a de l'espoir. Les trois heures suivantes, je déambulai dans le haut de l'avenue Madison, flânai à Central Park, et fis un tour au Met puis au Guggenheim. Je songeai à la vie merveilleuse d'artiste que je pourrais mener à New York. Puis, du haut de ces sommets enchantés, je plongeai dans des abîmes de supputations sur l'existence atroce qui m'attendait comme homme de loi en Suisse. Je songeai à *La Maison d'Âpre-Vent*, le roman de Charles Dickens sur le système judiciaire. Il n'y avait pas à hésiter, seulement ce n'était pas à moi de trancher mais à mon compatriote George Staempfli. Il tenait entre ses mains mon avenir, ma carrière d'artiste.

— M. Staempfli a beaucoup aimé ce que vous faites, s'enthousiasma la pom-pom girl lorsque je franchis de nouveau le seuil de la galerie.

Un instant, tous mes rêves artistiques prirent corps. Staempfli, Dali et de Pury. Quel trio ! Décidément : « I Like Pablo ».

— Mais…

Je ne me rappelle plus la justification qu'elle me fournit. Je ne retins que le « mais ». La belle réceptionniste venait de me transmettre un message déprimant le plus chaleureusement du monde. Je n'en souffris pas moins. Je ramassai mon porte-dessins et m'en allai, conscient que mon rêve éveillé à New York venait de prendre fin. M'attendaient à présent la Suisse et son armée. Au moins, j'avais essayé. Alors que je traînais la semelle, tête basse, devant le temple de l'art Sotheby Parke Bernet, l'éventualité de mon futur retour au cœur de ce quartier élitiste dans un jeu où les capitaines d'équipe ne voulaient alors pas plus de moi que ceux de ma jeunesse me semblait aussi peu probable que l'idée de me produire un jour sur scène, guitare en main, auprès des Rolling Stones.

5

L'apprenti

Les interminables semaines d'entraînement militaire, véritable mortification de la chair, furent l'occasion pour moi d'expier le raffinement de mon style de vie au Japon. Seul mon coup de foudre pour la fille d'un général japonais connue à Tokyo lors de mes études d'art sauva mon passage par l'armée de la disgrâce complète. Notre idylle me donna le courage d'affronter les rigueurs de la formation des appelés du contingent. Promu attaché militaire, son père s'était depuis installé à Paris où elle-même défilait comme mannequin pour la maison de couture Céline. Je souhaitais plus que tout la revoir mais il me fallait pour cela une permission de trois jours. Je m'adressai non sans appréhension à mon commandant, songeant à tout un éventail de prétextes à invoquer tels qu'un décès dans ma famille ou quelque maladie exotique que seul un spécialiste parisien parviendrait à traiter. Il vit clair dans mon jeu : je ne souffrais que de la maladie de l'amour. « Moi aussi, je suis un homme, me dit-il. Vas-y et profites-en. »

Des amis de ma famille connaissant ma passion pour l'art m'avaient offert pour mon anniversaire une somme destinée à l'achat d'une première œuvre. Je la dilapidai sur la Côte d'Azur avec ma petite amie, dans des hôtels et des restaurants hors de prix, durant ce que je pris pour un avant-goût de notre lune de miel. Et voilà pour ma collection, en tout cas pour l'heure. L'art a beau être une maîtresse jalouse, il ne fait pas le poids face à une maîtresse en chair et en os. Finalement, ma petite amie retourna au Japon. Le coût en ce temps-là prohibitif des appels longue distance eut raison de notre liaison. Éloignant l'art de mes préoccupations, je me préparai à faire face au droit.

Le service militaire me laissa un mauvais souvenir mais la faculté de droit me parut pire encore. Ce n'était pourtant pas la qualité des cours qu'il fallait incriminer, au contraire. L'université de Genève a été fondée en 1559 par Jean Calvin. Un programme unique d'échange avec la faculté de droit d'Harvard hissait celle de Genève au rang d'université jumelle de la prestigieuse institution, du moins aux yeux des Suisses. De sorte que, si l'université de Bâle était le Harvard des rives du Rhin, la faculté de droit de Genève, elle, était celle des lacs. Quoi qu'il en soit, on y délivrait un enseignement d'un niveau pour moi bien trop difficile à suivre.

Bâle est une ville de culture. Zurich, d'argent. Et Genève, de joaillerie. L'art s'y résumait à une arrière-pensée. On n'y comptait en tout et pour tout que cinq galeries dignes de ce nom. Les riches, et ils y étaient nombreux, préféraient des investissements sûrs ; d'où les dispendieux avant-postes de firmes clinquantes comme Harry Winston, Cartier, Van Cleef, Bulgari et *tutti quanti*. Si à New York, on prend le petit déjeuner chez Tiffany's, à Genève, on déguste une fondue chez Winston. Les bijoux m'intéressaient peu et l'argent encore moins. Bâle et son art me manquaient. Je louai une minuscule chambre de bonne dans la pittoresque rue des Granges, en pleine vieille ville, et m'attelai tant bien que mal à l'étude du droit. Paralysé lors de mes premiers partiels, je ne parvins à répondre à aucune question. Déclarant forfait, je m'enfuis de Genève aussi honteusement que de la galerie Castelli.

À mon retour à Bâle, la nouvelle de ma déconfiture parvint à ma mère au Japon et la mit hors d'elle. Femme d'action, elle ne s'appesantissait toutefois pas sur les échecs. Elle téléphona à son vieil ami Ernst Beyeler et lui confia son désespoir, peut-être en exagérant pour plus d'effet. « Je ne sais absolument pas quoi faire de ce garçon. Me voilà perdue ! Peux-tu m'aider ? » Envoie-le-moi, lui répondit Beyeler.

Ernst Beyeler, qui devait approcher la cinquantaine lorsqu'il accueillit à sa galerie le cas désespéré pour lequel on me tenait alors, était à l'époque un grand homme au sein d'une petite ville. De fait, tout le monde se connaissait à Bâle ; d'où la facilité de ma mère à le contacter. Beyeler ne fonderait son musée privé, sans doute le plus imposant du genre au monde, dans un bâtiment conçu par Renzo Piano à l'extérieur de la cité que des dizaines d'années plus tard, et il contribuerait à la création de l'Art Basel peu après, en 1971. En ce temps-là, il n'était encore que Monsieur Beyeler, un grand homme, ami de la famille, et surtout un véritable génie.

M'adresser à lui sans recommandation m'eût encore plus intimidé que de tenter d'approcher Leo Castelli. Ernst Beyeler n'avait pourtant rien d'intimidant, à moins de songer à ce qu'il avait accompli. Il passait pour le meilleur marchand et connaisseur d'art du xxe siècle. Un exploit pour ce fils de cheminot suisse dont la famille ne s'intéressait pas du tout à l'art. Grand, mince et de carrure athlétique, Beyeler, avec son profil aquilin, ressemblait plus à un moniteur de ski au charme un peu sauvage qu'à un expert en art. Sa gentillesse envers moi me marqua durablement. Voilà pourquoi je mets aujourd'hui un point d'honneur à conseiller les jeunes gens qui envisagent une carrière dans ce milieu ; ce qui explique mon rôle de mentor dans le programme de téléréalité *Work of art*. Jeune, j'avais besoin d'un maximum de soutien aussi, maintenant, je ne demande pas mieux que de soutenir tous ceux que je peux.

Durant la Seconde Guerre mondiale, Beyeler, qui abandonna comme moi ses études en cours de route, se mit à travailler à Bâle pour Oskar Schloss, un marchand de livres rares et d'estampes, réfugié juif d'Allemagne se présentant lui-même comme un bouddhiste allemand. Sans doute le monde lui semblait-il plus sûr, par les temps qui couraient, pour les bouddhistes, y compris dans un pays neutre comme la Suisse. Comme moi encore, Beyeler se prit de passion pour l'art japonais. À la mort de Schloss en 1945, il racheta son commerce et y présenta, dans le cadre de sa première exposition, des gravures japonaises. Cela nous ferait un sujet de conversation de plus que mon inaptitude à m'insérer dans la société. L'une des premières choses que me dit Beyeler m'est restée en mémoire : « Le joli est le pire ennemi du beau. » Une citation de Fernand Léger, dont quelques œuvres cubistes ornaient l'un de ses murs. L'aspect énigmatique d'une telle phrase me donna beaucoup à penser et j'en conclus qu'il valait mieux garder l'esprit en alerte en présence d'Ernst Beyeler.

Face à ce grand marchand d'art, je me considérais encore comme un créateur et pas un homme d'affaires. Beyeler avait le chic pour rendre ce à quoi il se consacrait (l'achat et la vente d'œuvres) aussi magique et fascinant que la création artistique. À l'évidence, il n'avait pas son pareil sur ce terrain, or il suffit d'exceller dans un domaine pour le nimber de quelque chose d'envoûtant. Ce fut donc à moitié conquis que je racontai à Beyeler mon récent séjour en Amérique et l'accueil plutôt froid, pour ne pas dire glacial, des galeristes new-yorkais. Il me confia que c'était grâce à cette froideur qu'il avait fait carrière.

À l'origine de ce qu'allait devenir Beyeler se trouve un magnat de l'acier formé sur le tas, natif de Peru, dans l'Indiana, où a également vu le jour Cole Porter : un certain G. David Thompson, peu doué quant à lui pour la musique. Lui aussi laissa tomber ses études à l'institut Carnegie de technologie de Pittsburgh (que fréquenterait plus tard Andy Warhol), une fois recalé à ses examens d'ingénieur. Pas découragé, il se rendit à Wall Street, le temps d'amasser une fortune dans la finance, puis il revint à Pittsburgh où, en 1945, la quarantaine à peine entamée, il prit la tête de quatre aciéries. Ce fut l'acier qui permit à Thompson de se consacrer à l'art, sa véritable passion, éclose pendant son enfance, à Peru, où le grand magasin de la ville affichait en vitrine les œuvres d'un « artiste », en offrant une toile pour tout achat de plus de dix dollars. Thompson, lui, se faisait fort d'offrir une misère à un maximum de clients en échange de leur tableau gratuit. Un collectionneur venait de naître. En 1928, il acheta sa première « vraie » peinture : un Klee. Il n'a plus cessé depuis d'en acquérir.

L'Allegheny et la Monongahela ont dû baigner Pittsburgh, située à leur confluent, d'une atmosphère particulière. Cette ville industrielle a donné aux États-Unis quelques-uns de ses plus grands collectionneurs : Henry Clay Frick (à l'origine du musée éponyme), Paul Mellon (soutien de la National Gallery) et Duncan Phillips (qui a laissé à Washington la collection du même nom), sans parler de Gertrude Stein, née à Pittsburgh avant de se faire un nom et une réputation à Paris. Hélas ! tous ces mécènes ont constitué puis abrité leur collection ailleurs. À l'orée de la soixantaine, en 1959, Thompson offrit à sa ville la sienne, l'une des plus belles d'Amérique, avec en prime sa résidence à l'architecture futuriste pour l'héberger. La municipalité n'en voulut pas.

Thompson n'avait pas la distinction d'un Paul Mellon. Pugnace et mal dégrossi, c'était moins un intellectuel qu'un « maquignon » pour reprendre ses propres termes. Une philosophie simple le guidait. « Au début, je classais les œuvres selon qu'elles étaient abstraites ou réalistes, ou liées à des écoles comme Dada et le surréalisme », confia-t-il un jour. Puis il laissa tomber ces écoles comme il avait laissé tomber l'institut Carnegie. « Aujourd'hui, je ne reconnais plus que deux sortes d'art : le bon et le mauvais. » Piqué par la rebuffade de la vieille garde de Pittsburgh, il résolut de ne plus se concentrer que sur l'art moderne, que celle-ci ne connaissait et n'appréciait que fort peu, l'associant aux nouveaux riches, au même titre que Thompson, d'ailleurs. Rirait bien qui rirait le dernier : Thompson finit par l'emporter, ou plutôt Ernst Beyeler, au Kunstmuseum.

Faute de pouvoir exposer les œuvres en sa possession, Thompson se dit que, tant pis !, il les vendrait. À l'instar des Mugrabi, ces Colombiano-Américains d'origine syrienne enrichis par la thésaurisation de la production d'un artiste (ils ont amassé près d'un millier de Warhol), des « maquignons », eux aussi, par certains côtés, Thompson fut l'un des premiers à acheter en masse. Il lui a suffi de juger Klee sous-évalué pour amasser toutes les toiles du peintre passant à sa portée. Et de même qu'il accumulait des Klee, il en vendit ensuite, or à qui d'autre qu'à son camarade suisse Ernst Beyeler ? Celui-ci lui en acheta près d'une centaine en 1961, plus quatre-vingt-dix Giacometti et des centaines de Matisse, Miró et Cézanne. Thompson eut peut-être bien le cœur brisé de ne pas avoir été prophète en son pays : un arrêt cardiaque l'emporta en 1965. Quelques années plus tard, son épouse continua de liquider sa collection en cédant une centaine de Kandinsky à Beyeler.

À la mort de Thompson, Ernst Beyeler était devenu le grand manitou du milieu de l'art. Il détenait les œuvres qu'il fallait et les vendait comme il se devait, avec persuasion. Beyeler me montra quelques-uns de ses catalogues, des œuvres d'art à part entière. Leur qualité fit la conquête de Picasso, qui invita Beyeler à lui rendre visite dans sa villa de Mougins, en France, en 1966. Beyeler en repartit avec vingt-six œuvres à vendre. Il se qualifiait lui-même de « chasseur ». Il n'avait pas son pareil pour attraper du gros gibier.

Je fis la connaissance de son épouse Hildy, qui gérait avec lui son négoce d'une poigne de fer. Le couple n'avait pas d'enfant. Leurs tableaux leur tenaient lieu de famille, et de toute façon, en relation avec tous ceux qu'il fallait connaître, ils n'étaient jamais seuls. Je me demandai pourquoi Beyeler n'avait pas développé ses activités à l'étranger à l'instar de Frank Lloyd qui, à la tête de la galerie Marlborough, venait d'ouvrir des annexes à Londres, New York, Monaco, Madrid, Buenos Aires, Tokyo et j'en passe ; une stratégie aujourd'hui adoptée par Larry Gagosian. Selon moi, c'est parce que Beyeler adorait Bâle et son atmosphère éminemment artistique. Le reste du monde viendrait à lui ; à quoi bon s'implanter sur toute la planète ? En s'inspirant de la célèbre phrase de Léger, il aurait pu dire que le désir de voir grand est le pire ennemi de l'important.

Notre rencontre me galvanisa tant que je renonçai sur-le-champ à mon ambition de devenir artiste pour embrasser plutôt la profession de marchand d'art. J'étais certes fort impressionnable, mais le monde de l'art comptait-il, en dehors de Picasso lui-même, quelqu'un de plus impressionnant qu'Ernst Beyeler ? Il s'efforça de canaliser mes aspirations. Il existe deux manières de s'assurer un avenir quand on aime l'art, en dehors de s'y consacrer comme créateur, m'assura-t-il. Soit l'étudier ou pourquoi pas l'enseigner ou écrire à son sujet. Soit se lancer sur le marché. Beyeler m'interrogea sur mes préférences. « Tu éprouves pour l'art une attirance physique ou intellectuelle ? » se fit-il un devoir de me demander. « Purement physique », lui répondis-je sans hésiter un instant. Je lui confiai, si ma mère ne s'en était pas déjà chargée, mon peu de disposition pour les études ; l'art éveillait en moi un intérêt tout sauf cérébral. « Alors il ne faut pas que tu étudies l'histoire de l'art : tu ne verrais que des livres et des diapos, conclut Beyeler. Tu dois devenir marchand ! »

Mais comment ? me demandai-je tout haut. Beyeler avait un plan tout tracé. « Je vais t'envoyer à Kornfeld, à Berne, pendant trois mois. Après, tu passeras un an chez Sotheby's, à Londres. Une autre année à New York, toujours chez Sotheby's, et encore une à la galerie Marlborough. Et tu reviendras ici, auprès de moi. » Un plan quadriennal d'études supérieures dans une université sans murs, vaste comme le monde. En guise de récompense, au bout du chemin, m'attendait un emploi au service du roi de l'art.

Je pris la route de Berne, aussi terne que Brasilia, Canberra, Ottawa ou Washington, où ne se concentre ni l'activité commerciale ni la vie culturelle d'un État. Le fait que l'endroit le plus animé de cette antique cité distinguée ne soit autre que le *Bärengraben*, la fosse aux ours, où s'ébattent les animaux emblématiques qui lui ont donné son nom, en dit long sur la pesanteur du quotidien là-bas. Si seulement il y avait eu une ou deux « Boucle d'or » pour batifoler avec eux… mais bon. J'étais à Berne pour travailler, pas pour batifoler. Ma continence forcée ne représentait qu'un modique prix à payer en échange de l'occasion de mettre mes pas dans ceux d'Ernst Beyeler.

On pourrait présenter la galerie Kornfeld comme le Sotheby's de la Suisse, encore que la réputation de cette maison de vente lui vînt surtout du commerce des estampes et des dessins où elle se distinguait dans le monde entier. Fondée à Stuttgart, en 1864, par le bien-nommé H.G. Gutekunst (dont le nom signifie littéralement « bon art »), la galerie tirait une grande fierté de son passé. En 1919, elle déménagea à Berne et en 1951, Eberhard Kornfeld en prit la direction et lui donna son nom. À la différence de Beyeler, dont la réserve confinait à l'austérité, Ebi Kornfeld reste aujourd'hui encore, à quatre-vingt-dix ans passés, un véritable boute-en-train. Doté de la plus belle écriture manuscrite que j'aie jamais vue, il notait lui-même d'où provenait la moindre œuvre à passer entre ses mains. De taille moyenne, Kornfeld, avec ses longs cheveux roux et ses sourcils broussailleux, ressemblait un peu, en plus théâtral, à Albert Einstein, le résident temporaire le plus célèbre de Berne après Lénine. À l'aube du XXe siècle, Einstein occupa un poste au Bureau suisse des brevets avant de devenir celui qu'il devint. S'il avait enduré un emploi provisoire ennuyeux, alors moi aussi je pourrais bien m'en accommoder.

Heureusement, je ne m'ennuyai pas le moins du monde auprès de Kornfeld, qui me surnomma le *Schnupperlehring*, c'est-à-dire l'apprenti sans cesse en train de renifler partout. Ma mission consistait de fait à rechercher des trésors cachés. Avec Kornfeld, j'appris assez vite l'art de la précision. Ce n'est pas pour rien qu'on fabrique les meilleures montres en Suisse. Ses catalogues n'avaient pas leur pareil, à l'exception de ceux de Beyeler, s'ils ne valaient pas même mieux. Grand vendeur de gravures de Picasso, Kornfeld s'était lié d'amitié avec Pablo mais aussi Giacometti, Tinguely, de Saint Phalle et Chagall. Sa riche épouse distinguée, Marlies, était la fille de Jacques Koerfer, un grand collectionneur dont la résidence conçue par Marcel Breuer à Ascona, en Suisse, figurait dans tous les livres d'architecture. Les Kornfeld possédaient quant à eux une maison, à Davos, célèbre pour avoir appartenu à l'expressionniste allemand Ernst Ludwig Kirchner, poussé au suicide par les nazis l'ayant étiqueté comme artiste « dégénéré ». Mon premier travail à la galerie consista à déchiffrer et transcrire la mine de lettres de Kirchner en possession de Kornfeld.

Logé à l'étage de la galerie, dans l'enceinte de la villa bernoise des Kornfeld, j'appréciai beaucoup mon premier vrai travail. Même si – dommage ! – je dénichais moins de trésors que je n'assumais de tâches subalternes. Je n'en rencontrai pas moins des gens fabuleux, en particulier le meilleur ami de Kornfeld, Heinz Berggruen, auquel je dus servir de chauffeur lorsqu'il nous rendit visite de Paris. Encore quelqu'un de remarquable que j'en viendrais sous peu à connaître de manière moins formelle. Pour l'heure, ce fringant quinquagénaire au passé riche en aventures et que tout le monde connaissait, plus encore qu'Ernst Beyeler, comme « le » marchand de Picasso m'intimidait.

Berggruen était allemand mais surtout citoyen du monde. Après des études à Berlin et Grenoble, il devint journaliste à Francfort dans les années 1930. Lorsque les nazis lui interdirent de signer ses articles de son nom complet pour lui substituer ses seules initiales, ce rejeton de Juifs fortunés pressentit que des ennuis le guettaient. En 1936, il se réfugia en Californie où il suivit des cours d'histoire de l'art à Berkeley. Il ne fallut pas longtemps au *San Francisco Chronicle* pour l'engager comme critique d'art. Berggruen ne dut certes pas affronter une rude concurrence vu que très peu d'Américains tenaient alors l'art pour une carrière digne de ce nom, à la différence de la finance, du droit, de la médecine ou de l'ingénierie. Berggruen fit un très beau mariage, avec Lillian Zellerbach, l'héritière du géant de la papeterie Crown Zellerbach. Il put dès lors se constituer sa propre collection. Tout comme G. David Thompson, il commença par acquérir une toile de Klee d'à peine cent dollars. Une sorte de premier pas obligatoire pour les amateurs d'art moderne.

Comptant parmi le petit nombre de ceux qui s'y connaissaient en art dans la région de San Francisco, il occupa un poste de conservateur au musée d'art moderne de la ville, sanctuaire des collectionneurs millionnaires, enrichis par la ruée vers l'or. Ils jouaient aux honnêtes hommes, parés d'un vernis de culture par la grâce des œuvres en leur possession, peu désireux qu'on voie en eux des prospecteurs. Il consacra l'une de ses premières expositions à Diego Rivera, avec qui il se lia très vite d'amitié. Berggruen gardait une longueur d'avance en matière d'appréciation de l'art moderne et de ses créateurs. Il ne soupçonnait toutefois pas ce qu'impliquait une telle modernité quand Rivera l'emmena, lui, son nouveau copain, à un hôpital des environs où l'on soignait alors son épouse Frida Kahlo des douleurs chroniques qui lui empoisonnaient la vie depuis un lointain accident de bus. « Tu vas tomber amoureux de ma femme », lui prédit allègrement Rivera sur le chemin de l'hôpital. Paroles prophétiques s'il en fut.

Berggruen avait alors vingt-cinq ans et Kahlo trente-deux. Son précédent amant Léon Trotsky venait tout juste de mourir, assassiné, à Mexico. Le couple qu'elle formait avec Rivera battait de l'aile. Bien que souffrante et en deuil, elle exultait depuis son récent triomphe lors d'une exposition surréaliste à Paris. Malgré son épouse millionnaire libérale, Berggruen s'éprit éperdument de l'artiste qu'il suivit à New York, où ils vécurent six semaines d'une folle passion au cours de laquelle Kahlo divorça de Rivera. Là-dessus, elle quitta Berggruen aussi vite qu'il s'était amouraché d'elle pour retourner auprès de Rivera, avec lequel elle se remaria.

Berggruen soigna son cœur brisé par Frida en s'engageant dans l'armée américaine ; sa connaissance de l'allemand et de l'Allemagne le rendant alors des plus utile aux Alliés. Après la guerre, il divorça de Zellerbach et s'installa à Paris, où il ouvrit sur l'île Saint-Louis une librairie spécialisée dans les livres illustrés. Ce fut ainsi qu'il rencontra Picasso. Le reste appartient à l'histoire, de l'art.

Au service de Heinz Berggruen et de ses pairs, je n'étais Dieu merci pas tenu de porter de livrée, ni de laisser tourner le moteur pendant qu'il se rendait aux restaurants et aux hôtels de luxe dont il raffolait. Le plus mémorable de ces établissements restera selon moi la Kronenhalle de Zurich, le « restaurant d'art » le plus célèbre au monde : un point de ralliement de tous ceux qui comptent dans le milieu, où l'on a l'occasion de croiser ceux qu'il faut connaître. Autrefois, on y rencontrait les deux Albert, Einstein et Schweitzer, Thomas Mann, James Joyce et le moindre capitaine de la finance de passage par cette ville de banquiers. Mais ce qui mérite vraiment qu'on s'y attarde, ce sont les œuvres d'art : il y en a partout, au-dessus des blasons et des banquettes en cuir rouge. Un autoportrait de Picasso, des Miró, des Bonnard, des Kandinsky, des Chagall, des Varlin ; tous les amis de Kornfeld,

Beyeler et Berggruen, et aussi de Gustav Zumsteg, qui fit fortune dans les soieries à Paris et conserva le restaurant de Zurich en guise de passe-temps et de musée à l'atmosphère animée.

Le rassemblement des marchands et de leurs principaux clients (qui s'y donnaient systématiquement rendez-vous) y tenait autant du colloque élitiste que des retrouvailles bon enfant entre vieux camarades. En plus, les dames y étaient aussi belles et pomponnées que les demi-mondaines de chez Maxim's à Paris, à la différence qu'elles engloutissaient à la Kronenhalle des platées de saucisses et de rösti plutôt que du lièvre à la royale. À la galerie Kornfeld, je fis la connaissance de Theo Van Gogh, le neveu déjà âgé du peintre, aux yeux en tout point semblables à ceux de son oncle. Lui serrer la main me donna l'impression de toucher l'art en personne. Notre rencontre m'émut autant que celle d'Aljoscha Klee, le petit-fils de Paul, qui avait hérité de son grand-père son sombre regard pénétrant. Là encore, ce fut une page vivante d'histoire dont je croisai le chemin. Aljoscha était l'auteur d'une longue et captivante monographie sur la sclérodermie, une maladie de peau atrophiante dont souffrait Paul Klee, et ses répercussions sur sa création. Face à de telles légendes, j'eus le sentiment d'appartenir à un club ; un club d'art dont je ne voulais rien tant que de faire partie. Pour l'heure, je me réjouissais de servir à ses membres de mascotte, de cochon truffier, de chauffeur ou que sais-je encore. Je m'estimais heureux d'avoir un pied, ou même un simple orteil, dans la place.

Au contact de ces marchands, je ne tirai toutefois pas tout à fait un trait sur mon rêve initial de devenir artiste. À ce moment-là, en dehors de mes professeurs japonais, je ne connaissais pas d'artiste à proprement parler, surtout pas dans la tradition occidentale. Eberhard Kornfeld pallia ce manque en ajoutant à ma liste d'obligations celle de « baby-sitter un génie », en l'occurrence le peintre abstrait de légende, l'Américain Sam Francis, à la tête de l'école formée par ses compatriotes à Paris dans l'après-guerre. Francis devait venir à Berne à l'occasion d'une exposition retentissante de ses œuvres récentes à la galerie Kornfeld. Le problème, c'est que Francis, sous les effets permanents du cannabis, n'avait récemment rien produit du tout. Kornfeld l'enferma donc dans son luxueux atelier attenant à la galerie ; je devais leur servir d'intermédiaire, chargé d'inciter la créativité de Francis à prendre son envol (sans pour autant qu'il plane). Une tâche qui ne s'annonçait pas simple.

Le peintre, un personnage fascinant, approchait alors la cinquantaine. Né d'une mère pianiste et d'un père prof de maths, il grandit dans la banlieue de San Francisco puis étudia la médecine à Berkeley avant de devenir pilote d'essai durant la Seconde Guerre mondiale. Un accident d'avion qui manqua de peu lui coûter la vie et deux années d'hôpital firent de lui un artiste. Sitôt remis, il retourna à Berkeley, étudier cette fois l'art. Jackson Pollock et Mark Rothko exercèrent sur lui une forte influence. Dès sa maîtrise en poche, il s'établit à Paris, où on l'encensa, à la tête de ce que l'on nommerait par la suite la « deuxième génération » d'expressionnistes abstraits. Je me rappelle que sa toile *Big Red* au musée d'art moderne de New York me médusa lors de mon premier séjour.

Francis et moi avions d'autres raisons de bien nous entendre. L'art japonais, dont il subissait l'influence, le fascinait. Marié à l'artiste peintre Teruko Yokoi, il passait au pays du Soleil Levant pour un véritable héros. Nous allions donc pouvoir discuter du Japon, aussi bien que de Bâle, où il faisait également figure de héros, auteur d'une œuvre immense à la Kunsthalle, à deux pas du Kunstmuseum, écrin de bon nombre des principales expositions temporaires de la ville. S'il consommait tant de cannabis, m'expliqua Sam, ce n'était pas pour imiter les hippies de Berkeley mais parce qu'il souffrait d'une tuberculose rénale due à ses blessures de guerre, et par conséquent du même genre de douleur insoutenable ayant obligé Frida Kahlo à séjourner dans des hôpitaux du monde entier. Je pensai aussitôt à Klee, à Van Gogh, et me demandai si la souffrance n'était pas indispensable au processus de création. Nous en avons beaucoup parlé.

Sam Francis m'adressa un jour, sans le vouloir, l'un des compliments les plus flatteurs de ma courte vie. Il utilisait pour peindre une technique bien à lui : il plongeait une éponge dans de l'eau claire, la pressait au-dessus de la toile pour que s'y forment des coulures, et laissait goutter dessus ses pinceaux trempés dans ses pigments. Un jour, je profitai de son passage au petit coin pour tenter d'imiter son travail. Ce fut plus fort que moi. Lorsqu'il me rejoignit et entreprit de réunir ses œuvres en vue de l'exposition, il mit mon tableau auprès des siens, prenant ce Simon de Pury pour un authentique Sam Francis. Mon honnêteté suisse s'interposa : je lui avouai ma petite expérience. Il réagit avec une incroyable amabilité en m'encourageant dans cette voie. J'insistai néanmoins pour jeter ma création à la poubelle. Ce n'était pas facile de soutenir la comparaison avec Sam. Je me réjouis et me flattai du moins d'avoir contribué à la bonne marche de son exposition à la galerie Kornefeld, où tous ses tableaux trouvèrent preneur.

Une autre de mes missions à la galerie Kornfeld tourna en revanche assez mal, au point de mettre pour un peu un terme à ma carrière dans le monde de l'art avant même qu'elle n'ait commencé. M. Kornfeld me demanda un jour de fabriquer un *passe-partout*, une sorte de cadre en carton, pour un dessin surréaliste de Max Ernst sous verre, d'une valeur inestimable. Je m'exécutai sans m'apercevoir que le dessin d'Ernst se trouvait sous le carton au moment de le découper à l'aide d'un cutter à la lame affûtée. Résultat : je taillai à mon insu le dessin d'Ernst en quatre morceaux ; une gaffe plus fâcheuse encore que lorsqu'en 2006, le baron des casinos de Las Vegas et collectionneur Steve Wynn, atteint de troubles de la vision dus à une rétinite pigmentaire, enfonça par inadvertance son coude dans *Le Rêve* de Picasso, qu'il venait de céder au magnat des fonds d'investissements, lui aussi collectionneur, Steven A. Cohen, pour 139 millions de dollars. La restauration de la toile coûta près de 100 000 dollars et le coup de coude en porta un, fatal, à la transaction, diminuant de moitié la valeur du tableau. Wynn poursuivit en justice ses assureurs, la Lloyd's de Londres, parce qu'ils refusaient de lui verser la somme qu'il réclamait. L'esclandre fut évité de justesse lorsque Cohen résolut en 2013 d'acquérir le Picasso malgré tout, cette fois en échange de 155 millions de dollars.

En ce qui me concerne, je n'avais pas de contrat souscrit auprès de la Lloyd's, pas de quoi rembourser les dégâts, et à ce que j'en conclus aussitôt, plus d'avenir.

Mourant de peur à l'idée d'avouer à M. Kornfeld l'horrible vérité, je pris cependant mon courage à deux mains. Kornfeld conserva son prodigieux flegme. « Je dispose du meilleur restaurateur au monde », m'assura-t-il. Et de fait, celui-ci effectua sur le dessin un travail indécelable à l'œil nu : impossible d'y reconnaître les traces de ma bévue. Le catalogue édité par la galerie ne mentionna pas l'incident. Une fois le dessin d'Ernst mis aux enchères, je tremblai quand même que les dommages que je lui avais infligés ne se remarquent. Mais personne ne décela quoi que ce soit. Le dessin partit à un bon prix et celui qui l'acquit, parfaitement restauré (j'avais commis là le crime parfait), en fut aussi content que Stevie Cohen de son Picasso rafistolé. Je fus pour ma part tellement heureux auprès d'Eberhard Kornfeld que je restai à ses côtés dix-huit mois, bien plus que les trois prévus d'après le plan initial de Beyeler. L'heure de peaufiner mon apprentissage chez Sotheby's finit malgré tout par sonner. En 1974, je pris la direction de Londres.

6

« Ici, Londres… »

J'éprouvai un véritable coup de foudre pour Londres, que je découvris à son heure de gloire durant l'été 1967, au plus fort de la Beatlemania, de la vogue des minijupes, de Carnaby Street, et de *Blow-up* ; en somme, de tout ce qui en faisait la ville la plus dans le vent à la fin des années 1960. Je logeais alors chez une famille d'accueil dans une vieille bourgade du Hampshire du nom de Basingstoke, afin d'améliorer mon anglais. L'été suivant, je suivis des cours à Cambridge, d'où je m'évadais à Londres à la moindre occasion. La pratique de l'aviron sur la Cam ne manque pas de charme mais j'étais accro à la musique et à la culture avant-gardistes que seule une ville comme Londres était en mesure de me procurer. Je ne suis pas sûr que beaucoup de jeunes en pèlerinage à Carnaby Street et Abbey Road passaient aussi par la Tate Gallery. Mon attirance pour l'un et l'autre faisait en tout cas de moi un drôle d'oiseau.

Lorsque je revins en Angleterre en 1974, après la séparation des Beatles, Carnaby Street s'était transformée en piège à touristes ; signe d'un changement d'époque. Fallait-il vraiment se rendre à Londres pour écouter ABBA, Yes et Barry White ? Le plus frappant, c'est qu'à cause de l'embargo sur le pétrole arabe et de la crise due à la guerre du Kippour de 1973 en Israël, la capitale anglaise, jadis si bon marché, était devenue l'une des villes les plus chères au monde. Les pays du Golfe producteurs de pétrole s'étaient enrichis comme Crésus, et lorsque les plus fortunés de ces grosses fortunes se mirent en tête de se délecter de la splendeur de la fraîche Albion, Londres prit des allures de Mecque sur la Tamise. Les prix quadruplèrent ; pas seulement du baril de brut mais de tout et n'importe quoi, depuis un costume chez Claridge's jusqu'à un burger dégoulinant de gras au fast-food du coin de la rue. En 1974, il ne faisait pas bon étudier à Londres le ventre vide : on ne risquait pas de se le remplir.

Moi, je ne comptais pas y étudier mais décrocher un emploi distingué chez Sotheby's, la maison de vente la plus réputée au monde, un colosse dominant le monde de l'art depuis le dédale de ses locaux au cœur de l'élégante Bond Street. À la galerie Kornfeld, un gîte et un couvert plutôt somptueux complétaient ma généreuse rémunération. Je m'attendais donc à mener encore grand train. Le réveil fut douloureux lorsque je découvris qu'il n'y avait pas de poste à pourvoir chez Sotheby's et qu'Ernst Beyeler lui-même ne pourrait pas m'en dénicher un. La maison de vente traversait une période difficile. La crise pétrolière malmenait l'économie mondiale et le marché de l'art en faisait accessoirement les frais. L'inflation grimpait de jour en jour et l'angoisse du lendemain s'avivait. Comme plus personne n'achetait d'œuvres, les experts occupaient des emplois d'une superfluité de plus en plus manifeste ; une manière élégante de dire qu'on les fichait à la porte les uns après les autres. Un poste pour un jeune Suisse ? N'y songez même pas.

Pleine de ressources, ma mère intervint en cherchant à Bâle quelqu'un à même de me recommander. Elle finit par se tourner vers un banquier du nom de Richard Dreyfus ayant connu à Eton Peter Wilson, alors à la direction de Sotheby's. Leur amitié s'était prolongée en Égypte, où Dreyfus avait fait des affaires et Wilson, les gros titres des journaux en adjugeant les collections du palais du roi Farouk qui se réfugia à Capri à bord de son yacht royal bourré d'or au lendemain du coup d'État de Gamal Abdel Nasser en 1952. Il s'agit là de la « vente aux enchères du siècle ». Hélas ! à cause de Nasser et de son gouvernement, la commission qui aurait dû revenir à Sotheby's lui passa sous le nez. Les souvenirs d'Eton et d'Égypte de Peter Wilson ne suffirent malheureusement pas à le convaincre de décrocher son téléphone par égard pour moi. Un simple subalterne prit contact avec Dreyfus, répétant une fois de plus qu'il était hors de question de me confier un poste.

Le seul moyen que j'avais d'entrer chez Sotheby's, ajouta-t-il, consistait à payer ce privilège. La maison de vente venait de mettre sur pied une formation de dix mois intitulée « Œuvres d'art » à destination des aspirants galeristes et des futurs professionnels du marché de l'art, de manière, selon les mots du sous-fifre, à « combiner leurs connaissances ». Les frais de scolarité annuels exhorbitants (sans compter le logement et la nourriture) incitèrent mes parents à y voir eux aussi une habile « combine ». Ils me savaient nul en classe. Et on aurait voulu qu'ils mettent la main à la poche pour que je retourne à l'école ? apprendre à distinguer un Monet d'un Manet, une porcelaine de Meissen d'un vase Ming ? Leur objectif était que je décroche un emploi lucratif, pas que je vive à leurs crochets.

Je les implorai, les suppliai, comparant mon inscription à la formation à l'affiliation à un syndicat à même de m'assurer un poste, avec un peu de chance chez Sotheby's, mais à coup sûr dans une galerie ou un musée de premier plan. Ils se montrèrent sceptiques. *Certainement. Au guichet d'entrée du Kunstmuseum.* Je n'étais même pas fichu de décrocher un diplôme tout bête. Les amis de ma mère, railleurs, y virent le comble du dilettantisme, un peu comme des leçons de cuisine au Cordon Bleu à Paris. Je leur dépeignis toutefois Sotheby's comme l'Oxford de l'art : on n'y acceptait que cinquante étudiants. Cinquante gosses de riches gâtés aux parents bien trop bons, des propres à rien incapables d'entrer à Oxford même en voyage organisé. Pourquoi ne pas opter plutôt pour Oxford ? Pourquoi ne pas tenter de décrocher une bourse ? Je n'avais qu'à m'en prendre à moi-même. Mais qu'est-ce que mes parents auraient bien pu faire de leur fils à l'avenir bouché ? À contrecœur, ils finirent par accepter. Je pressentis qu'en cas d'échec de ma part ils ne m'accorderaient toutefois plus d'autre chance.

Par souci d'économie, je m'installai dans l'appartement au loyer le plus bas que je parvins à dénicher, en colocation avec trois parfaits inconnus, dans Cromwell Road. Si mon logement occupait un emplacement de rêve, le rêve tourna toutefois vite au cauchemar. Le métro grondait à n'importe quelle heure du jour et de la nuit sous l'immeuble qui en tremblait et je ne savais s'il fallait imputer l'air vicié qu'on y respirait aux gaz d'échappement du flot sans fin de bus et de taxis dehors ou aux chats qui empestaient les couloirs. Une fois encore, Bâle vint à la rescousse. Un de mes cousins qui travaillait à l'ambassade de Suisse me mit en contact avec sa sœur. Alors même que je ne la connaissais absolument pas, elle eut la bonté de me céder une chambre dans sa ravissante maison près de Regent's Park. À part le lit au centre, la vaste pièce ne contenait aucun meuble ; un aménagement « zen » au possible. Je tentai de me persuader que je renouais là avec le Japon.

La formation que je suivis chez Sotheby's n'avait pas lieu au siège à Mayfair mais dans un immeuble de bureaux quelconque de Dover Street, à proximité. Mes condisciples venaient du monde entier. L'année suivante, la fille du Président, Caroline Kennedy, rejoindrait pourtant la formation ; de quoi m'assurer un peu plus de crédibilité auprès de mes parents. Manque de chance, je m'inscrivis un an trop tôt pour avoir de quoi me vanter.

Les rejetons de famille plus qu'aisées formaient une majorité assez écrasante pour que mes parents aient eu raison de m'assener : « On te l'avait bien dit. » À peu près un élève sur quatre venait d'une famille de grands collectionneurs. La formation comprenait des cours d'allemand et d'italien mais pas de français ; preuve s'il en fallait de son caractère élitiste. Nous étions tous censés déjà dominer le français, de même que nous étions tous censés distinguer le baroque du rococo. Aucune mesure compensatoire n'était prévue pour combler les inégalités entre privilégiés et indigents de la culture.

Une autre division concernait notre orientation sexuelle. Selon moi, une bonne moitié de mes condisciples de sexe masculin étaient homosexuels, même si personne n'en parlait, en ce temps-là. En Suisse, un pays curieusement aussi conservateur que tolérant, des penchants hors norme ne se changeaient en problème que pour ceux qui échouaient à garder un minimum de discrétion. Le milieu de l'art où j'évoluais à présent me parut diamétralement opposé à, disons, celui des banquiers suisses : libre de tout préjugé. Même dans le reste de la société, je n'ai pas une fois eu le sentiment que mon intérêt pour l'art mettait en cause ma virilité, alors qu'il en serait peut-être allé autrement en Amérique, à la même époque. Ceux qui pensent qu'on ne croise que des homosexuels dans ce petit monde me font sourire. Pas un seul artiste ou marchand de ma connaissance ne l'était alors : pas plus Beyeler que Kornfeld, Berggruen ou Sam Francis. Imagine-t-on plus viril que Picasso ? On ne comptait parmi leurs rangs que des hétérosexuels convaincus, certes à l'esprit large.

Un trentenaire court sur pattes chapeautait notre formation, une sorte de Beau Brummell à la petite semaine, aux cheveux teints et à l'accent cockney. À son corps défendant, il me donna un cours accéléré de discernement des tendances sexuelles. Doté du pittoresque patronyme botanique de Shrub (buisson), il ne cadrait pas du tout avec le style Sotheby's, celui d'anciens d'Eton ou de Harrow, au ton feutré et au carnet d'adresses bien rempli, quintessence de l'*establishment.* Si l'on associe Sotheby's à Bond Street, alors ce Derek Shrub, lui, avait plutôt sa place à Carnaby Street. Ce qui explique peut-être sa relégation dans ce banal immeuble de Dover Street. Il se considérait en tout cas comme un libertin au charme viril : il en avait, et il le laissait voir. Ainsi, il ne cachait pas qu'il formait un ménage à trois avec deux autres hommes. Ses moindres commentaires comportaient des sous-entendus égrillards. « Je n'ai pas suivi d'études, se vantait-il, je me laisse guider uniquement par mes sens. » Il avait fait ses armes au département mobilier du Victoria & Albert Museum.

Au moment de me présenter à lui, je lui demandai, non sans crânerie, ce que m'apporterait la formation, vu que mon passage par la galerie Kornfeld m'avait déjà élevé au rang d'expert en herbe. « On ne peut pas se marier à dix-sept ans sans batifoler à droite, à gauche au préalable », me rétorqua-t-il. Ses deux collègues et lui nous enseigneraient tout sur l'argenterie, le mobilier, la joaillerie, l'art asiatique ; pas seulement sur ce qui rapportait gros – les maîtres anciens et les impressionnistes –, du moins jusqu'aux récentes perturbations du marché.

Tous les étudiants de ma promotion ne venaient cependant pas de familles de nantis. Deux d'entre eux bénéficiaient d'une bourse, dont ma future épouse. Mais nous n'en étions pas encore là. Elle ne m'inspira d'abord pas tant de désir que de jalousie : je la voyais moins comme une compagne potentielle que comme une dangereuse rivale dans un monde où il y avait beaucoup d'appelés et peu d'élus. Elle s'appelait Isabel Sloman et se distinguait entre autres par ses diplômes de la *University College of London* et de l'Institut d'art Courtauld. Son père, Sir Albert Sloman, pilote de chasse de la RAF pendant la Seconde Guerre mondiale, et académicien distingué, avait fondé l'université de l'Essex (et en avait occupé le premier le poste de recteur adjoint), l'une de ces facultés de villes industrielles à la réputation croissante dont sortaient de brillants jeunes diplômés aux dents longues, un peu à l'image des « jeunes gens en colère » du dramaturge John Osborne, encore qu'en plus instruits, prêts à défier les rejetons de la haute bourgeoisie britannique à la motivation flanchante.

La mère d'Isabel, une Française, venait de Cognac, où sa famille possédait une résidence d'été. Blonde, élégante et mince, elle n'était ni trop coincée ni trop collet-monté pour s'interdire le port de minijupes. Ce qui signifiait que n'importe quel musée ou galerie, et même Sotheby's, se féliciterait de l'engager… plutôt que moi. Mes lettres hebdomadaires à mes parents au Japon laissèrent assez vite transparaître la menace que je percevais en elle. Je me focalisai sur Isabel comme sur une « redoutable concurrente » dans le seul domaine où je pouvais encore gagner l'approbation de ma famille. Qui eût alors soupçonné que mon ennemie allait devenir ma conjointe ?

Derek Shrub joua indirectement les Cupidon en enterrant notre rivalité. Dès que quelqu'un, dans le milieu de l'art, cherchait de jeunes talents à embaucher, il se tournait vers Shrub. Au cours de notre formation, un poste se libéra chez un éminent fournisseur de maîtres anciens de Jermyn Street, la galerie Heim, que dirigeait le comte André Ciehanoviecki. Comme de juste, Derek songea d'abord à Isabel. Cela me fâcha qu'il ne me propose pas à moi cet emploi rémunéré, rareté d'entre les raretés. Mais lorsque Isabel, aussi bardée de diplômes qu'un professeur titulaire d'une chaire, accepta l'offre, j'en éprouvai un immense soulagement. Voilà qu'elle me laissait enfin le champ libre chez Sotheby's ! Et une fois éliminée la compétition entre nous, plus rien ne nous retint de devenir amis. Dès lors qu'elle ne mettait pas mon avenir en péril, j'admirais beaucoup Isabel. Avec le temps, cette admiration se muerait en amour.

D'ici là, un jeu auquel prit part ma promotion imprima un nouveau tournant à la voie que j'aspirais à suivre. Derek Shrub nous demanda qui parmi nous songerait à une éventuelle carrière de commissaire-priseur. Sotheby's avait beau être une maison de vente, jusque-là, nous n'avions assisté en classe à aucune adjudication. Peut-être parce qu'en ce temps-là, les enchères décollaient si peu que Shrub avait à cœur de ne pas nous déprimer. À vrai dire, je n'avais encore été témoin d'enchères qu'à la galerie Kornfeld. Eberhard Kornfeld, lui même insigne commissaire-priseur, admirait Sotheby's, telle une terre promise dans son domaine d'élection. Soucieux de rester humble face à ce temple de la réussite, il avait placé sur son bureau une estampe encadrée de l'entrée de Sotheby's, sur laquelle veille une lionne en basalte noir, la déesse égyptienne Sekhmet. La sculpture, qui date de 1320 av. J.-C., tient lieu de mascotte à Sotheby's, à l'instar des ours à Berne, depuis que l'acheteur qui l'emporta dans les années 1880 pour la somme alors pharaonique de 40 livres sterling négligea de passer la récupérer.

M'estimant plus ou moins expert en la matière depuis mon stage à la galerie Kornfeld, j'eus la témérité de lever la main. Seuls deux autres étudiants sur les cinquante de la promotion en firent autant. L'un d'eux, un Autrichien du nom de Peter von Eltz, propriétaire d'un château dans son pays natal, connut plus tard un certain succès comme commissaire-priseur à Berlin. Quant à l'autre, un jeune Anglais, il y a longtemps que je n'ai plus de nouvelles de lui. S'ensuivit une série d'adjudications « pour du faux » ; les trois volontaires assumant à tour de rôle celui d'un commissaire-priseur. La nécessité de vendre une pièce de mobilier, une porcelaine, ou une toile quelconque du haut de l'estrade m'intimidait terriblement ; ce que Shrub imputa aux lacunes de mon savoir. Je me débrouillerais bien mieux en ayant pleinement conscience de la valeur de ce que je proposerais. Il fallait que je transmette au futur acheteur mon enthousiasme, ma connaissance de l'objet, de façon à ce que s'établisse entre nous une complicité de bon aloi. Je devais aussi me souvenir que les enchérisseurs sont des collectionneurs avertis, bien informés, capables de voir clair à travers un battage artificiel et de déceler d'éventuelles erreurs de ma part. En résumé, il fallait vendre, ce qu'en Européen soi-disant distingué je n'avais jamais fait, d'où ma gêne face à un tel exercice. C'était toutefois la raison d'être de Sotheby's : vendre. De l'art en tant que négoce. *Prends le pli et bûche un peu plus*, telle fut la leçon que j'en tirai. Le piège où j'allais tomber venait d'être amorcé.

Ma conviction que le terrain, chez Sotheby's, m'appartenait enfin se révéla le fruit d'un orgueil déplacé de ma part. L'espèce de camp d'entraînement dont je sortis en 1975 me donna en tout cas de l'assurance. Dans son rôle de sergent instructeur, Derek Shrub eut le mérite de me préparer à la suite. Une seule chose manquait selon moi à notre formation : l'occasion d'y rencontrer des artistes. Je me rappelle le passage de David Hockney, à la renommée alors croissante en Californie. Je souhaitais faire sa connaissance mais n'en eus pas la possibilité. Je n'avais affaire qu'à des artistes morts ; Ernst Beyeler m'avait bien prévenu que je n'apprécierais pas cet aspect de mes études, voilà pourquoi il valait mieux que je ne me lance pas dans l'histoire de l'art. Cela dit, il ne m'était pas resté d'autre choix. À présent, l'heure avait sonné de rentabiliser mes connaissances et de gagner mon pain quotidien. Mais là encore, on affichait partout « salle comble ». Je crus à une éventuelle ouverture en apprenant qu'une cousine à moi, pour ne pas changer ravissante, s'était dégoté un amant cadre dirigeant chez Sotheby's. Leur amour ne résolut cependant pas tout, et surtout pas ma quête d'un emploi. Peu désireux de quitter Londres pour rentrer à Bâle vaincu, j'acceptai le poste non rémunéré de réceptionniste à l'accueil de Bond Street. Au moins, je franchis ainsi l'entrée de l'immeuble gardé par Sekhmet, la déesse lionne.

7

Mon modèle

À l'accueil de Sotheby's, je recevais les visiteurs en jouant en quelque sorte les cerbères. Oh, je ne snobais personne ; pas comme les physionomistes de chez Régine à Paris, ou plus tard du Studio 54 à New York, qui vous jaugent à votre tenue, le temps de décider si vous présentez assez bien pour pénétrer dans le saint des saints. Non, j'occupais une position bien trop humble pour me poser en arbitre. C'était tout juste si j'avais ma place chez Sotheby's, de quel droit aurais-je émis un jugement ? La maison de vente n'en était pas moins réputée pour sa morgue et son arrogance. Le regard condescendant estampillé « Bond Street » qui vous fait bien sentir que vous n'avez rien à faire là, voilà ce qui incita le magnat des centres commerciaux de Detroit, Alfred Taubman, à mettre la main sur Sotheby's en 1983, histoire de montrer à ces prétentieux ce que signifie la notion de « client roi ». Cela dit, même sans rembarrer qui que ce soit, je devais déterminer qui envoyer ou non « à l'étage », aux experts de Sotheby's, muni de l'objet d'une éventuelle vente. La maison comptait un grand nombre d'experts : en maîtres anciens, en impressionnistes, en art moderne, en porcelaine, en jades et en art oriental, en médailles et en monnaies, en manuscrits et j'en passe. Et quand on parle d'arrogance... Ces spécialistes à la patience limitée ne souffraient pas les butors, et quand ils estimaient perdre leur précieux temps à cause des visiteurs que je leur envoyais, alors c'était moi qui souffrais.

Un jour entra un vieux couple portant une boîte avec autant de soin qu'une charge d'explosifs susceptible de se déclencher au moindre faux mouvement. Ils sollicitaient une opinion avertie et, du moins à ce stade du processus de sélection, allaient devoir se contenter de la mienne. Ils mirent au bas mot une demi-heure à sortir leur trésor de son emballage façon poupées russes : des boîtes à n'en plus finir, les unes à l'intérieur des autres. Enfin, ils me montrèrent avec fierté une porcelaine dont, honnêtement, je ne garde aucun souvenir ; un héritage familial selon toute vraisemblance. Ils l'estimaient digne du château de Windsor mais, à mes yeux, un tant soit peu exercés, elle avait plus sa place sur un marché aux puces, et pas sur le stand d'un antiquaire. Je m'efforçai de leur faire comprendre avec le plus grand ménagement qu'à mon avis, elle ne possédait qu'une valeur sentimentale.

Je m'en voulus de jouer les rabat-joie mais m'en serais encore plus voulu de m'attirer les foudres de notre expert en porcelaines en lui adressant le couple. D'une politesse irréprochable, ils me remercièrent de mon avis pourtant dépréciatif. Au moment de remporter leur trésor, leur attitude changea du tout au tout : ils se contentèrent de déposer l'objet au fond d'une boîte, me laissant le soin de me débarrasser du reste de l'emballage assez volumineux pour draper une momie de la Vallée des rois. J'en tirai la leçon qu'on ne prend soin que de ce à quoi on prête de la valeur. Quand on s'imagine en possession d'un trésor, on veille dessus comme sur la prunelle de ses yeux. Mais si ce trésor s'avère de la pacotille, autant s'en défaire. Ce qui n'est pas monnayable, personne ne s'en soucie.

Au bout de huit semaines à la réception, une opportunité se présenta. Avoir un pied chez Sotheby's me permettait de me tenir au courant des bruits de couloir à propos des postes à pourvoir. Un très jeune expert en gravures du département des maîtres anciens résolut de nous quitter pour la galerie Colnaghi, dont c'était la spécialité, à deux pas de là, dans Old Bond Street. Fondée en 1760, cette vénérable institution passait pour la plus ancienne galerie du monde. Lord Jacob Rothschild, un Rothschild anglais, à même de s'adjuger tout et n'importe quoi, venait de l'acquérir. L'un des directeurs de Sotheby's vint me trouver à l'accueil pour me prendre à part, le temps de me communiquer l'offre en or. Cela m'intéresserait-il de « passer aux étages » ?

En principe, une telle perspective m'eût enchanté… mais pas à un poste comme celui-là : l'accepter me condamnerait à passer le restant de mes jours dans une voie sans issue. On ne dénombrait de par le vaste monde qu'une trentaine de collectionneurs de gravures de maîtres anciens. Aucun essor n'attendait ce secteur qui relevait plutôt de l'histoire ancienne. En plus, l'authentification des œuvres nécessitait des connaissances techniques pointues qui me manquaient.

Je refusai. Le directeur s'en offusqua. Qui se croyait-il, cette espèce de préposé au vestiaire, pour dénigrer Rembrandt, Raphaël et le Titien ? J'eus de la chance qu'il ne se vexe pas au point de me limoger. Mais comme je travaillais à l'œil, Sotheby's n'eût fait l'économie que d'un camouflet en se débarrassant de moi. Je tins bon.

Je me mis en quatre pour me rendre utile. Je me liai avec Duncan McLaren, un directeur de Sotheby's International qui chapeautait alors les tentatives de la maison de vente d'étendre son activité à l'ensemble du globe. Après l'acquisition de Parke-Bernet à New York en 1964, Sotheby's continua sur sa lancée en ouvrant en 1966 des succursales à Munich, Zurich et Paris. J'usai de mes relations dans le monde de l'art suisse pour rendre un service à McLaren, qui eut la gentillesse de me renvoyer l'ascenseur en me proposant le prochain poste à pourvoir. Un expert en mobilier anglais jouissait a priori d'encore moins de prestige qu'un spécialiste en gravures de maîtres anciens. En plus, j'en savais moins sur les meubles que sur lesdits maîtres. Mais je savais par ailleurs qu'on ne m'offrirait plus d'autre opportunité chez Sotheby's et je n'étais pas en position de faire la fine bouche.

Je m'empressai d'accepter. On me confia une Renault milieu de gamme, une carte routière détaillée de l'Angleterre, de l'Écosse et du pays de Galles et une liste de clients auxquels rendre visite. Du jour au lendemain, Sotheby's fit de moi le VRP que je n'aurais jamais cru devenir même en rêve. Mes clients n'avaient pas grand-chose à voir avec les Rothschild de Waddesdon Manor. Je ne m'introduisis ni dans des châteaux ni dans des résidences princières mais dans d'humbles demeures en quête de trésors cachés. Seuls ceux qui m'ouvraient leur porte semblaient plus déçus encore que moi par mon nouvel emploi. Il leur suffisait de m'apercevoir pour que leur mine se décompose. Sans doute s'attendaient-ils à recevoir un *gentleman* aux tempes grisonnantes muni, qui sait, d'une canne. Et les voilà face à un jeune étranger à l'accent marqué qui en savait en général bien moins qu'eux en matière de mobilier.

Je ne parvins jamais à maîtriser pleinement la conduite automobile sur ce que j'estimais le mauvais côté de la route et ne me remettrais jamais vraiment de l'exécrable nourriture de *pubs* que me valaient les bons de ravitaillement de Sotheby's. Si la maison de vente m'apparaissait jadis comme l'employeur le plus glamour qui soit, la mission qu'elle me confia me guérit de mes illusions. Je me cramponnai malgré tout un an et demi, prouvant à mes parents que j'étais capable de gagner mon pain, ou du moins une maigre pitance. Ce qui me sauva fut mon amitié grandissante avec Isabel Sloman, ma rivale m'ayant abandonné à mon triste sort. Elle fréquentait alors un banquier chic et je m'étais juré de ne pas me marier avant mes trente-cinq ans. Nos carrières dans le monde de l'art nous rapprocheraient cependant, et de plus en plus.

Isabel méritait bien un peu de patience. Autant du moins que Peter Cecil Wilson, le patron quasi légendaire de Sotheby's, censé me confier le poste de mes rêves grâce à l'intervention de son camarade d'Eton, qu'il ne rappela pourtant jamais. Sitôt enrôlé dans la formation « Œuvres d'art », je fus convoqué dans son bureau où il me souhaita la bienvenue ne serait-ce que par déférence envers Richard Dreyfus. Notre entrevue tourna au désastre. En dépit de sa prestance, Peter Wilson était très timide. Moi aussi, or il m'impressionna au plus haut point. La rencontre de deux grands timides produit rarement des étincelles. Ni lui ni moi ne sûmes quoi dire ; je ne me rappelle que les pénibles silences entre les platitudes que nous échangeâmes. Jamais je ne me suis senti aussi soulagé qu'à la sortie de son bureau, même si je craignis un temps qu'il ne me trouve ballot au point de me mettre à la porte de Bond Street. J'étais loin de me douter que ce personnage distant, presque mythique, deviendrait bientôt mon ami et principal mentor.

Ce fut le mobilier qui finit par nous rapprocher. Wilson aussi avait connu d'humbles débuts chez Sotheby's, en 1936, d'abord en tant que transporteur puis chargé des catalogues au département mobilier. S'il n'eut pas comme moi à battre ignominieusement la campagne au fil des grandes et petites routes de Grande-Bretagne à l'affût de clients, il aimait malgré tout se lancer en quête d'objets de toute beauté. À l'époque où j'eus l'occasion de le connaître un peu mieux, en lui servant de chauffeur dans le sud de la France, il multipliait les détours par de minuscules villages où il tuait le temps en examinant, parfois des heures durant, le mobilier et tout ce qui se trouvait en vente dans des boutiques d'antiquaires, comme en visite au château de Windsor. Il adorait l'art sous toutes ses formes. Et il adorait surtout vendre. Avant d'entrer chez Sotheby's, il avait écoulé sans trop de conviction des espaces publicitaires pour *Connoisseur*, une revue d'art et d'objets antiques sur papier glacé.

N'empêche : quel camelot que Peter Wilson ! Si tant est qu'on puisse associer ce terme à ses prestations virtuoses en salle de vente, un spectacle à part entière qui éveillait en moi autant de plaisir admiratif que celui de Jimi Hendrix avec sa guitare électrique. De sa personne émanaient noblesse, distinction et savoir. Jamais il ne recourait aux coups d'œil lourds de reproches censés humilier un acheteur pour l'inciter à enchérir, pas plus qu'aux blagues ni aux grosses ficelles. À ce qu'on disait, la principale ruse de Peter Wilson, c'est qu'il n'en avait pas. Il ne manquait en tout cas pas de prestance, une qualité d'ailleurs innée chez lui. Sa supériorité était manifeste. Pour ne rien gâter, il mesurait près d'un mètre quatre-vingt-quinze et avait deux grands-pères barons. On peut admirer le portrait de l'un d'eux, Lord Ribblesdale, par John Singer Sargent, à la National Gallery de Londres.

Le rôle vedette de Peter Wilson au MI6, les services de renseignement extérieurs britanniques, où il avait démantelé des réseaux d'espions en Amérique du Sud et au Japon, participait lui aussi de sa légende. Il paraît que son ami intime pendant la guerre, Ian Fleming, s'inspira de lui pour James Bond. Son lignage n'empêchait cependant pas Wilson d'être un « *nouveau pauvre* ». Ses parents avaient malgré eux dû vendre leur bibliothèque puis leur splendide demeure. Le père de Peter, surnommé « panier percé » à cause de ses dispendieuses habitudes, gagna et perdit plus au jeu que dans son métier de courtier. Peter comprit dès son plus jeune âge qu'il devrait travailler pour vivre et ce besoin d'argent fut pour lui un atout : la source d'une motivation dont manquaient la plupart de ses pairs. Voilà ce qui l'incita à voir grand pour Sotheby's, à dépoussiérer la maison de vente de son statut d'institution vieillotte et à la convertir en organisation de tout premier plan à l'échelle du globe.

L'esprit de compétition de Peter Wilson s'expliquait aussi par d'autres facettes plus sombres de sa personnalité, objet de murmures chez Sotheby's. Il en parlait aussi peu que du diabète qui l'obligeait à s'injecter de l'insuline tout au long de la journée. Nul ne se rappelle cependant l'avoir vu se piquer, même s'il arrivait à l'occasion qu'une seringue tombe de la poche de son costume sur mesure. Il conservait alors son aplomb, comme s'il s'était agi d'un simple peigne ou d'un stylo.

Wilson tenait plus de James Bond que de Noel Coward, bien qu'il eût à l'évidence un peu des deux. Après son divorce en 1947, il passa des dizaines d'années discrètes ; ses penchants le poussaient plutôt vers les types un peu rudes à la Sean Connery. Il avait désormais pour régulier un militaire à la retraite, maraîcher dans le Kent, établi non loin de sa maison de campagne. Les plaisantins de Sotheby's parlaient de cet homme comme de l'« épouse campagnarde » de Wilson. Un bon échantillon de l'esprit de la maison : intello et langue de vipère mais *sotto voce*. Les deux hommes avaient la même passion pour le jardinage que Wilson avait partagée avec son ex-femme. À vrai dire, Wilson était très « famille », fier au possible de ses deux fils Philip et Tom. Même sa modestie revêtait des dehors hétérosexuels. Quand je lui confiai combien je l'admirais en tant que commissaire-priseur et à quel point j'appréhendais de manier à mon tour le marteau, Wilson m'avoua qu'il n'avait pas contrôlé ses nerfs à la veille de sa première prestation sur une estrade en 1938 : il avait passé toute une semaine à s'entraîner en adjugeant les moindres meubles de son intérieur à son épouse et la gouvernante de leur tout jeune premier-né.

Outre son diabète et son homosexualité, la cuirasse de Wilson comportait une autre aspérité qui le rendait fascinant : on ne pouvait exclure que, non content d'inspirer le personnage de 007, il ait espionné pour le KGB. De fait, le profil de Wilson collait parfaitement à celui du groupe d'agents russes haut de gamme discrètement homosexuels que formaient Philby, Maclean, Burgess et Blunt ; celui-ci, pilier de l'*establishment* artistique au même titre que Wilson avait été conseiller officiel de la reine Elizabeth. Démasqué après la trahison des autres, Blunt fit figure de « quatrième homme » dans cette rocambolesque histoire d'espionnage en temps de Guerre froide. Aussi les rumeurs attribuant à Peter Wilson le rôle ambigu de « cinquième homme » suscitaient-elles des frissons. Dans le commerce d'illusions dont il vivait, au contact de blasés d'un extrême raffinement, un tel C.V. officieux était en tout cas bon pour les affaires, et en fin de compte, c'était en affaires que Peter Wilson dominait la partie.

On ne l'aurait pourtant pas deviné à son minuscule bureau encombré, contigu à la principale salle de vente de Bond Street : bien plus petit que ceux des DG sous ses ordres, la pièce ressemblait plus à une resserre qu'à un centre de commandement. Sa taille mise à part, Peter Wilson rappelait Napoléon insistant pour porter des uniformes moins tarabiscotés que ses généraux. Il ne restait jamais longtemps cloîtré dans son bureau, n'aimant rien tant que de parcourir le dédale des couloirs de Bond Street en passant d'un département à l'autre, curieux de découvrir les trésors dénichés par ses experts. Les objets le fascinaient et il lui arrivait d'accorder sa prédilection aussi bien à une babiole de quelques livres qu'à un Renoir valant des millions. Son plus grand plaisir, déjà en tant qu'élève d'Eton puis comme gentilhomme campagnard du Kent, consistait à fouiner chez les antiquaires de villages en quête de pépites ; d'où les chasses au mouton à cinq pattes dans lesquelles il m'entraîna sur la Côte d'Azur. Outre son maraîcher du Kent, Wilson avait pour compagnon de fin de semaine un vendeur trapu rencontré alors que celui-ci écoulait en pleine rue des antiquités entassées dans une brouette. Eh oui, sur la branche du commerce la plus exclusive au monde régnait l'homme le moins exclusif qu'on puisse concevoir. Une seule chose comptait pour lui : qu'un objet soit beau.

Je n'ai connu de toute ma vie personne d'aussi courtois que Peter Wilson. Pas une seule fois je ne l'ai entendu critiquer qui que ce soit, même un concurrent de Christie's. Il n'abusait pas de sa position et ne distribuait pas d'ordres à la ronde. Ce qui ne l'empêchait pas de se faire obéir. Un jour que j'installais sous sa direction notre stand au grand salon du Sporting d'hiver à Monaco, Wilson, remarquant une table au mauvais endroit, du fait de l'éclairage, de la proximité d'un autre meuble ou que sais-je encore, me demanda humblement : « Tu ne crois pas que ce serait une bonne idée de la mettre plutôt là ? » En langage courant, cela signifiait : « Déplace-moi cette fichue table sur-le-champ ! » Sans hausser le ton ni faire étalage de son autorité, Peter Wilson savait malgré tout rappeler jusqu'où celle-ci allait.

Son charisme mis à part, ce qui me fascinait, chez lui, c'était le brio avec lequel il avait révolutionné une branche du commerce pourtant parmi les moins révolutionnaires au monde. La fondation des deux institutions à l'origine des normes établies en matière d'adjudication remonte au XVIIIe siècle à Londres. Bien qu'au coude à coude avec Christie's depuis des siècles, Sotheby's me semblait plus prestigieux en termes d'image, du fait des éblouissantes méthodes de Peter Wilson, le plus improbable des maîtres ès relations publiques. Apparemment, il avait le commerce dans son sang bleu.

Habile comme un marchand de tapis d'un bazar turc, Wilson possédait un sixième sens pour percer à jour les clients et obtenir gain de cause mine de rien. J'en fus témoin pour la première fois peu après ma nomination dans les nouveaux locaux de Genève en 1977. De Londres, Wilson m'annonça par téléphone une mauvaise nouvelle : l'une de nos plus grosses cibles venait de nous préférer Christie's pour procéder à la vente des fabuleux biens de sa résidence de Cologny sur les hauteurs du lac de Genève.

Celle qui souhaitait vendre se nommait Rosemarie Kanzler, une superbe manucure devenue chanteuse de cabaret à Berlin, avant d'épouser une époustouflante succession d'hommes parmi les plus riches du monde, dont un héritier de la compagnie pharmaceutique Squibb ou encore des automobiles Ford, s'appropriant au passage une bonne part de leur fortune. À présent en mesure de se marier par amour plus que par intérêt, elle venait de louer avec son dernier époux en date, un jeune Français du nom de Jean-Pierre Marcie-Rivière, une splendide demeure au bord du lac, propriété de la famille Bodmer, des bibliophiles en possession d'une bible de Gutenberg. Ils en vendaient à présent le mobilier, le meilleur moyen de faire ostentation de leur style de vie excitant la convoitise. La qualité des pièces vaudrait comme de juste une formidable publicité à Christie's. Tout le monde assisterait aux enchères rien que pour voir comment vivent les plus riches des riches. Cela contraria au plus haut point Wilson que Christie's lui « chipe » la vente, vu qu'il cultivait Rosemarie depuis des dizaines d'années. Il me confia le soin de la ramener dans nos filets.

Une mission a priori impossible. Wilson avait appris de bouche à oreille que Christie's s'était assuré l'affaire en revoyant sa commission à 10 %. « Appelle Jean-Pierre, félicite-le et dis-lui que pour rien au monde nous ne nous en serions chargés à moins de 15 %, m'ordonna-t-il. Et rappelle-lui, tout en finesse bien sûr, qu'un pourcentage inférieur ne permet pas d'obtenir la meilleure prestation, la nôtre. Quand on veut rouler en Rolls, il faut y mettre le prix. » Je décrochai mon téléphone, tins à M. Marcie-Rivière le discours de Wilson, et appris qu'il lui restait encore à signer l'accord avec Christie's. Cette histoire de « meilleure prestation » produisit l'effet escompté. Marcie-Rivière proposa spontanément de renoncer à Christie's pour faire appel à nous, la Rolls des maisons de vente, contre une commission de 12 %.

Je le répétai, tout fier, à Peter Wilson. Mais tel le plus roué des marchands du souk, il cherchait toujours à pousser plus loin son avantage. « Rappelle-le et dis-lui que 12 %, ce n'est pas possible, mais qu'en guise de faveur exceptionnelle à d'excellents amis nous consentons à descendre jusqu'à 13,5 %. » Je n'eus pas plus tôt lâché ce chiffre que Marcie-Rivière bondit sur l'offre. Je me dépêchais de rassembler les papiers à signer pour les lui apporter à Cologny quand Christie's lui proposa de ramener leur commission à 7 %. Marcie-Rivière et son épouse refusèrent ces conditions en or. Wilson, en se servant de moi comme de sa marionnette, s'assura au final la vente en appelant à la psychologie de classe. Sous le charme de Wilson, Marcie-Rivière se serait, paraît-il, écrié : « 7 % ? Comment peuvent-ils brader leurs services à ce point ! » L'adjudication remporta un grand succès : des milliers de personnes affluèrent à Cologny, curieuses des conditions de vie de la millième partie du pourcentage le plus riche de la population. Vers la moitié de la vente, à laquelle Peter Wilson procéda selon son habitude, assis à une table ancienne, il se pencha vers moi et me dit : « Et si tu prenais le relais ? C'est grâce à toi que nous en sommes là. » Terrorisé, je me chargeai de ma première adjudication et *La Tribune de Genève* parla de moi, en bien.

Peter Wilson ne cachait pas ce que lui inspiraient les liens entre art et argent. « Rares sont les gens capables d'apprécier des œuvres sans désirer se les approprier, déclara-t-il au *New Yorker* en 1966. Il faut convoiter une œuvre pour l'apprécier vraiment. » William Randolph Hearst, dont Wilson regrettait souvent qu'il ne soit plus là pour lui acheter quoi que ce soit, l'amusait beaucoup. « Hearst éprouvait un réel besoin de posséder ces cloîtres » et tout ce qu'il ramena du vieux continent à San Simeon, dans le Nouveau monde, ajouta Wilson au reporter de la revue. Hearst n'ouvrit jamais la plupart des caisses de merveilles rapportées de ses achats en Europe, et pourtant, ce besoin n'en demeurait pas moins présent en lui – un besoin qui alimentait d'ailleurs la nécessité tout aussi compulsive de Wilson de vendre.

Si d'un côté, Peter Wilson dissimulait son diabète et son homosexualité, de l'autre, il faisait étalage de son « prosémitisme » pour ainsi dire. Malgré les prouesses accomplies par certains Juifs en Angleterre – se hisser au poste de Premier ministre comme Benjamin Disraeli, diriger les grands magasins Marks & Spencer à l'instar des Sieff, briller à Oxford tel Sir Isaiah Berlin ou encore faire fortune dans la City sur le modèle des Rothschild – l'antisémitisme y avait une longue histoire. À la veille de la Seconde Guerre mondiale affluèrent à Londres, de même qu'à New York, des quantités de marchands d'art et de collectionneurs juifs du continent. Peter Wilson se fit fort de les attirer chez Sotheby's en les détournant des grands marchands (juifs) Duveen et Wildenstein.

Avant Wilson, les chefs-d'œuvre se vendaient en général de particulier à particulier ; le vendeur pas plus que l'acquéreur ne tenant à ébruiter la chose. Il ne faudrait pas s'imaginer que Sotheby's et Christie's se contentaient des miettes. Seulement, les pièces les plus coûteuses, celles qui rapportaient les plus belles commissions aux maisons de vente, circulaient rarement au grand jour. Soucieux d'attirer à lui la clientèle la plus haut de gamme, Wilson commença par établir la sincérité de ses sympathies pour les Juifs en engageant comme principal consultant en tableaux un émigré juif allemand, ancien professeur d'art à Heidelberg, du nom de Hans Gronau. Après que le transport de pesants tableaux lui eut causé un arrêt cardiaque, Wilson se rabattit sur son épouse spécialiste de la Renaissance, Carmen, dont il fit son bras droit. Les rivaux de Christie's ne témoignaient pas de la même propension à offrir un asile sûr aux collectionneurs juifs, or nul ne leur assurait de meilleures garanties que Wilson, prêt à renoncer à des profits à court terme, au cas où les œuvres ne trouveraient pas preneur, en échange du privilège, de l'honneur et de la gloire d'adjuger celles-ci, et des bénéfices en termes de publicité que cela supposait.

Peter Wilson ne devait pas seulement rivaliser avec Christie's, même si les 23 % de commission de Parke-Bernet à New York (de quoi prendre à la gorge n'importe quel vendeur) lui laissaient une confortable marge de négociation. Souvent, il ramenait celle de Sotheby's à 8 %. Sans parler de la taxe sur les adjudications à New York, dont il n'existait pas d'équivalent à Londres. Encore un moyen de détourner le chaland de la maison de vente américaine mais aussi de l'hôtel Drouot à Paris, empoisonné par des tracasseries administratives à la française d'un autre âge. *Qu'ils mangent leur brioche* ; ainsi pourrait-on résumer l'attitude de Wilson, prêt à mettre le feu à toute la paperasse du monde si ce n'est aux poudres pour s'assurer une belle commission. Parfois, l'art mène à la guerre.

La première vente de Peter Wilson qui fit les gros titres de la presse internationale en 1957 eut pour objet la magnifique collection de Van Gogh du banquier et philanthrope amstellodamois Wilhelm Weinberg, réfugié à New York en 1940 et mort sans héritier à Scarsdale en 1957. À l'ère des déplacements généralisés en avion, qui prirent leur essor vers la fin des années

1950 avec les Boeing 707 et les DC-8, Wilson fut pour ainsi dire le premier commissaire-priseur de la jet set. N'ayant rien de plus pressé le matin que d'éplucher la rubrique nécrologique des *Times* de Londres et de New York, il flaira là une occasion en or et se rendit sans attendre dans le comté de Westchester. L'exécuteur testamentaire de Weinberg lui annonça que la totalité des bénéfices de la vente reviendrait à des œuvres de bienfaisance. Il fallait s'attendre à du battage.

Peter Wilson se permit l'inconcevable. Il fit appel au géant de la publicité J. Walter Thompson afin de donner à l'adjudication le retentissement d'un événement à part entière. Comme les profits devaient aller à des institutions caritatives, il convainquit les publicitaires de ne plancher que pour le prestige. Puis il s'assura la marque de distinction ultime : la présence de la reine Elizabeth en personne. Jouant des relations qu'il avait nouées lors de l'adjudication des collections du roi Farouk, il prit contact avec un autre ancien d'Eton, Sir Edward Ford, précepteur de Farouk dans sa jeunesse et depuis secrétaire particulier de Sa Majesté. Hélas sans résultat. Wilson pensait que cela amuserait Elizabeth, souveraine depuis cinq ans à peine, de sortir de son palais pour une occasion pareille. Il lui organisa une visite privée à Bond Street des œuvres de Weinberg. Sa Majesté s'y rendit avec le prince Philip, la princesse Margaret et une immense escorte. La presse s'enflamma. La rumeur prêtait à la reine un engouement particulier pour le *Jockey blessé* de Degas. Elle raffolait des chevaux et il s'agissait là d'une superbe représentation d'un tel animal.

La famille royale n'assista toutefois pas aux enchères menées par Wilson et retransmises par les chaînes du monde entier. Du moulin à rumeurs qu'actionnait Wilson sortit malgré tout le bruit que Buckingham Palace tenterait d'acquérir la toile. Au final, le Jockey ne revint pas à la reine mais au roi des producteurs d'Hollywood, Sam Spiegel, lequel venait de triompher avec *Le Pont de la rivière Kwaï*. Il la paya 10 000 dollars ; une somme princière dans une Angleterre à peine remise des rationnements de l'après-guerre. Ce fut un Van Gogh d'une cinquantaine de milliers de dollars qui décrocha la palme ce soir-là. En tout, la vente rapporta la somme alors record de près d'un million ; de quoi occuper les colonnes du magazine *Life*, la bible de la grande bourgeoisie américaine des années 1950.

La fascination du grand public pour les enchères record venait de naître. Or, des records, nul n'en établirait ni n'en pulvériserait plus que Peter Wilson. Comme il semblait plus simple aux profanes d'appréhender l'art en termes de classements que de goût, l'argent devint l'aune de l'art. La question « est-ce que c'est beau ? » en entraînait une autre : « est-ce que c'est cher ? » L'art passerait dès lors pour un investissement de plus en plus sérieux et non seulement un plaisir. Les tableaux, comme les actions, étaient susceptibles d'augmenter de valeur, pour la plus grande perplexité d'une société qui, à peine libérée des rigueurs de la guerre, ne vivait plus que pour les joies de l'argent.

La nouvelle équation entre art et argent fit des impressionnistes et des post-impressionnistes des investissements de choix pour les grosses fortunes. Pas en raison des peintres ni de leur façon de peindre, mais parce qu'il était plus difficile de les contrefaire que les maîtres anciens. De nombreux marchands avaient en effet pris soin de cataloguer ces chefs-d'œuvre de facture récente. Plus d'un tableau fut acquis par des fortunes de fraîche date bâties en un clin d'œil au lendemain de la guerre, comme celles des Grecs notamment. Raillés par l'*establishment* de vieille souche depuis peu appauvri qui les estimait tout juste sortis du ruisseau, ces parvenus ne voulaient pas se risquer à passer pour des dupes dans le milieu de l'art où ils ne se sentaient pas très à l'aise, pour commencer. Un Van Gogh représentait au moins une valeur sûre.

En 1958, Peter Wilson se surpassa (et *Life* lui consacra encore plus de place dans ses pages) en adjugeant sept chefs-d'œuvre impressionnistes réunis par un amateur éclairé, lui aussi juif émigré d'Europe : Jakob Goldschmidt, banquier en vue à Berlin puis à Wall Street, décédé en 1955. Aucune autre vente de l'histoire dédiée à un seul et unique particulier ne la surpassa en ampleur. Wilson fit pression sur les comptables tatillons de Sotheby's pour qu'ils garantissent les biens du défunt à concurrence de plus d'un million de dollars, une somme choc pour l'époque.

La vente, extraordinairement glamour, eut lieu tard un soir à Londres, quand les pubs fermaient à 22 heures. Pour la première fois, le port du smoking fut de rigueur en salle de vente. Parmi les caméras, on reconnut dans l'assistance, entre autres célébrités, Kirk Douglas (qui venait dans *La Vie passionnée de Vincent Van Gogh* d'incarner le peintre) – Wilson n'aimant rien tant que de s'assurer de la publicité sur le dos de Hollywood – son partenaire à l'écran Anthony Quinn (dans le rôle de Gauguin), Somerset Maugham, Margot Fonteyn, Mme Winston Churchill et les riches armateurs grecs Onassis, Niarchos et Goulandris, de rudes marins depuis peu métamorphosés en collectionneurs raffinés. Le plus grand collectionneur de Hollywood, Edward G. Robinson, un « petit César » en fait d'amateur éclairé, enchérit depuis son domicile de Beverly Hills au moyen d'une ligne téléphonique réservée. Dès qu'il y avait un nom connu à lâcher, Peter Wilson se débrouillait pour que les nombreux chargés de relations publiques à ses ordres le lâchent, partout où ils le pouvaient. La presse de plus de vingt pays relaya l'événement. Si, à l'époque, la renommée de Sotheby's éclipsait celle de Christie's, c'était surtout à Peter Wilson que l'on devait l'association de sa maison avec toute vente aux enchères d'œuvres d'art.

Ce soir-là ne manquèrent pas les coups d'éclat. Jesse Wolff, le New-Yorkais spécialiste du droit de l'art, représentant de la succession Goldschmidt et plus tard, suite au succès de la vente, des intérêts de Sotheby's en Amérique, s'opposait farouchement à tout ce qui fleurait l'antisémitisme. Il s'était taillé une niche lucrative en défendant de riches émigrés juifs d'Europe et en étant parmi les premiers à réclamer à la justice la restitution par les nazis des œuvres que ceux-ci s'étaient indûment appropriées. Wolff avait le profil de ce qu'à New York on qualifierait de Juif naturalisé ; rien à voir avec le stéréotype infamant du marchand en redingote poussant sa carriole dans la rue Delancey. Capitaine de l'équipe de hockey sur glace de Dartmouth College puis étudiant vedette à la faculté de droit d'Harvard, Wolff n'aurait déparé ni le Brook ni le Knick, les clubs les plus chic et exclusifs de Manhattan. Il n'en refusait pas moins de se mêler à tout ce à quoi s'attachaient ne serait-ce que de vagues relents de racisme.

Ce soir de l'automne 1958, alors que la foule en smoking et aux riches parures se massaient dans la salle des ventes de Sotheby's, juste avant que Peter Wilson ne monte sur l'estrade, Jesse Wolff surprit un sarcasme antisémite d'un membre de l'assistance triée sur le volet. Smoking ou pas, Wolff monta au créneau. Se méfiant par principe des Anglais qui, selon lui, bien qu'au courant de l'existence des camps de concentration depuis leurs débuts étaient restés les bras croisés, Wolff menaça de retirer les tableaux de la vente à moins qu'on n'évacue l'aristocrate sectaire. Les médias retinrent leur souffle : voilà que l'adjudication du siècle menaçait de tourner court. Pour finir, celui qui avait proféré l'insulte prit la porte. Encore un coup frappé contre l'intolérance et encore une occasion pour Sotheby's de se présenter comme « l'amie des Juifs ». Wilson entra dès lors en scène et le spectacle reprit.

Et quel spectacle ! La vente rapporta en tout 2 186 000 dollars, un nouveau record mondial. Les peintures dépassèrent toutes leur prix de réserve (à chaque fois supérieur à 100 000 dollars) et le *Garçon au gilet rouge* de Cézanne ravit ce soir-là la vedette. Paul Mellon l'acquit pour 616 000 dollars, deux fois plus que le dernier record en date, établi l'année précédente à Paris par un Gauguin, à l'exclusion des maîtres anciens. À la fin des enchères, Peter Wilson y alla de son petit numéro. « Eh bien ? » s'étonna-t-il, comme pour railler l'assistance pleine aux as. « Plus personne ne monte ? » Sa repartie, entrée dans la légende, cassa la baraque, ou plutôt la maison à l'ambiance feutrée, que parcourut alors un formidable éclat de rire.

« Face à une toile pareille, qu'est-ce que l'argent ? » argua Mellon pour justifier sa folle dépense. Sur les sept chefs d'œuvre impressionnistes, seul le tableau le moins cher, *La Pensée*, de Renoir, qui ne dépassa pas les 200 000 dollars (le prix le plus proche de celui garanti par la maison) revint à un Anglais, Jack Cotton, un magnat de l'immobilier formé sur le tas, originaire de Birmingham. Les six autres allèrent à des Américains. L'adjudication ne dura pas plus de vingt-deux minutes en tout. « Je n'avais jamais vendu autant en si peu de temps », déclara Wilson, avant d'ajouter avec la modestie qui le caractérisait, « et je suis certain que ça ne m'arrivera plus ».

Le *New York Times* affirma que le fils de Goldschmidt avait confié la vente à Sotheby's parce qu'il estimait la maison londonienne mieux à même d'attirer les plus gros acheteurs du monde que Parke-Bernet à New York. Le succès de l'adjudication attesta en tout cas le rayonnement de Sotheby's, capable de rassembler œuvres et acheteurs d'une rive à l'autre de l'Atlantique ; et de reléguer Christie's, du moins pour l'heure, au second rang. La prochaine cible de Wilson, Parke-Bernet, avait du souci à se faire. Puisque Wilson venait de conquérir les œuvres et les clients new-yorkais, pourquoi n'irait-il pas à la conquête de la ville même ?

8

La guerre des maisons de vente

New York, ville de marchands d'art, en comptait bien plus que Londres. Les membres de la haute société prenaient soin d'éviter toute publicité. Leur nom ne devait paraître dans le *New York Times* que trois fois dans leur vie : à leur naissance, leur mariage et leur décès. Pas à l'occasion d'une vente d'œuvres d'art. Voilà pourquoi les marchands régnaient en maîtres à New York, où les adjudications chez Sotheby's ou Christie's ne faisaient nullement figure d'événement. Cependant, après la fin de la Prohibition, les descendants de ceux qui avaient fait fortune à la fin du XIXe siècle, moins austères que leurs ancêtres, prirent l'habitude de sortir le soir et de s'amuser. D'où la naissance de la « Café Society » et des chroniqueurs mondains tels qu'Elsa Maxwell ou Igor Cassini. Faire parler de soi cessa d'être une marque d'infamie pour devenir au contraire un gage de reconnaissance.

Peter Wilson sut flairer à temps l'égomanie croissante de l'élite sociale new-yorkaise de plus en plus obsédée par l'argent et comprit qu'assister à la vente des biens d'un Morgan, d'un Vanderbilt ou d'un Biddle chez Parke-Bernet supposait comme à Londres de gravir un échelon de la hiérarchie sociale. Et acheter quelque chose ne revenait pas seulement à s'approprier une part de l'élite de Park Avenue mais à valider son appartenance à cette même élite, toute protéiforme qu'elle fût, pour peu que la presse relaie l'information. Non content de voir en Parke-Bernet un investissement rentable pour Sotheby's, Peter Wilson comptait, en prenant le contrôle de la maison, se lancer dans la « Sothebysation » de la scène artistique new-yorkaise tout entière de manière à la nimber d'une aura de glamour, pour le plus grand profit de sa firme – et le sien.

On doit la fondation de la maison Parke-Bernet dans les années 1930 à un tandem de commissaires-priseurs transfuges de l'American Art Association ou AAA, un sigle qui se réfère à la réplique américaine de Sotheby's, à l'époque des requins de la finance où le souci de dissimuler d'humbles origines mercantiles sous un vernis de classe canalisa dans l'achat d'œuvres d'art les immenses profits dus à l'ingéniosité yankee. L'AAA répondait aux nécessités du genre de ploutocrates formés sur le tas dont certains sombrèrent à bord du *Titanic* et du *Lusitania.* Parke et Bernet connurent un tel succès qu'ils devinrent bientôt maîtres à bord de l'AAA elle-même. En 1950, ils firent bâtir au 980 de l'avenue Madison un bâtiment moderne aux allures de musée pour leur maison de vente en position de monopole. Au-dessus de l'entrée, à la place de la déesse lionne de Sotheby's, une Vénus nue, censée représenter la culture, y séduit aujourd'hui encore un mortel à l'impressionnante musculature.

En parlant de monopoles… le négoce des enchères, aussi bien dans le nouveau monde que dans l'ancien, semblait l'apanage des Britanniques BCBG : comme par hasard, à la direction de Parke-Bernet siégeait un Anglais bon teint du nom de Leslie Hyam. Diplômé en physique de Cambridge, du haut de son mètre quatre-vingt-dix, Hyam semblait de taille à se mesurer à son principal adversaire, Peter Wilson. Grand amateur d'objets lui aussi, c'était en outre une sommité en mobilier français et en tapis orientaux. Sa réputation de tombeur le distinguait toutefois de Peter Wilson. Grand coureur de jupons, Leslie Hyam, venu en Amérique dans l'intention de devenir physicien, se laissa contaminer par les ferments de créativité de New York et résolut pour finir de s'atteler à un roman. L'échec de son entreprise littéraire l'incita, une fois brûlé son manuscrit, à se contenter d'un emploi de catalogueur à l'AAA, où il trouva finalement sa vocation. Ses catalogues passaient pour les meilleurs du genre, à l'égal de ceux de Kornfeld et Beyeler. Ils lui valurent en tout cas l'estime de Parke et Bernet qui, au moment de se retirer des affaires, le nommèrent à la tête de leur firme au vent en poupe.

Contrairement à Wilson, Hyam n'était pas commissaire-priseur. Il confiait les adjudications à son lieutenant Lou Marion, un Italien d'une belle santé, né Mariano, que tout le monde croyait irlandais à cause de ses cheveux d'un roux flamboyant et de ses soirées épiques de la Saint-Patrick. Avant de devenir commissaire-priseur, Marion avait écoulé des assurances au porte-à-porte dans les quartiers irlandais de New York, changeant dès lors de patronyme pour faire plus couleur locale. Il en garda des relations haut placées à Tammany

Hall, l'appareil politique contrôlé par les descendants d'Irlandais responsable de l'administration de New York jusqu'au milieu des années 1960. Il obtint ainsi pour Parke-Bernet ce qu'il n'était pas à la portée de l'Anglais Hyam de s'assurer. En tant que commissaire-priseur, Marion se chargea en 1961 de la plus grosse des ventes de l'époque, celle du chef-d'œuvre de Rembrandt, *Aristote contemplant le buste d'Homère*, que le Metropolitan acquit pour 2,3 millions de dollars. Soit près de quatre fois le montant record obtenu par Peter Wilson pour le Cézanne de Goldschmidt.

Ce record de Marion mis à part, Sotheby's gardait un net avantage sur Parke-Bernet. D'abord parce que la maison anglaise garantissait au vendeur un prix de réserve, ce que les Américains jugeaient contraire à l'esprit de leur nation, convaincus qu'il fallait laisser l'opportunité à tout un chacun de faire de bonnes affaires. Ils condamnaient la pratique de Wilson de fixer un tel prix pour s'assurer la vente d'une œuvre, craignant de tuer ainsi la poule aux œufs d'or. Son autre avantage, Sotheby's le tirait du montant de sa commission : 10 %, soit moitié moins que ce que prélevait Parke-Bernet en situation de monopole à New York. La concurrence de Christie's à Londres obligeait Sotheby's à rester honnête en maintenant ses tarifs au plus bas.

Sotheby's ne prit pour de bon le dessus que lorsque Leslie Hyam mit fin à ses jours à l'automne 1963, en s'asphyxiant au monoxyde de carbone à l'intérieur de sa voiture, devant sa maison de campagne de New Canaan, dans le Connecticut, à soixante et un ans. On attribua son suicide à des démêlés sentimentaux. Peter Wilson transmit comme il se devait ses condoléances et monta au créneau pour conclure le plus beau marché de sa vie. Privée de Hyam, Parke-Bernet ne valait plus qu'une bouchée de pain. L'homme clé de Sotheby's de l'autre côté de l'Atlantique usa de toute sa force de persuasion pour convaincre son conseil d'administration que l'acquisition de Parke-Bernet souillerait l'image impeccable de la maison de vente au haut lignage en la « désanglicisant ». Mais l'esprit du temps soufflait du côté de Wilson. Quelques mois plus tard, en février 1964, les Beatles se produiraient dans l'émission d'Ed Sullivan et l'Amérique s'angliciserait dans la foulée. L'invasion musicale prépara l'invasion artistique.

Un homme se dressait toutefois sur le chemin de Peter Wilson : son homologue parisien, le prince des commissaires-priseurs français, Maurice Rheims. Wilson, Rheims et Leslie Hyam régnaient à eux trois sur le monde de l'art. La mise hors course de Hyam obligea Rheims et Wilson à s'affronter lors du plus grand duel franco-anglais depuis la rencontre de Napoléon et Wellington à Waterloo. Un choc s'était déjà produit entre les deux titans au Caire en 1953 : Rheims intervint alors dans la vente des collections du roi Farouk en s'appropriant une bonne part des sommes déboursées par les collectionneurs français. Vexé de voir l'Angleterre faire de l'ombre à la France dans la guerre des maisons de vente des années 1950 et 1960, à l'heure où Wilson battait ses propres records, Rheims se mit en tête de conquérir Manhattan, à son profit et pour la gloire de la patrie.

Il réunit pour cela un cartel de millionnaires français, dont les Rothschild, parents de sa femme. Mais cette fois, le très distingué homme du vieux monde ne parvint pas à rivaliser avec les méthodes de publicité de masse et de battage sans vergogne que Peter Wilson dominait à la perfection. Wilson bénéficia du concours de Stanley Clark, un grand manitou de la presse britannique, qui inonda les rédactions du monde entier de communiqués présentant l'acquisition de la maison new-yorkaise par Sotheby's comme un fait accompli, alors qu'en réalité, rien n'était moins sûr. Le principal obstacle à la transaction venait du colonel Richard Gimbel, héritier de grands magasins, héros de la Première Guerre mondiale et anglophobe forcené, détenteur d'un cinquième des parts de Parke-Bernet, soit assez pour saborder n'importe quel accord.

Gimbel le patriote assimilait une éventuelle cession à Sotheby's à une défaite à la bataille de Valley Forge. Le souci, pour Maurice Rheims, c'est que Gimbel n'appréciait pas plus les Français que les Anglais. Que la peste les emporte, les uns comme les autres ! se disait-il. Rheims eut beau apporter à New York assez de fonds pour éclipser l'offre de Sotheby's, sa méconnaissance de l'anglais conforta les Américains dans l'idée reçue auprès des arrogants maîtres d'hôtel de New York que rien n'égalait le dédain envers eux des Français. Au moins, les rapaces de Sotheby's parlaient leur langue. Gimbel tarda malgré tout à se décider.

Celui qui se démena le plus à la rescousse de Peter Wilson ne fut autre que son nouveau conseiller juridique aux États-Unis, Jesse Wolff. Celui-ci usa de son charme et de ses relations parmi l'élite juive new-yorkaise pour convaincre Gimbel que la maison britannique offrirait à sa collection sans pareille de livres rares un sanctuaire digne d'elle. La passion du colonel pour les œuvres de Poe et Dickens prit le pas sur son hostilité envers la perfide Albion et le marché se conclut en 1965.

Même si, dans le milieu de l'art, je n'admirais personne autant que Peter Wilson, c'était Maurice Rheims que je rêvais d'imiter. Ma mère elle-même avait fait naître en moi d'aussi chimériques aspirations en m'abonnant à *Connaissance des Arts*, une revue fondée par Rheims dans les années 1950, imprimée sur un papier glacé des plus sensuels. Avant de partir au Japon, ma mère eut à cœur de développer durant son absence mon intérêt précoce pour l'art. Sans doute tenait-elle en outre à veiller à la pureté de mes pensées à l'aube de l'âge ingrat en me détournant de publications telles que *Playboy*. Mon goût pour l'une ne m'empêcha pourtant pas de feuilleter l'autre. Je parierais malgré tout que je fus le seul adolescent du monde à idolâtrer aussi bien Hugh Hefner que Maurice Rheims. S'il existait en art un équivalent du porno, alors *Connaissance des Arts* en incarnerait le fleuron le plus noble.

Vers le milieu des années 1970, à l'orée de ma carrière à l'époque tout sauf brillante chez Sotheby's, la lecture des Mémoires de Rheims, *Haute Curiosité*, parus en 1975, suscita en moi une montée d'adrénaline. Une traduction anglaise sortit un peu plus tard en librairie mais elle ne trouva pas son public. À mon sens, Rheims n'en a pas moins signé là le plus vivant, le plus divertissant et stimulant des manuels d'introduction pour qui s'intéresse au milieu de l'art et a fortiori à une carrière en lien avec celui-ci. Je compris très tôt que je ne pouvais espérer imiter même de loin Peter Wilson, si typiquement britannique et insaisissable. Maurice Rheims, en revanche, était un homme du continent. Élevés dans la même culture, nous parlions le même langage. Peter Wilson gardait trop de secrets pour publier un jour un livre. Maurice Rheims, lui, ne dissimulait rien, et du fait de sa parfaite franchise sur le papier, je songeai à lui comme à un ami, des années avant d'avoir le privilège de rencontrer mon idole.

Et quel privilège ! Dans les années 1990, à la direction de la branche européenne de Sotheby's, basée à Genève, j'organisai une série de conférences où intervinrent les principales personnalités du monde de l'art et des univers qui s'y rattachent : la littérature, la mode, la musique et j'en passe. J'y présentai aussi bien Karl Lagerfeld qu'Anthony Burgess, l'auteur d'*Orange mécanique*, les philosophes George Steiner et Bernard-Henri Lévy, Helmut Newton et Jeff Koons avant qu'il n'acquière sa renommée actuelle. Mais rien ne signifia tant pour moi que la venue de Maurice Rheims. Il prononça un discours polémique intitulé « Apollon à Wall Street », se moquant avec beaucoup d'esprit de notre adjudication de la collection d'Elton John, dont le catalogue, à l'entendre, « laissait espérer Versailles alors qu'au final, on n'eut droit qu'à une brocante ». Je ne suis pas près d'oublier ses extraordinaires grands yeux, jamais au repos derrière ses énormes lunettes, aussi bien attirés par de belles femmes que par de belles œuvres. Je ne me rappelle pas avoir surpris depuis de regard aussi alerte.

Je mesurai tout ce que pouvait embrasser un tel regard lorsque j'eus l'honneur et le privilège de rendre visite à Rheims, alors nonagénaire, dans son spectaculaire hôtel particulier de la rue du Faubourg-Saint-Honoré en plein cœur de Paris, à deux pas du Ritz.

J'arrivai en avance et Me Rheims m'ouvrit sa porte, vêtu d'une chemise immaculée, d'une cravate et… d'un caleçon. Visiblement, il se tenait toujours prêt… à toute éventualité amoureuse, importuné comme il l'était par d'incessantes visites d'admiratrices. Dans son entrée se trouvait une caisse de gravures de maîtres anciens où il autorisait ses conquêtes à piocher un souvenir d'une valeur inestimable, sur le chemin de la sortie. Ses illustres filles, Bettina la photographe et Nathalie la productrice et romancière, très appréciées à Paris, craignaient que leur père ne se dessaisisse petit à petit de tous ses trésors. Elles n'avaient pourtant pas lieu de s'inquiéter au vu de leur quantité.

Une fois enfilé un pantalon, Rheims m'emmena faire le tour de sa collection, qui réunissait aussi bien des émaux de Limoges, que des œuvres de Raphaël ou de Balthus. Un éblouissant tableau de Klimt, aujourd'hui l'une des pièces maîtresses de mon musée favori, la Neue Galerie de New York, en constituait le clou indiscutable. Je me rappelle aussi – comment l'oublier ? – un bureau fin-de-siècle de François Carabin, dont les caryatides annonçaient déjà le surréalisme. En sa présence, je comparai malgré moi Rheims à Peter Wilson, disparu bien trop tôt en 1981, à soixante et onze ans à peine. Lui ne séduisait pas de jeunes gens, fussent-ils de sexe masculin, en recourant à l'art en guise d'aphrodisiaque. Figure noble, imposante, d'une parfaite courtoisie, mais introverti, Wilson se montrait très critique vis-à-vis de lui-même, en dépit de sa stature manifeste. Petit (par comparaison), extraverti et passionné, Maurice Rheims, loin de minimiser ses mérites, les gonflait plutôt. L'un et l'autre n'en avaient pas moins en commun un goût des plus exigeants et une intense passion pour l'art, aussi bien sur un marché aux puces que dans l'enceinte d'un musée.

Rheims avait pour devise de se méfier des objets bien qu'il en eût peut-être plus vendu que tout autre commissaire-priseur : à peu près quatorze millions selon ses estimations, dont quelques-uns des plus grands chefs-d'œuvre d'impressionnistes et de maîtres anciens, mais aussi des curiosités telles que la collection de bandes dessinées pornographiques du roi Farouk, la lame de la guillotine ayant tranché la tête de Louis XVI ou le bicorne de Napoléon à la bataille de Wagram. Sa méfiance n'a pas lieu d'étonner : d'après lui, les objets ne réussissent qu'à rendre plus pathétiques encore les grands collectionneurs qui les ont réunis, entourés sur leur lit de mort de trésors destinés à leur survivre.

Maurice Rheims grandit en Lorraine, près de la frontière allemande. Il était le fils d'un général juif, une rareté en France ; un héros de la Première Guerre mondiale, blessé à Verdun, rappelant par certains côtés le colonel Gimbel. Dès sa naissance, Rheims bénéficia de relations en haut lieu mais sur son berceau planait l'ombre de l'affaire Dreyfus. Les Juifs en France n'étaient pas tranquilles, aussi puissants fussent-ils. Du fait de ses origines, Rheims demeura toujours un peu hors norme, ce qui le rendait d'autant plus sympathique.

Je m'identifiai en outre à Rheims de par son côté « étudiant raté » : il se mit en tête de parfaire ses connaissances en art à l'École du Louvre et à la Sorbonne mais se vit recalé par l'une et l'autre institution. Il fut néanmoins le premier et le seul commissaire-priseur à entrer au panthéon intellectuel de la nation : l'Académie française. Rheims, l'étudiant manqué, rejoignit dès lors les rangs de génies tels que Victor Hugo, Louis Pasteur et Voltaire. Pas mal pour quelqu'un qui faisait profession de manier un marteau.

Rheims eut peut-être moins de mal à entrer à l'Académie française qu'à l'hôtel Drouot. Celui-ci abrite à Paris soixante-dix maisons de vente dans un vaste magasin du genre de Sotheby's non loin de l'Opéra. Fondé en 1852 et détenteur, plus d'un siècle durant, d'un monopole sur les ventes d'œuvres d'art en France, l'hôtel Drouot n'accueillait pas volontiers de Juifs, et ceux-ci peinaient encore plus à en franchir le seuil à l'époque où Maurice Rheims, né en 1910, tenta de s'engager dans le commerce de l'art, c'est-à-dire au milieu des années 1930, à la veille de l'avènement d'Hitler. Non content de surmonter les obstacles en devenant *commissaire-priseur* à l'hôtel Drouot, Rheims fut sous l'Occupation le seul juif à procéder à des adjudications dans ce sanctuaire, nonobstant l'écriteau sur la porte « Interdit aux chiens et aux juifs ».

Lorsqu'ils comprirent enfin qui était vraiment Rheims, les nazis l'envoyèrent à Drancy, camp de transition pour Auschwitz. Ses relations – l'amitié qui liait son père au maréchal Pétain – le sauvèrent. Le sang versé par les deux généraux, héros à Verdun, prévalut sur celui des proscrits circulant dans les veines des Rheims. À sa sortie de Drancy, Maurice rejoignit la Résistance, où il fit passer clandestinement des juifs et des communistes de France en Suisse. Il se rapprocha ensuite des commandos des Forces françaises libres en Afrique du Nord et se distingua comme « para » auprès des Alliés basés à Alger, où il se lia avec Charles de Gaulle. Mon propre passage par l'armée suisse ne soutenait décidément pas la comparaison. Comme je l'ai dit, c'était mon modèle. Mais qui aurait pu l'égaler ?

De retour à Paris après la Libération, Maurice Rheims devint rapidement le commissaire-priseur le plus en vue d'Europe. De même que Peter Wilson, il épluchait la rubrique nécrologie, non pas des *Times* de Londres et de New York mais du *Figaro*. Ne manquant l'enterrement d'aucun collectionneur d'envergure, il comptait parmi les meilleurs clients des fleuristes parisiens. Sa première adjudication de taille, au lendemain de la guerre, eut pour objet la succession d'Hermann Göring – une merveilleuse revanche. Paris se portant bien mieux que Londres dans l'immédiat après-guerre, des nuées de riches Américains y élurent domicile, dont certains au Ritz. Rheims en profita pour les approcher et les convaincre de lui confier la vente de leurs trésors à l'hôtel Drouot.

Son plus beau record, il l'établit en 1956 en adjugeant une *Nature morte aux pommes* de Gauguin, propriété d'un Biddle de Philadelphie, à l'armateur grec Basil Goulandris, qui la paya 255 000 dollars – le prix le plus haut atteint par un tableau moderne jusqu'à ce qu'en 1958, Peter Wilson le dépasse avec le Cézanne de Goldschmidt. Il paraît que Goulandris jeta son dévolu sur la toile parce qu'y figuraient des oranges, son fruit préféré. Son principal rival, Stavros Niarchos, fit lui aussi monter les prix dans l'assistance à Drouot, mais la valeur sentimentale de l'œuvre aux yeux de Goulandris qui la « goûtait » vraiment décida celui-ci à emporter le morceau. Voilà de quoi sont faits les records.

Après avoir perdu la bataille du rachat de Parke-Bernet, Maurice Rheims procéda dans les années

1960 à d'autres adjudications qui firent date, dont celle d'une vaste collection réunie par des Rothschild, ou encore du non moins vaste trésor de Carlos de Beistegui, un Mexicain immensément riche d'origine basque, ancien d'Eton, occupant un luxueux appartement aménagé par Le Corbusier le long des Champs-Élysées, à la terrasse conçue par Dali, et propriétaire d'un imposant château rempli de copies parfaitement imitées des plus belles toiles du monde. Cecil Beaton s'inspira de sa bibliothèque pour celle d'Henry Higgins dans *My Fair Lady*. Don Carlos, que tout le monde surnommait Charlie, séjournait souvent aussi au Palazzo Labia à Venise où, en 1951, il organisa le bal du siècle.

Après la vente des biens de Beistegui, Rheims se consacra surtout à des missions de conseil auprès des Getty, Rothschild et consorts, et même du gouvernement français. À la mort de Picasso en 1973, le palais de l'Élysée se tourna vers lui afin de décider quelles œuvres du maître couvriraient le montant colossal des droits de succession. Nul n'était plus à la hauteur d'une telle tâche que Rheims. La preuve de l'excellence de son goût et de son discernement se trouve aujourd'hui à Paris, au musée Picasso, l'une des plus belles collections du monde. À quatre-vingt-dix ans passés, Rheims continuait de séduire de fabuleuses femmes et d'écrire des livres avisés pleins d'esprit comme celui qui m'affermit dans ma volonté de devenir commissaire-priseur et de mettre mes pas dans les siens. Sa bonhomie m'ôta toutefois mes craintes et me donna une idée de la manière de traiter avec les monstres sacrés du milieu que je m'apprêtais à fréquenter.

9

Simon de Monaco

Le braqueur Willie Sutton est connu pour avoir dit qu'il attaquait des banques parce que là, au moins, il y avait de l'argent. Dans le même esprit, Sotheby's ouvrit une succursale à Monte Carlo parce que c'était là que se concentrait l'argent au milieu des années 1970, quand la direction m'y envoya. L'heure semblait mal choisie, au plus fort de la crise pétrolière, pour étendre les activités de la maison, en tout cas à Londres où la situation économique n'avait jamais paru aussi sombre. L'annonce officielle de la création d'une filiale à Monte Carlo en janvier 1975 coïncida avec une baisse sans précédent des cours de la bourse de Londres. La banque d'Angleterre dut garder le secret sur ses tentatives de renflouer la colossale Banque Nationale de Westminster afin de lui éviter la faillite. En Angleterre, seuls disposaient d'un tant soit peu de fonds les Moyen-Orientaux, qui accaparaient les plus belles propriétés et qu'on redoutait de voir s'approprier sous peu les plus florissantes entreprises. La seule chose qu'ils n'achetaient pas encore, c'étaient des œuvres d'art. Mais ce jour viendrait à son tour. Il n'en restait pas moins un tas de gens extrêmement riches de par le monde, or ils proliféraient plus que nulle part ailleurs sur la Côte d'Azur.

Ce fut à coup sûr ma maîtrise du français qui me valut ma nomination au nouvel avant-poste de Sotheby's. Je ne m'appesantis toutefois pas sur les raisons de ma promotion, trop heureux de fuir le climat anglais déprimant, l'économie déprimée et la dépression qui me guettait moi-même à force de sillonner des grand-routes désolées du mauvais côté de la chaussée, à la recherche d'objets à vendre à des clients peu désireux d'acheter quoi que ce soit. En quête d'une échappatoire, je résolus d'abord de me rendre utile en traduisant en français les notices des catalogues bilingues de Sotheby's. Rien de tel que l'usage de ma langue maternelle pour conférer aux maisons de vente britanniques leur indispensable touche de distinction.

Seulement, l'abondance de termes techniques mêlés au jargon des adjudications dépassait mes compétences et me donnait du fil à retordre. Mon désir de rendre un travail irréprochable, de manière à attirer sur moi l'attention, m'incita à engager comme co-traducteur un brillant étudiant de l'université de Londres. Ma stratégie paya. Les notices des catalogues ne passèrent pas inaperçues de Peter Wilson, qui demanda à John Winter, le responsable de leur rédaction, à qui revenait le mérite d'un français aussi parfait. John Winter me transmit le compliment en ajoutant que Wilson souhaitait m'envoyer à la nouvelle filiale de Monaco. Une telle offre émanait pour ainsi dire du Parrain en personne : impossible de la refuser. D'autant qu'il s'agissait là d'une occasion en or.

On me nomma directeur des ventes ; un titre supposant une autorité que j'étais en réalité loin de détenir. De fait, je passai une bonne part de mon temps à accrocher des tableaux et à me charger d'un tas de courses, véritable homme à tout faire. On me confia en outre le soin d'approcher des particuliers éventuellement prêts à vendre leur mobilier ou leurs œuvres d'art ; pas de grands collectionneurs, bien sûr, plutôt des clients potentiels que Sotheby's pouvait assumer le risque de perdre en cas de gaffe de ma part.

Peter Wilson avait conclu avec le prince Rainier un accord assurant à Sotheby's le droit exclusif de procéder à des adjudications à Monaco, au nez et à la barbe des Français qui s'en courroucèrent d'ailleurs, de l'autre côté de la frontière. Il confia la direction de la boutique à son ami intime, l'éblouissant et illustre contre-amiral John Templeton-Cotill, dont l'amant, Sir Richard Clayton, était quant à lui amiral en bonne et due forme. Leur différence de grade n'empêchait pas ces deux officiers généraux de la marine, pourvus de toute la morgue et de toute la distinction qu'on associe à de semblables fonctions, d'en imposer autant l'un que l'autre. Ils avaient acheté ensemble le château de Roaix, une ancienne forteresse des Templiers près de celui de Clavary, propriété de Wilson. Tous les trois étaient mordus de jardinage. Le weekend, les officiers à la retraite s'ébattaient le long de la Côte d'Azur sur des motos du même modèle ; ce fut malheureusement à l'occasion d'une telle virée que Clayton trouva la mort, quelques années plus tard. Évidemment, les plaisanteries ne manquaient pas sur Wilson et son haut commandement.

Les amiraux ne connaissaient rien à l'art mais « TC », comme tout le monde surnommait Templeton-Cotill, avait servi la Grande-Bretagne aux quatre coins du monde : à la tête de la marine royale australienne, en tant qu'économe ou plutôt réducteur de coûts en chef de Lord Mountbatten (un poste qui le rendait d'autant plus précieux chez Sotheby's que l'on s'y serrait depuis peu la ceinture), comme attaché naval à Moscou, et enfin au commandement du transport de commando *Bulwark*, le pivot de la flotte en Méditerranée, puis de la flotte orientale britannique. Mais Sotheby's appréciait surtout TC en raison de son français impeccable et parce qu'il savait y faire avec les veuves plus toutes jeunes. Pas une seule n'eût refusé de lui confier la succession de feu son époux. Après son départ de la marine, il dirigea l'annexe de Sotheby's à Paris (où la loi française l'autorisait à jouer de ses relations tant qu'il ne vendait rien) et le choix de Peter Wilson pour la direction de la succursale de Monaco se porta d'abord sur lui.

Sotheby's occupait dans la principauté un QG de toute beauté. Il le fallait bien pour attirer la clientèle que la maison ambitionnait de capter. Nos locaux jouxtaient les deux grands hôtels où descendaient rois et capitaines d'industrie, celui de Paris et l'Hermitage, de part et d'autre du Sporting d'Hiver. Aucune salle de vente au monde n'éclipsait son grand salon de style Art déco. Notre première adjudication, à la hauteur du cadre, rapporta au total 4 millions de dollars – soit plus d'argent à Sotheby's que toute vente à Londres, cette année-là.

Il s'y écoula du mobilier. J'aurais pu m'arracher les cheveux d'en être encore à vendre des meubles, certes au soleil plutôt que dans le brouillard, mais ceux-là n'avaient pas leur pareil. Ils appartenaient aux collections des deux grands barons Guy de Rothschild et Alexis de Redé. Tout le monde connaît les Rothschild, mais Redé était lui aussi un personnage fascinant. Ces barons avaient résolu de se défaire de leurs biens parce qu'ils s'apprêtaient à partager leurs pénates, dans l'acception la plus noble de ce terme. Redé venait en effet de céder la plus belle demeure de Paris, l'hôtel Lambert conçu en 1644 par Le Vau, l'architecte de Versailles, à la pointe de l'île Saint-Louis, à Guy de Rothschild et son épouse Marie-Hélène, la reine hollando-égyptienne de la France de l'après-guerre.

Redé jouait auprès de Marie-Hélène le rôle que Jerry Zipkin assumerait sous peu au côté de Nancy Reagan, celui de « chaperon » attitré, ô combien stylé et à l'homosexualité ambiguë bien que célibataire, accompagnant ces dames superbement parées à des restaurants de luxe et des galas de bienfaisance réputés. Redé et Marie-Hélène s'avérant inséparables, le baron continuerait après la vente d'occuper sa propre aile de l'hôtel Lambert. *Friends* dans la haute, en quelque sorte. Ne restait plus à Redé qu'à se délester du gros du mobilier de l'hôtel. La récente donation de leur château de Ferrières au gouvernement français laissait par ailleurs aux Rothschild bien trop de meubles pour que ceux-ci trouvent tous place dans leur nouvelle résidence parisienne. Une fois n'est pas coutume, la vente n'obéirait donc pas à une nécessité financière. Les barons ne manquaient en effet pas d'argent mais d'espace. Ils se tournèrent vers Peter Wilson de préférence à Maurice Rheims, avant tout pour échapper à l'exorbitante taxe sur les enchères prélevée à Paris mais pas à Monaco.

Quel bonheur de rencontrer ces légendes vivantes : on eût dit des personnages d'un autre âge sortis de la *Comédie humaine*. Le baron de Redé, à la cinquantaine bien entamée, efféminé et distingué à n'en plus pouvoir, avait en commun avec moi sa nationalité suisse. Il grandit à Zurich, entouré de domestiques, au grand hôtel Dolder, dont sa famille occupait tout un étage. Il portait en réalité le nom d'Alex Rosenberg, que son père banquier enfla en « Von Rosenberg-Redé » en échange de certains services rendus à l'empereur d'Autriche-Hongrie François-Joseph sur son lit de mort à quatre-vingt-six ans, en 1916.

Ce titre nobiliaire attaché à une simple baronnie en Roumanie ne l'apparentait pas vraiment aux têtes couronnées d'Europe, mais enfin, un titre reste un titre. Lorsque Alex fêta ses vingt ans, après l'éclatement de la Seconde Guerre mondiale, il ne restait déjà plus rien de la fortune de son père et de son frère, tous deux suicidés. Contraint d'abandonner le Dodler, le jeune baron renonça au patronyme « Rosenberg » et ajouta un « de » à Redé avant de partir pour l'Amérique. Il se rendit d'abord à New York puis à Hollywood, où une baronnie ouvrait encore bien des portes. Il travailla dans un premier temps chez des antiquaires pour venir en aide à sa sœur atteinte d'une lésion cérébrale. Malgré les apparences, le baron n'était pas complètement narcissique.

La chance lui sourit à Manhattan en 1941, un soir qu'il dînait dans un temple de la gastronomie de l'East Side, *Le Bruxelles*. Il tapa dans l'œil d'un monsieur d'une vingtaine d'années son aîné, attablé auprès de son épouse et logé avec elle au St. Regis. ; le milliardaire chilien Arturo Lopez, l'un des hommes les plus riches de la planète, dont la fortune provenait des engrais. Guano ou pas, l'argent restait de l'argent, à l'instar du titre roumain du baron. Leur coup de foudre déboucha sur une formidable sinécure à même de donner à la notion d'homme entretenu une nouvelle dimension.

Arturo Lopez installa son grand amour à l'hôtel Lambert à Paris et lui versa un million de dollars sur un compte en banque. Loin de se la couler douce dans son rôle de joli garçon, le baron investit la fortune de son amant chilien (dont il partagea l'héritage avec la légitime épouse en 1962) dans une banque commerciale de Londres où plaça aussi ses billes un autre aristocrate d'origine juive, le prince Rupert Loewenstein. Ensemble, ils allaient gérer les comptes d'un groupe baptisé les Rolling Stones. On connaît la suite de l'histoire.

Un peu comme le personnage de William Powell dans *L'Introuvable*, quoiqu'en plus séduisant, refusant d'admettre qu'il avançait en âge, Redé teignait en noir ses cheveux blancs. Il devint l'ami du chirurgien esthétique et jet-setteur brésilien Ivo Pitanguy. Quand il vous regardait à travers ses paupières mi-closes, il était impossible de savoir s'il prêtait attention à vous ou vous jugeait tout bonnement soporifique à côté des multiples facettes de sa vie de strass et paillettes. Le baron était peut-être bien l'homme au carnet d'adresses le mieux rempli que j'aie connu. Il entreprit en effet de nouer des relations utiles dès son passage au Rosey, le pensionnat suisse où la médiocrité de mes notes ne m'eût de toute façon pas permis d'entrer, et où il se lia en particulier avec le futur shah d'Iran et le prince Rainier. Le baron dînait souvent avec la princesse Grace et lui au palais de Monaco.

On attribue au baron de Redé le mérite d'avoir repéré Yves Saint Laurent alors qu'il lui fallait un couturier pour s'occuper des coiffures de son *bal des têtes* de 1956, d'après une idée de son ami lui aussi esthète Charlie Beistegui, et où une autre de ses amies, la duchesse de Windsor, présida le jury du meilleur costume. Comme le monde est petit. Je m'estimai heureux de me rappeler ne serait-ce qu'une partie des grands noms évoqués d'un air de ne pas y toucher alors que j'aidais Peter Wilson à préparer la vente.

Celle-ci s'étala sur une semaine au printemps, la plus belle saison à Monaco, où elle attira des acheteurs du monde entier, certains aussi désireux de croiser la princesse Grace, grande attraction touristique en ce temps-là, que de jeter un coup d'œil aux meubles. Et pourtant, quels meubles ! Parmi les plus belles de ces pièces : deux bureaux, l'un ayant appartenu à Napoléon, sur lequel il signa la vente de la Louisiane, et l'autre pourvu d'ingénieux mécanismes dignes d'un Léonard de Vinci, propriété de Catherine la Grande de Russie.

La loi monégasque ne permettait qu'à un huissier (un commissaire-priseur habilité) de procéder à l'adjudication. Mais cela ne ferait pas l'affaire des hordes de collectionneurs venus rien que pour Peter Wilson, au statut alors comparable à celui d'une rock-star. Il eut un trait de génie : faire appel à l'estimable Madame Marquet, dûment habilitée par la Principauté. Elle se placerait auprès de lui et baisserait en temps voulu le marteau, une opération clé aux yeux de Wilson, corseté par les restrictions monégasques. « Autant se limiter aux préliminaires sans le plaisir de conclure », me confia-t-il en aparté. N'appréciant pas les façons de procéder de Madame, selon lui trop prompte à mettre un terme à la montée des enchères, il finit pour ainsi dire par lui retenir le bras de manière à ce qu'elle baisse son marteau quand lui seul le déciderait. En somme, il en fit sa marionnette. Tout est une question de moment.

La pièce qui atteignit le prix le plus élevé, un cheval en bronze florentin de près d'un mètre de haut, provoqua une guerre d'enchères entre Anglais et Italiens, et revint au final pour près de 500 000 dollars à un Perse domicilié à Paris. Les autorités françaises ne virent pas d'un bon œil cette appropriation sans vergogne, à deux pas à peine de leur frontière, de ce qu'ils considéraient comme la chasse gardée de l'hôtel Drouot. Ils vilipendèrent Monaco ; une principauté, selon eux, de racoleurs. Rainier n'avait-il pas vendu son célèbre casino à Onassis ? Voilà maintenant qu'il bradait le Sporting à Sotheby's. Et la France du même coup ! Les Français eurent recours à un subterfuge où ils excellent : ils multiplièrent la paperasse de façon à empêcher la sortie du territoire des pièces réalisées en tout ou en partie en France, comme le bureau de Catherine. Ils se démenèrent en vain. La vente fit connaître notre succursale de Monaco et les Français ne pourraient désormais plus la rayer de la carte. Son succès tira qui plus est la maison mère de son marasme sur le reste du globe. Vu de Londres et de New York, Monaco brillait dorénavant comme un fanal d'espoir (et de profits).

Raffolant de son château de Clavary, Peter Wilson venait souvent à la filiale monégasque et j'eus le plaisir de l'accompagner en tant que loyal serviteur lors de ses escapades les plus variées. Nous nous déplacions en général à bord d'une grosse Citroën conduite par son beau chauffeur cockney au physique à la Sean Connery. Il s'arrangeait à l'évidence pour disposer de cockneys au charme viril où qu'il aille. Sa manie de ne jamais avoir un sou sur lui agaçait toutefois ce brave homme. Un jour, au péage de l'autoroute alors flambant neuve, nous pilâmes net et le chauffeur refusa de mettre la main à la poche. « Vous m'devez déjà soixante-dix-huit balles, Monseigneur ! » aboya-t-il. Wilson se tourna humblement vers moi. « Cela vous ennuierait-il vraiment beaucoup de régler à ma place ? » m'implora-t-il, acculé.

Après l'acquisition de Parke-Bernet, Sotheby's engagea un Américain : Edward Lee Cave, sorte de publicitaire habillé chez Brooks Brothers qui se distinguait surtout, du point de vue de sa tenue vestimentaire, par les épingles maintenant en place ses cravates de jeune homme rangé bien sous tous rapports. Mais lui, en revanche : impossible de le maintenir longtemps à la même place. Il ne tarda pas à prendre la direction du département des Arts décoratifs, et comme c'était notre spécialité à Monaco, il venait souvent nous voir. Lorsqu'il découvrit la série de châteaux sur la Côte d'Azur, il se dit qu'on gagnerait encore plus à vendre les maisons des riches que leur contenu. Il convainquit la firme de créer une division immobilière internationale proposant des châteaux aux Américains et des appartements en copropriété le long de la 5ᵉ avenue aux Européens. Cave connaissait de première main les belles demeures ; Lady Baillie, la mère de son épouse Pauline, apparentée aux Whitney, avait en effet grandi au château de Leeds dans le Kent, entourée de meubles français du XVIIIe valant une fortune. Sotheby's finit d'ailleurs par les adjuger. En somme, rien ne sortait de la famille.

Lorsque j'eus enfin l'occasion de l'admirer dans ses œuvres, Cave ne manqua pas de m'impressionner. Je le vis un beau jour éviter de justesse une vente de capoter. Chez Sotheby's, on craignait à ce moment-là qu'une adjudication prévue sous peu ne tourne court en raison de prix de réserve trop élevés. La mission de Cave consistait à convaincre la personne qui s'apprêtait à se dessaisir de ses biens, une douairière américaine du genre coriace séjournant à l'hôtel de Paris, de revoir à la baisse ses exigences. Il se mit littéralement à genoux devant elle en la suppliant, les cheveux en désordre, en nage, tripotant son épingle à cravate à la manière d'un chapelet avant d'obtenir gain de cause. Il quitterait par la suite Sotheby's pour engranger de plus beaux succès encore dans l'immobilier à New York.

À Monaco, je crois bien que je croisai tous les membres fondateurs de la jet set, identifiables à leur glamour et à leur propension à se déplacer aux quatre coins du monde. Ils étaient tous beaux, riches, célèbres ou pourvus d'un nom à particule – ou tout cela à la fois. La nouvelle classe sociale qu'ils formaient devait sa célérité au lancement en 1958 de la première génération de jets de ligne, les Boeing 707 et les DC-8 réduisant de moitié le temps de trajet entre New York et l'Europe, qui passa dès lors de douze à six heures. Lorsque j'arrivai à Monaco, vers le milieu des années

1970, la jet set voyait déjà son étoile décliner en même temps que celle des nouveaux avions volant désormais à demi vides à cause du prix du carburant et des aléas de l'économie mondiale qui privaient bien des mondains de leurs rêves de voyages infinis.

Il n'en allait heureusement pas de même pour les jet-setters, tous clients ou cibles de Sotheby's ; preuve qu'il subsistera toujours une frange de la clientèle indifférente aux prix. Agnelli, l'Aga Khan, les Rothschild, Flick, Sachs, Niarchos, Thurn und Taxis, Thyssen. Je ne rencontrai qu'une seule vedette de cinéma, David Niven, installé à deux pas de là au cap Ferrat. Les Américains n'étaient pas nombreux en dehors d'Oscar Wyatt, de Houston, et de son épouse Lynn, l'héritière des grands magasins Sakowitz, toujours sur son trente et un. Tous ces noms évocateurs de fortunes, récentes ou héritées, pour la plupart industrielles ou marchandes, en tout cas synonymes de glamour, émaillaient les « potins mondains » et les rangs de l'assistance lors de nos adjudications à Monte Carlo. De quoi m'inculquer quelques rudiments du petit monde des milliardaires, où dépense ne rime pas forcément avec clinquant.

Si la maison me versait un salaire assez bas, elle ne lésinait en revanche pas sur les frais à rembourser. On me confia une Peugeot, meilleure que ma Renault en Angleterre mais pas à même de rivaliser avec les Porsche de certains de mes jeunes collègues. À l'instar de mes anciens condisciples, la plupart des employés de Sotheby's venaient de familles aisées ne renâclant pas à mettre le pied à l'étrier à leurs rejetons. Les parents de mes collègues devaient comme les miens se réjouir que leurs enfants aient un travail, quel qu'il soit. Mais vu que les miens ne témoignaient pas de la même générosité, je devais trimer plus dur.

Ma mission, telle que la définit Peter Wilson, consistait à « amener la marchandise ». C'est-à-dire aller trouver d'éventuels clients, où qu'ils soient, et les inciter à se séparer de leurs trésors en faisant appel à nous. Je me retrouvai parfois dans d'improbables situations. Comme avec cette femme pilote d'avion d'une soixantaine d'années qui tenait à me parler de mobilier alors que nous survolions les Alpes-Maritimes à bord de son petit appareil à hélices. Elle s'emballa tant qu'elle en lâcha les manettes. Je paniquai mais l'idée de revenir auprès du contre-amiral les mains vides me paniquait plus encore. J'eus aussi affaire à une riche héritière de quatre-vingt-treize ans qui se plaignait que son mari venait de la quitter pour son infirmière cubaine de vingt-sept ans. La fortune du couple lui appartenant en propre, elle voulait vendre afin de lui donner une leçon. Sotheby's y trouverait son compte. En somme, mon boulot consistait moins à expertiser des œuvres qu'à jouer les assistantes sociales auprès des riches et célèbres de ce monde.

Après d'intenses sessions de travail aux prises avec les névroses de mes clients, j'aspirais à me détendre tout aussi intensément. Je déjeunais en général au Beach Club, où la maison disposait d'une cabine de plage et où j'attrapai un hâle permanent, façon George Hamilton. Mon dîner, je le prenais souvent au restaurant fort vanté de l'hôtel de Paris, avant d'aller danser chez Jimmy'z, l'annexe à Monte Carlo de Régine à Paris, où je disposais de mon propre casier à bouteilles (de Johnnie Walker Black label, en l'occurrence). Les tubes disco de Donna Summer, succès énormes en Europe, résonnent encore dans mes oreilles.

Mon mentor au bureau, un expert britannique en bijoux du nom de Brian Ivon-Jones, enchaînait à l'entendre les conquêtes féminines. Il avait vécu à Los Angeles, soi-disant séduit des nuées de starlettes, et jugeait mon cas désespéré. J'attendais encore Isabel en coulisses alors qu'elle travaillait à Londres à la galerie Heim. En adoration devant son banquier belge, elle me considérait comme un simple ami. Me voilà donc au paradis du plaisir, tout seul dans mon coin. La compagnie d'Ivon Jones m'enfonçait un peu plus chaque soir. Un jour que nous sirotions des cocktails au Café de Paris, peu après mon arrivée à Monaco, une déesse blonde et bronzée de la Côte d'Azur nous laissa tous les deux bouche bée – le genre de fille qu'on voit en maillot de bain dans les pages de *Vogue* ou les publicités pour les lotions solaires.

« Je vais te montrer », m'annonça mon collègue, admirant son reflet dans la glace derrière le bar. Il me faussa compagnie et revint un peu plus tard en souriant d'une oreille à l'autre. « Un dîner galant m'attend, ce soir ! » se vanta-t-il, rayonnant. Abandonné à mon triste sort et convaincu de mon incurable nullité, je partis assister seul à un match de football. Je rentrais à pied chez moi, à mon minuscule et sinistre studio du boulevard de la Grotte (ou devrais-je dire « mon antre », « ma caverne » ?) quand je reconnus, seul et soûl sur la place en face du casino, le fameux play-boy, visiblement au trente-sixième dessous. « Cinq cents francs ! s'exclama-t-il, indigné. Elle m'a réclamé cinq cents francs ! » La déesse de la Côte d'Azur n'était en réalité qu'une courtisane de haut vol. Comme Peter Wilson, elle n'était à Monaco que pour de bonnes raisons.

10

NOTRE HOMME À GENÈVE

Au bout de près d'un an à Monaco, Peter Wilson décida de me renvoyer en Suisse. Sur sa lancée expansionniste, Sotheby's venait d'ouvrir à Zurich en 1969 une annexe dont s'occupait Jurg Wille, l'homme au carnet d'adresses peut-être le mieux garni de la Confédération. Il connaissait du moins tous les collectionneurs qui comptaient, or, aux yeux de Wilson, rien ne comptait hormis les collectionneurs. Résolu à systématiquement rafler la mise, Wilson avait le chic pour embaucher des hommes au bras long tels que le contre-amiral Templeton-Cottill. Wille aussi s'était illustré à l'armée. Il descendait d'une longue lignée de militaires, son grand-père ayant été commandant général de l'armée suisse pendant la Première Guerre mondiale.

Amis intimes de la dynastie des Wagner, les Wille furent amenés par l'intermédiaire de ces derniers à offrir l'hospitalité à Zurich à Adolf Hitler. Quand j'assistais à des soirées chez les Wille, cela me donnait la chair de poule de songer qu'Hitler avait dormi là.

Notre cliente vedette Rosemarie Kanzler, elle aussi née à Zurich, mais du mauvais côté de la *Hauptbahnhof*, avant de devenir chanteuse à Berlin sur le chemin de la fortune, avait aidé le chancelier à trouver le sommeil à grand renfort de berceuses viennoises. Chouchou de Göring, Goebbels et autres pontes du parti nazi, Rosemarie prit ensuite la route de l'Ouest à la conquête de ceux de Wall Street. Une ambition si folle dévorait cette femme hors norme qu'on n'aurait malgré tout su lui reprocher ses liaisons rocambolesques. Jurg Wille comptait au nombre de ses meilleurs amis en Allemagne le nettement moins sinistre Robert von Hirsch, dont la famille détenait la colossale entreprise de maroquinerie Offenbacher. Les quantités de chaussures et de sacs qui en sortirent lui permirent dans les années 1920 de se constituer l'une des plus somptueuses collections d'œuvres d'art européennes. Peter Wilson aussi était l'ami de von Hirsch depuis que, collégien, il avait passé un été en Allemagne.

À la mort de Hirsch en 1977, à l'âge de quatre-vingt-quatorze ans, Wille « apporta la marchandise » à Wilson, qui procéda à l'une des plus grosses ventes de sa carrière à Londres. C'eût été placer la barre très haut pour un novice comme moi que d'occuper un poste dans l'ombre de Jurg Wille. Je fus donc reconnaissant à Wilson de m'envoyer faire mes gammes à la nouvelle succursale de Genève, dans la vieille ville, où j'avais d'ailleurs habité du temps de mes études de droit manquées. Je craignais à présent un semblable échec de ma carrière dans le commerce de l'art. Peter Wilson, lui, ne doutait pas de la réussite de sa nouvelle entreprise. Il enrôla, ou plutôt débaucha de l'annexe de Zurich un ex-para anglais au charme irrésistible du nom de Nicholas Rayner, sosie de Peter O'Toole. Rayner avait un physique si avantageux qu'il reçut un coup de fil de Hollywood après que Sam Spiegel, le producteur de *Lawrence d'Arabie*, l'eut remarqué à une adjudication. En Suisse, il ajouta le bobsleigh à ses exploits sportifs et devint champion sur la Cresta Run, la piste des rois à St. Moritz.

Cela me flatta que Peter Wilson me désigne comme bras droit de Rayner et annonce l'ouverture de nos locaux à Genève non pas dans une pompeuse revue d'art mais dans l'édition française de *Vogue* qui publia des photos de moi au côté de Rayner. Je trouvai amusant de paraître dans ce magazine : encore un peu et je me serais pris pour un mannequin, de quoi gonfler l'ego du coursier dont j'assumais le rôle jusque-là. L'annonce dans *Vogue* marqua en tout état de cause une innovation radicale dans le milieu conservateur de l'art. Voilà bien du Peter Wilson pur jus : ce « chargé de relations publiques malgré lui » était toujours en avance sur son temps.

Comme je l'ai dit, Genève n'était pas tant une ville d'art que de joailliers ; la Mecque des bijoutiers, aux rues pour un peu pavées de diamants. Si l'idée d'évoluer dans l'ombre de Jurg Wille m'intimidait, sur notre succursale flambant neuve de Genève planait l'ombre non moins menaçante du Dr Géza von Habsburg. Il dirigeait les bureaux genevois de Christie's, dont l'éternelle rivalité avec Sotheby's l'avait amenée à essaimer à son tour. À ce stade, Christie's se contentait toutefois d'emboîter le pas à la concurrence : lorsque Sotheby's ouvrit ses premières succursales à Paris et Munich, Christie's se hâta de l'imiter et ne se distingua qu'en renonçant à marcher sur nos brisées à

Zurich pour s'implanter plutôt à Genève. La maison y nomma deux des plus grands experts en joailleries. Géza von Habsburg comptait parmi les meilleurs spécialistes au monde de Fabergé et, comme si cela ne suffisait pas, son bras droit Hans Nadelhoffer venait de publier un ouvrage de référence sur Cartier. Pas facile de venir après eux !

À l'époque où j'accompagnais Peter Wilson dans le sud de la France, il avait souvent été question dans nos discussions d'ouvrir une filiale à Genève. Mais Sotheby's se sentait tenue vis-à-vis de Jurg Wille du fait de ses relations dans le milieu ; or, comme il résidait à Zurich, la maison s'y implanta aussi. En ce temps-là, Genève avait toutefois une aura bien plus glamour, on y parlait français, pas allemand, avec tout le panache et la joie de vivre que cela suppose. L'idée de vendre quelque chose d'aussi rutilant que des bijoux dans la ville de Zurich relevait du non-sens à mes yeux, et à ceux de Peter Wilson aussi. Il déclara un jour : « Vendre de la joaillerie aux enchères à Zurich ? Et pourquoi pas à Birmingham, tant qu'on y est ! » Résultat : nous ouvrîmes notre seconde filiale suisse à Genève, tout en sachant qu'une rude bataille se préparait.

Personne dans le petit monde de la joaillerie n'en imposait autant que Géza von Habsburg. Comment rivaliser avec un nom tel que le sien ? De même que Peter Wilson se plaisait à s'entourer d'amiraux, Christie's aimait à recruter des aristocrates du continent. Von Habsburg était à la fois archiduc et prince. Que de titres ! Mon supérieur à Genève, Nicholas Rayner, savait comme nous tous que nous ne faisions pas le poids face à Géza, ni du point de vue de la généalogie, ni en matière d'autorité. À mon arrivée, je jugeai bon de lui rendre une visite de courtoisie, entre hommes d'affaires. Il refusa de me recevoir, se considérant sans doute comme bien plus qu'un simple mortel, se consacrât-il ou non aux affaires.

Je ne renonçai pas pour autant à le rencontrer. Je crus mon jour de chance arrivé lorsque je me retrouvai par hasard à bord du même avion entre Zurich et Genève, avant l'ère des TGV. Le trajet n'excédant pas la demi-heure, les sièges n'étaient pas attribués. Je pris place à côté de l'archiduc. C'était bien ma veine ! L'emplacement, tout est dans l'emplacement. Il doucha aussitôt ma joie. « J'en suis terriblement navré mais je n'ai aucune envie de me retrouver assis auprès de vous », m'assena-t-il, tel un prince s'adressant à un mendiant. J'aurais pu insister mais cela ne me vint même pas à l'esprit. Je me retirai poliment (à la différence du prince) à l'arrière de l'appareil.

Genève ne s'est pas faite en un jour, ni même en l'espace des dix-huit mois que j'y passai. Nous visions des sommets trop élevés, encore que nous ayons bien remonté la pente. Ce qui me réchauffait le cœur, c'est que j'avais enfin gagné celui d'Isabel Sloman. Je lui demandai sa main à Mentmore Towers, l'imposante redoute victorienne des Rothschild en Angleterre, où l'ambition de Peter Wilson le poussa d'ailleurs à se charger d'encore une autre « vente à domicile » dans le genre de celle que j'organisai avec lui pour Rosemarie Kanzler. Ma relation avec Isabel se poursuivrait dans des cadres luxueux : notre mariage fut célébré à la collégiale située sur la colline de Neuchâtel. Quelques mois plus tard nous attendions déjà notre premier enfant, Alban. Bientôt chargé de famille, je me concentrai sur mon travail et redoublai mes efforts pour acquérir autorité et crédibilité sur le marché genevois dominé par le formidable archiduc.

Lors du lancement de notre nouvelle filiale, Nicholas Rayner eut la brillante idée d'organiser une fête : un *bal des têtes* sur le modèle de celui du baron de Redé. Les coiffures de notre soirée devaient s'inspirer d'œuvres et d'artistes du XXe siècle. Je ne savais pas du tout comment m'habiller mais, heureusement, mon épouse pleine d'esprit eut une illumination. Un jour, au supermarché, elle aperçut des boîtes de soupe Campbell, les acheta et les monta en pyramide en guise de couvre-chef hommage à Andy Warhol, alors au pinacle du pop art. Hélas, Isabel, enceinte, souffrait de terribles nausées le matin, le soir, à toute heure du jour et de la nuit. Je me rendis donc seul à la soirée, que je passai auprès de Peter Wilson, pour sa part en smoking mais tête nue.

Le bal eut lieu dans les deux salons à l'étage de l'hôtel de Saussure, le plus bel immeuble de Genève. Nos locaux se situaient au sous-sol et nous déployâmes des trésors de séduction pour convaincre l'occupant du dessus, un flamboyant avocat bulgare du nom de Pierre Sciclunoff, de nous prêter les siens pour l'occasion. Nos invités se présentèrent en chapeaux de soleil, clin d'œil à Picasso, en têtes d'œuf, façon de Chirico ou encore en chapeaux melon, à la Magritte. Marc Blondeau, un gros légume de Sotheby's, se déguisa en Fernand Legros, un barbu, marchand de faux notoire, aux chapeaux farfelus. Dans l'incroyable salle de bains trônaient côte à côte deux immenses baignoires en marbre aux allures de sarcophages. Les messieurs en smoking et les dames en robes de bal ne tinrent bientôt plus en place à l'idée de s'y nicher, le temps de passer à la postérité.

L'influente rédactrice de mode de l'*International Herald Tribune*, Hebe Dorsey, rendit compte de la soirée. En dépit de la quantité de fabuleux costumes arborés pour l'occasion, un seul eut droit aux honneurs du journal. Devinez qui ? À vingt-cinq ans à peine, voilà ma photo publiée par l'*Herald Tribune* en plus de *Vogue*. Je ne savais plus où me mettre ! Contrairement aux jeunes gens de nos jours, en particulier dans le monde de l'art, qui raffolent de la moindre publicité, j'avais été formé à la vieille école de la discrétion à tout prix. Je me consolai de mon indécente exposition dans la presse en songeant que Géza avait beau nier mon existence, lorsqu'il parcourrait les journaux en quête de clients, il verrait bien, malgré tout, que j'étais « arrivé ». Notre *bal des têtes* fut la première fête digne de ce nom que j'aidai à organiser. Ce ne serait pas la dernière.

Mes meilleurs moments à Genève, je les passai sur la route avec Peter Wilson. Faute de cockney installé à résidence dans l'emploi de viril chauffeur, je me chargeai personnellement de conduire Wilson par monts et par vaux. Les œuvres de qualité abondaient en Suisse et Wilson semblait savoir où se trouvait la moindre pièce d'intérêt. Il ne vit pas d'objection à ce que ma Peugeot en fin de course lui serve de char de triomphe, pas plus qu'il ne trouvait à redire à sa Citroën bringuebalante à Monaco. Il aimait mieux garder un profil bas, de crainte que ses éventuels clients ne s'imaginent que c'était leur argent à eux qu'il jetait par les fenêtres. Sa ténacité à la poursuite d'un trésor me sidérait. Wilson faisait figure de Sherlock Holmes de l'art. De même que le détective finit à chaque fois par mettre la main sur son homme, lui mettait à tous les coups la main sur son art.

L'une de nos premières excursions donne une assez bonne idée de l'entêtement de Wilson : nous nous rendîmes sur les rives du lac de Morat, au château d'un couple anglo-américain, les Constable-Maxwell. Le mari, un distingué baron écossais au profil aquilin, *gentleman* britannique par excellence, avait épousé une blonde écervelée à la Marilyn Monroe. Wilson s'y rendit pour une seule et unique raison : une coupe diatrète datant du IVe siècle ap. J.-C., sommet de l'art de la verrerie, aussi fragile que précieuse, d'une telle finesse et d'une telle perfection technique qu'un mystère entourait encore son processus de fabrication. *Bibe Vivas Multis Annis* enjoignait l'inscription sur le pourtour. « Buvez ! Vivez de nombreuses années. »

Pour obtenir cette coupe, Peter Wilson était prêt à boire et vivre autant d'années que nécessaire. Il n'exerça cependant aucune pression sur le couple ni n'eut recours aux méthodes agressives de psychologie ayant persuadé Kanzler de nous confier la vente de son mobilier. Wilson adhérait plutôt au précepte Ashanti de l'époque coloniale, que n'eût pas renié Kipling : « C'est en s'armant de patience qu'on attrape le singe. » Des mois durant, il fit le déplacement en avion de Londres à Genève, un week-end sur deux, séjournant chez ses nouveaux grands amis les Constable-Maxwell, dont rien ne le rapprochait cependant, hormis la coupe romaine. Lorsque je le conduisais du domicile du couple à Genève, il arrivait que l'on me retienne pour un repas. Jamais Peter Wilson n'évoquait l'objet de sa convoitise. Sous aucun prétexte !

S'il y avait une chose que les Constable-Maxwell n'appréciaient pas moins que leur chef-d'œuvre de l'art de la verrerie, c'était le croquet. J'étais loin de me douter de l'intérêt de Wilson pour ce jeu lorsqu'un après-midi, je me vis dans l'obligation de disputer une partie avec lui contre le couple de collectionneurs. Au moment de vérité, alors qu'il restait à Wilson un simple coup à donner à la boule pour remporter le match (et nous permettre de repartir à Genève), il mit une éternité à positionner son maillet. Ce géant se pencha et visa comme s'il en allait de sa survie… tout ça pour rater sa cible, ce qui parut d'ailleurs le chagriner au plus haut point. Une victoire au tour de France n'aurait pas réjoui davantage les Constable-Maxwell. Profitant qu'ils nous tournaient le dos, tout à leur triomphe, Peter Wilson m'adressa un clin d'œil et murmura : « Navré mais il le fallait. »

Sur la route de l'aéroport, Wilson, savourant ce triomphe à notre façon, un sourire de gamin espiègle aux lèvres, me raconta l'histoire de deux prétendants à la main d'une demoiselle, qui randonnent en montagne avec son père. Celui-ci trébuche soudain et tombe au fond d'un précipice. L'un des prétendants saute à sa rescousse. Plus tard, c'est au tour de l'autre prétendant de glisser, et cette fois, le père descend d'un bond au fond d'une gorge pour le sauver. Qui finit par obtenir la main de la jeune fille ? Celui que le père a tiré d'un mauvais pas. Le père s'est en effet plus démené pour le prétendant qu'il a sauvé, m'expliqua Wilson, que pour l'autre auquel il doit d'avoir réchappé à la mort. Dans le même ordre d'idées, la supériorité des Constable-Maxwell sur leur adversaire écrasé à l'issue de cette partie de croquet aux considérables enjeux les flatta. Quand ils estimèrent le moment venu, ils confièrent la cession de leur coupe à Wilson. Curieusement, il n'y eut plus de match de croquet après cela.

L'anecdote ne se termine toutefois pas là. Notre transporteur refusant d'apporter la coupe à Londres en raison de son extrême fragilité, le soin me revint de jouer les livreurs (pour appeler les choses par leur nom) même si l'objet de ma course représentait l'équivalent artistique d'une charge de nitroglycérine, telle que celle qui inquiétait tant les camionneurs du fameux film de Clouzot, *Le Salaire de la peur*. « Cette pièce en verre va pulvériser tous les records », promit Wilson aux Constable-Maxwell. « À moins que Simon ne la pulvérise en route », commenta Mme Constable-Maxwell, remarque qui n'augurait rien de bon. Muni de ce trésor calé avec toutes les précautions du monde entre mes jambes à bord du taxi jusqu'à l'aéroport, de l'interminable vol jusqu'à Londres puis dans les bouchons jusqu'à Mayfair, j'effectuai ce qui me parut le voyage le plus long et le plus éprouvant pour les nerfs de ma vie. Comme de juste, des records furent bel et bien pulvérisés, mais heureusement, pas la coupe.

Un beau jour, je reçus dans mon humble bureau du sous-sol, en pleine vieille ville, la visite inespérée de trois des plus éminents représentants de l'*establishment* artistique. Les rois mages, pour ainsi dire. Dans le rôle de Gaspar : François Daulte, principale autorité mondiale sur Renoir et Sisley, auteur des catalogues raisonnés de leur œuvre publiés par son proche ami Daniel Wildenstein. Installé à Lausanne, ce remarquable homme d'affaires comptait parmi les rares érudits à avoir converti ses connaissances académiques en source de profits.

C'est à Daulte qu'on doit la ruée japonaise vers l'art de la fin des années 1980. À l'époque du « miracle » économique nippon des années 1960, il entreprit de montrer, bon an, mal an, dans tout le pays, des tableaux impressionnistes et post-impressionnistes, avec le concours financier des grands magasins Seibu, ravis pour leur part de rapprocher commerce et culture. Des graines semées par Daulte allaient éclore une vingtaine d'années plus tard des fleurs (impressionnistes) : les Japonais, mordus de peinture française depuis ses superbes expositions, firent grimper la cote des peintres de la fin du XIXe siècle pour le plus grand bénéfice de Daulte et de Wildenstein qui assurait ses arrières.

Dans le rôle de Melchior : Peter Zervudachi, un Grec d'Alexandrie des plus sélects ayant quitté l'Égypte à la chute du roi Farouk. Établi depuis à Vevey, où avaient élu domicile aussi bien Nestlé que Charlie Chaplin, Zervudachi vendait des meubles anciens et de l'argenterie aux millionnaires soucieux de discrétion. Ses racines méditerranéennes en faisaient le négociant tout indiqué pour les armateurs grecs piliers de la renaissance du marché de l'art de l'après-guerre, enrichis par le transport de pétrole dans un monde incapable de s'en passer.

Quant à mon Balthazar, sans conteste le plus royal des trois mages, un gros client à la fois de Daulte et de Zervudachi, il portait en réalité un nom bien plus connu encore que celui de Géza von Habsburg.

Les pairs du baron Hans Heinrich Agost Gábor Tasso Thyssen-Bornemisza l'appelaient Heini (mais ils n'étaient pas nombreux). Le baron, comme je le désignais au départ, était sans conteste le plus grand collectionneur d'art au monde, et le voilà devant moi, dans mon minuscule bureau ! Je l'avais déjà croisé à Monaco, à l'occasion d'une vente ; peut-être même lui avais-je serré la main en présence de Peter Wilson ou du contre-amiral, mais jamais encore je ne m'étais entretenu avec lui.

Je n'avais aucune idée du motif de la venue des trois hommes. Peut-être le baron, à la réputation établie d'épouseur en série de sublimes déesses, souhaitait-il couvrir de bijoux sa dernière légitime en date. Je consacrais alors trop de temps à mon travail pour me tenir au courant de ses conquêtes dans les échos mondains. J'avançai en tout cas à mes visiteurs des fauteuils inclinables en cuir blanc, laids mais confortables, dans le style industriel des années 1970 et leur préparai du thé en guettant l'apparition de la myrrhe et de l'encens, ou en tout cas d'une explication à leur présence.

J'en fus pour mes frais : dans cette resserre au plafond bas, ancienne cave de l'hôtel de Saussure, nous passâmes une bonne heure à bavarder de tout et de rien, en français. Comme Zervudachi travaillait beaucoup avec Sotheby's, notre conversation porta sur nos intérêts communs. Et aussi sur la fille de Daulte, Marianne, une ex-condisciple de chez Sotheby's, à présent employée par le musée Marmottan de Paris, ce grand sanctuaire de l'art sur lequel son père régnait en tant qu'expert, ce qui montre bien le genre de *realpolitik* grâce à laquelle s'attribuaient les postes institutionnels les plus en vue. De passage à Londres, Daulte m'avait souvent emmené dîner avec Marianne ; je le soupçonnais à l'époque de vouloir jouer les marieurs, mais Isabel avait déjà ravi mon cœur.

Rien ne me rapprochant spécialement du baron, je ne me rappelle pas la teneur de ses propos. Doté d'un formidable sens de l'humour, il me parut aussi courtois que Peter Wilson, dont les irréprochables manières invitaient à la confiance. Dès qu'une employée entrait, il se levait par galanterie comme en présence de la reine d'Angleterre, sa seule rivale quant à l'ampleur de sa collection. Sans doute avons-nous parlé d'art, de qui vendait quoi à qui, ce genre de choses.

La conversation finit par tarir. Tout le monde se leva et, perplexe, je raccompagnai les rois mages à la sortie de nos locaux, rue de la Cité. Un long silence s'installa tandis que Daulte et Zervudachi échangeaient un regard. Comme s'ils attendaient un signal du baron. Celui-ci finit par rompre la glace. Nous nous apprêtions à prendre congé quand il se tourna vers moi et me proposa : « Et si vous nous rejoigniez à dîner ce soir à l'hôtel Richemond ? » Waouh ! Voilà une offre qu'il ne me serait pas venu à l'esprit de décliner. J'en trépignais déjà d'impatience.

Malgré moi, je n'avais pas cessé d'admirer le baron, qui frisait alors la soixantaine, de haute taille et fort séduisant. Vêtu avec un extrême soin, rasé de près et manucuré, il gardait les yeux mi-clos à la manière de cet autre collectionneur lui aussi baron, Redé. Mais Heini, sans posséder le charme brut des cockneys, semblait bien plus viril que Redé. Bien qu'il n'eût rien d'un sportif, c'était un homme à femmes, envié de ces messieurs.

À sa façon, c'était aussi un Beau Brummel. Quand je regardai l'élégante tenue du baron, j'eus le sentiment d'être habillé à la va-comme-je-te-pousse. La lecture de Maurice Rheims m'ayant appris que l'habit fait le commissaire-priseur, tenu de produire la meilleure première impression possible, j'avais dépensé mes maigres revenus à Savile Row, à Londres, commandant chez Gieves & Hawkes des costumes sur mesure me tenant lieu d'uniformes. Mais lorsque le baron m'invita à dîner, je me vis soudain fagoté comme un simple soldat auprès d'un général paré pour une revue des troupes. Les tailleurs de Savile Row n'arrivaient pas à la cheville de celui du baron. J'aurais voulu rentrer chez moi me changer. Mais pour mettre quoi ? Je n'avais pas de plus beaux atours et pourtant, je me sentais comme un loqueteux. J'appris par la suite que le baron faisait confectionner ses costumes à Milan, chez Caraceni, où je me fournirais dès lors moi-même. Bien des années après, j'aurais alors le sentiment d'appartenir enfin au même monde.

Ce soir-là, j'arrivai nerveux à l'hôtel Richemond, le caravansérail le plus haut de gamme de Genève, avec vue sur le lac et son fameux jet d'eau. Les personnalités du monde de l'art qui remplissaient la salle à manger tapissée de brocart pourpre, aux banquettes et chaises en peluche dorée, lui donnaient un petit air de lupanar. Un chanteur installé à un piano électrique roucoulait de vieux classiques du genre « Comme d'habitude ».

Vu que c'était l'été, la salle à manger grouillait d'Arabes. Récemment et indécemment enrichis par la crise pétrolière qu'ils venaient de provoquer, ils avaient élu Genève et son lac à la fraîcheur alpine parmi leurs destinations estivales favorites. Le roi d'Arabie saoudite y avait acheté l'une des plus belles maisons sur ses rives. Il n'y allait jamais mais y envoyait ses parents et leur nombreuse escorte, qui n'aimaient rien tant que dîner en bande dans les établissements de luxe comme le Richemond, avec musique et tout le bataclan. À ce stade, les Arabes n'achetaient pas encore d'œuvres d'art (ils préféraient les bijoux et les montres) mais tout le monde chez Sotheby's espérait qu'ils s'y décideraient bientôt.

Aux rois mages (et à moi) se joindrait une habituée de la rubrique mondaine, l'éblouissante princesse Ira von Fürstenberg, nièce de Gianni Agnelli et ex du prince Alfonso Hohenlohe qui se lança dans les affaires en ouvrant le Marbella Club, l'une des boîtes les plus fréquentées par la jet set. La princesse Ira, célèbre beauté, avait épousé le prince Hohenlohe au tendre âge de quinze ans. L'adjectif le mieux à même de la qualifier reste sans doute « pulpeuse », et c'est tout dire. À son arrivée, le baron se leva pour lui baiser la main.

Toute la soirée, la princesse, d'une ironie pleine d'esprit fort divertissante, accapara l'attention, enchaînant les anecdotes et fut le point de mire de la tablée. Je me serais cru en pleine rubrique mondaine. S'étant essayée à la comédie, la princesse se frottait désormais à la conception de bijoux. Mais que diable faisais-je là ? Le dîner ne me mit pas sur la piste mais en présence du vin le plus coûteux que j'aie jamais bu. Le baron s'y connaissait en grands crus, en femmes, en art, en tout. Et le prix n'entrait pas pour lui en considération. Quel ne fut pas mon enthousiasme de côtoyer ce soir-là une telle légende vivante !

Le lendemain, je reçus un coup de fil de Peter Zervudachi. « Vous êtes marié avec Sotheby's ? » me demanda-t-il. Puis il leva le mystère sur la raison de ma présence au dîner. Heini Thyssen cherchait un nouveau conservateur pour sa collection de la Villa Favorita, sa propriété de Lugano. À vrai dire, pour l'instant, il n'en avait pas, du moins pas en bonne et due forme : un vieil Hongrois aux fonctions de concierge remplissait l'office. Un accord passé avec l'État helvétique exemptait le baron d'impôts à condition qu'il ouvre au public la Villa Favorita. Que lui fallait-il, au fond ? un érudit en art ? un vendeur de tickets ? Je me revis, le cœur serré d'appréhension, à l'accueil de Sotheby's dans Bond Street. J'avais bien progressé, depuis, passant d'un simple poste de réceptionniste aux colonnes de l'*Herald Tribune*.

Pourquoi moi ? me demandai-je, alors que Peter me vantait cette offre en or. Peut-être brillait-elle plus pour François Daulte et lui que pour moi. Jeune, bien élevé et malléable, je devais leur sembler facile à contrôler. Ils me voyaient à tous les coups comme le pantin idéal, un sbire, un exécutant grâce auquel ils concluraient des affaires juteuses avec le baron Thyssen. Ça ne manquait pas de cynisme mais les affaires, en particulier de la taille de celles du baron, ne vont pas sans un certain cynisme. Puis je me ressaisis : Arrête de te demander ce que ça leur rapportera à eux, me sermonnai-je. Songe plutôt à ce que tu en tireras, toi. Voilà qu'une chance s'offrait à moi d'administrer la plus belle collection d'art au monde. Chez Sotheby's, la compétition faisait rage : je n'y étais qu'un employé parmi tant d'autres. Là, en revanche, je me retrouverais seul maître à bord. Je remisai le cynisme à l'italienne pour lui substituer un opportunisme bien anglais, me rappelant une maxime de Peter Wilson : « Autant manger son pain blanc tant qu'il en est temps. »

« Votre proposition me flatte, répondis-je à Peter Zervudachi. Je vais y réfléchir. »

Mais le temps n'attend pas, pas plus que Heini Thyssen. Le baron n'aurait jamais accumulé tant de célèbres conquêtes sans être passé maître dans l'art de mener sa cour. Celle dont j'allais faire l'objet s'apprêtait à commencer.

11

Courtisé comme un roi

Si, au fil de ces pages, je m'étends autant sur Heini Thyssen c'est que, non content de changer ma vie, il a fait de moi celui que je suis. Rien de tel sur un CV qu'un poste de conservateur de la plus prestigieuse collection privée de la planète. Et au-delà du bel effet sur le papier, travailler pour Heini, au plus haut niveau dans le milieu de l'art, me procura une incroyable confiance, aussi bien en mon propre goût qu'en mes talents de diplomate. Si je m'entendais avec Heini, je pourrais m'entendre avec tout le monde. Mon rôle de bras droit du baron m'amena à rencontrer à peu près tous ceux qui comptent en art, en politique, dans la finance et la société en général. Un emploi comme le mien était un rêve. Avant de mettre le pied à la Villa Favorita, je faisais figure de simple novice en la matière. Bernard Berenson auprès de Peggy Guggenheim mis à part, nul ne pouvait espérer mieux dans le petit monde de l'art que de se retrouver à ma place, au côté du baron Heini Thyssen. Malgré tout, je fus à deux doigts de lui opposer un refus. Le baron dut user de tout son charme pour me décider à occuper la place d'honneur qu'il me réservait.

En proie à une indécision digne de Hamlet, je demandai d'abord conseil aux deux femmes de ma vie, ma mère et mon épouse. Reste chez Sotheby's, me dit ma mère, sûre d'elle. Ne prends pas de risques inutiles, tu as une famille à charge. Mes parents avaient payé ma formation à la maison de vente : ils méritaient un retour sur investissement. Ma mère m'enjoignit de chasser de mon esprit la collection Thyssen et de ne pas me retourner sur cette Sodome de maîtres anciens sous peine de me changer en statue de sel.

Mon épouse se montra plus disposée à tenter l'aventure. Nous étions allés à Lugano en novembre 1976 en voyage de noces. N'ayant pas de quoi nous en payer un digne de ce nom, nous prîmes en réalité la route depuis Neuchâtel. Une tempête de neige intempestive bloquant alors la plupart des voies carrossables de Suisse ne nous laissa pas d'autre choix que de nous rendre sous le soleil de Lugano. Nous descendîmes dans un curieux hôtel avec vue imprenable sur la Villa Favorita et qui valait surtout pour le lit rond de la suite nuptiale. Mon épouse et moi aurions beaucoup aimé visiter la collection Thyssen, hélas fermée au public pour l'hiver. Ma timidité me retint de recourir à mes relations chez Sotheby's pour m'en faire ouvrir les portes. Et voilà désormais qu'elles s'écartaient grand devant moi ! Avec le recul, Isabel considéra le décor kitsch de notre lune de miel comme l'heureux présage d'un avenir radieux.

Tous ceux à qui j'en parlai me dissuadèrent de prendre ce poste. Le baron Thyssen n'avait pas précisément bonne réputation. Cet autocrate excentrique et intimidant ne s'intéressait qu'à la beauté, des femmes et des œuvres d'art, et cela, c'était le bon côté de la médaille. Le revers, du moins le plus souvent mentionné, c'est qu'on le tenait pour l'un des Crésus les plus soupe-au-lait et les plus irascibles du monde de l'art, voire du monde tout court. Les dépouilles des conquêtes féminines du baron n'intéressaient pas le père de famille que je m'apprêtais à devenir. Et chez Sotheby's, j'évoluais parmi toutes les œuvres dont je pouvais rêver. Depuis cinq ans que j'y travaillais, je me rapprochais peu à peu de Peter Wilson. J'avançais sur la bonne voie. Pourquoi m'en écarter ?

Sans doute Heini Thyssen ne concevait-il pas de meilleure voie que celle qui menait à lui : ne se tenant pas pour quitte de mes hésitations, il nous envoya, à Isabel et moi, son avion privé à Genève, pour nous amener à Lugano visiter sa propriété. Il faudrait la voir pour y croire. Un tel geste ne manquait pas de panache. À l'époque, personne ne disposait de jet privé. Sauf peut-être quelques chefs d'État. Ou Hugh Hefner. Et Howard Hughes. Nous embarquâmes à bord de celui de Thyssen, un Dassault Falcon, au terminal privé de l'aéroport de Genève.

J'y croisai pour la première fois de ma vie David Nahmad, l'homme d'affaires d'origine syrienne dont la famille achetait des œuvres d'art en quantité, treize à la douzaine, certes de qualité. David était le cousin du très influent banquier monégasque Edmond Safra. Les Nahmad s'étaient établis à Milan dans les années 1960 mais la montée en puissance des Brigades rouges en Italie et les risques d'enlèvement que cela supposait les amenèrent bientôt à considérer New York comme un refuge plus sûr. De toute façon, ils passaient la plupart de leur temps dans de grands hôtels, ou en vol ; sur le chemin d'œuvres à rafler. Voilà le genre de personnes qui se déplaçaient alors en jet privé. Un peu comme Goldfinger, dans l'aventure éponyme de James Bond.

Le baron aussi semblait tout droit sorti de *Goldfinger* et son épouse du moment (la quatrième) Denise Shorto, qui nous accueillit avec lui à bord de l'avion, faisait figure de Pussy Galore brésilienne. D'une blondeur aveuglante, Denise eût fait l'orgueil du mari même le plus exigeant. Née d'un père banquier à São Paulo et d'une mère de toute beauté (écossaise comme la précédente épouse du baron, la mannequin Fiona Campbell), Denise ne courait pas les grosses fortunes. Elle n'en avait pas besoin : les Shorto détenaient une franchise Coca Cola dans un pays amateur de saveurs sucrées. À l'orée de la trentaine (alors que le baron frôlerait bientôt la soixantaine) Denise ressemblait à une Brigitte Bardot de la haute au brushing impeccable. Ancienne étudiante de la Sorbonne, elle parlait cinq langues sans accent, adorait l'art, et en connaissait à l'évidence un rayon. En somme : tout à fait le genre de femme à se retrouver au bras d'un homme auquel tout réussissait. En dépit de sa courtoise amabilité, cette menue lionne ne me parut pas faire grand cas de moi.

La Villa Favorita de Heini, à l'ombre de palmiers tropicaux, correspondait tout à fait au genre de domaine que se doit de posséder un homme se déplaçant en jet privé. Elle m'évoquait, comme sans doute à Denise, Rio de Janeiro. Un pic, copie conforme du Pain de Sucre, se dressait sur la rive opposée du lac face à la villa proprement dite à laquelle menait une majestueuse avenue de cyprès d'un kilomètre et demi de long, embaumée par des glycines, et rappelant quant à elle *L'Île des morts* d'Arnold Böcklin. Le père de Heini, le « grand Heinrich », acheta en 1932 au prince Léopold de Prusse l'ensemble de la propriété : la villa elle-même et sa douzaine de Petits Trianons, ses garages remplis de Bentley et d'Isotta Fraschini, et toutes les pièces répertoriées qui s'y trouvaient, en échange, me raconta le baron, d'un simple Watteau pour l'heure à la National Gallery de Washington. En 1936, Thyssen père y fit bâtir un musée inspiré de la Neue Pinakothek de Munich.

Au déjeuner où nous fîmes bonne chère, arrosée de vins nobles, le baron s'adressait en anglais à Denise, et en français à Isabel et moi. À Sandor Berkes, le conservateur de sa collection, il parlait allemand. Berkes s'aplatissait comme une crêpe devant son patron auquel il donnait du « Herr Baron » comme dans une série B. Ce Hongrois d'un certain âge dont, à en croire Peter Zervudachi, on m'offrait la place, ne se doutait apparemment pas que son emploi menaçait de lui échapper. Il ne m'en considéra pas moins d'un œil mauvais. Nous fîmes également la connaissance du secrétaire particulier du baron, le Dr Joseph Groh, qui s'entretenait avec le baron en allemand et avec Berkes dans leur langue maternelle, le hongrois. Il y avait aussi un majordome d'allure britannique, un véritable Jeeves, mais italien. Il s'appelait Giorgio et communiquait en français avec son patron. En somme, on se serait cru dans une tour de Babel.

Après le déjeuner, Denise s'éclipsa et le baron, à l'évidence soulagé (du moins plus détendu), nous fit visiter, à Isabel et moi, son musée. J'en restai le souffle coupé. Il y avait là des œuvres très connues, de la Renaissance aux post-impressionnistes : des chefs-d'œuvre étudiés dans le cadre de ma formation chez Sotheby's. Quels tableaux se gravèrent dans ma mémoire ? Eh bien tous. Je ne savais plus où donner de la tête. Peut-être le portrait de Giovanna Tornabuoni par Ghirlandaio me marqua-t-il le plus, une représentation de style florentin d'une dame de la Renaissance détentrice des clés d'une ville, dont la beauté prêtait forme à toutes les qualités féminines qui m'attiraient. Peut-être me rappela-t-elle Isabel.

J'admirai en outre l'inoubliable *Chevalier en armure* de Carpaccio, inspiré de la légende du commandant en chef des armées de Charlemagne, Roland de Roncevaux. Et aussi le portrait d'*Henri VIII* par Holbein, qui eût orné le palais de Buckingham si les Thyssen n'avaient pas damé le pion aux Windsor lors de sa mise aux enchères. À propos de Buckingham : le grand Heinrich acquit le tableau de Holbein à Lord Spencer, le grand-père de la future princesse Diana. À en croire une rumeur, celui-ci investit le montant de la vente dans une Bugatti. Lors de la visite à la villa de John Spencer, le père de Diana, alors que je lui montrais la collection, ce fut plus fort que moi : je lui demandai si la légende était vraie. Ce Lord Spencer me répondit que non. « Il l'a vendu pour financer mes études », m'expliqua-t-il, avant d'ajouter après coup avec une modestie tout anglaise : « Mais à mon avis, ç'a été de l'argent gaspillé. »

Heini professait une piété filiale marquée pour le grand Heinrich, un chasseur de bonnes affaires selon lui aguerri qui rafla les reliquats des grandes collections américaines au lendemain de la crise de 1929.

« Je pensais ne plus devoir acheter de tableau jusqu'à la fin de mes jours », me confia le baron à propos de l'ample collection de maîtres anciens de son père. Mais à la mort de celui-ci en 1947, poursuivit Heini, il lui parut plus simple de racheter les parts de ses frères et sœurs que de se battre avec eux pour des questions d'argent. « Et c'est là que j'ai mordu à l'hameçon. » D'où sa propre collection, qu'à l'entendre, il enrichissait d'au moins une nouvelle toile par semaine si ce n'est par jour.

Le baron nous expliqua que d'après son père, « l'art s'arrêtait au XVIIIe siècle ». Bien que lui-même n'acquît par principe que des œuvres d'artistes morts et enterrés, il nous raconta par quel concours de circonstances il avait surmonté sa passion exclusive pour les maîtres anciens. Il devait sa conversion à sa troisième épouse, Fiona, la mannequin écossaise qui, comme Denise, adorait l'art. Elle avait traîné Heini ruant et pestant, si tant est qu'on imagine un aussi grand seigneur protester avec tant de véhémence, à une exposition, dans une galerie de Stuttgart, d'art allemand « dégénéré » d'entre les deux guerres ; art proscrit par le Troisième Reich. Le marchand Roman Norbert Ketterer réhabilitait alors de grands artistes « oubliés » tels que Kirchner et Beckmann. Fiona ne jurait que par les aquarelles d'un autre maître « dégénéré », Emil Nolde. Son enthousiasme contamina le baron au point de donner lieu à une nouvelle frénésie d'achats dont bénéficièrent également des Américains, de Whistler à Homer en passant par Remington. « L'art américain n'a pas commencé avec Jackson Pollock », affirma le baron. J'eus le sentiment que Fiona lui inspirait d'autant plus de nostalgie que des tensions surgissaient alors entre Denise et lui. Une telle vulnérabilité de sa part me toucha.

Aux domaines d'expertise du baron il eût fallu ajouter, à l'art et aux femmes, le vin. Dire que Heini buvait beaucoup relève de la litote. Nous partagions un énième grand cru quand il nous confia avec un clin d'œil empreint d'une humilité digne de Peter Wilson que son père était mort alcoolique. Bornemisza, ajouta-t-il en référence à son titre hongrois, signifie « ne boit pas de vin ». Alors que son patronyme eût plutôt dû se traduire par « ne boit que du vin ». Il aimait plaisanter à propos de sa consommation d'alcool, de ses soucis avec les femmes, de son addiction à l'art. Le baron était vraiment un joyeux personnage.

À bord du Falcon qui nous reconduisit à Genève, je ne songeai qu'aux œuvres d'art, de pures merveilles, et à la sympathie que, contre toute attente, m'inspirait le baron, loin des bruits répandus sur son compte, certes par des gens qui ne le connaissaient pas. La beauté, voilà ce qui est vrai. Et la vérité, voilà ce qui est beau. L'offre du baron présentait malgré tout un inconvénient : celui de me changer en concierge de luxe. Pourquoi me confierait-il des fonctions plus intéressantes qu'à Sandor Berkes, sans doute jeune et ambitieux, lui aussi, lors de son embauche ?

L'exhortation de ma mère à ne pas faire la fine bouche chez Sotheby's où l'on m'alimentait somme toute plutôt bien s'imposa avec d'autant plus de force que ma génitrice venait de me rappeler mes devoirs parentaux et conjugaux au fil d'une longue lettre soucieuse. Le poste que me proposait le baron convenait à un autre lui-même en plus jeune et célibataire, sans attache et sans bouche à nourrir. Ma mère prouve à merveille qu'il n'y a pas que les juives à culpabiliser leurs fils. Une chanson populaire à l'époque s'intitulait « Maman m'a dit de ne pas y aller ». Elle devint la bande son de ma conscience. Je retournai à la réalité de mon bureau au sous-sol de l'hôtel de Saussure.

Mais avant que je n'aie le temps de rédiger ma lettre de refus, le baron revint à la charge par téléphone. Il m'invita à St. Moritz, où il possédait un chalet, le temps d'y discuter entre quatre yeux notre avenir ensemble. Contrairement à ma mère, Isabel m'enjoignit d'y aller. Elle ne craignait pas les décisions hardies. N'avait-elle pas pris celle ô combien intrépide de m'épouser ? Dans la balance pesa en outre un coup de fil de Jurg Wille depuis Zurich : au cas où je ne prendrais pas le poste, il recommanderait au baron son propre fils, lui aussi pour l'heure employé de Sotheby's. Voilà bien la preuve que la place éveillait la convoitise. Mon esprit de compétition s'enflamma.

Je me rendis avec ma Peugeot à la station de ski la plus huppée de Suisse. Je ne me rappelle plus où je logeai mais certainement pas au Palace, l'hôtel des stars. Sans doute ne voulus-je pas abuser de la générosité du baron mais lui avouer sans détour mes craintes. Il m'en épargna la peine. M'ayant percé à jour, il m'assura que mes fonctions n'auraient rien de comparable avec celles de Sandor Berkes. Il voulait m'engager parce que j'étais jeune et exempt de préjugés, et comptait me laisser toute la latitude souhaitable pour lui dénicher les plus belles œuvres du monde.

Depuis son baptême de feu d'art moderne grâce à Fiona et son goût prononcé pour les artistes « dégénérés », le baron ne se limitait plus aux maîtres anciens. Il était prêt à tout acheter et, de fait, voulait tout acheter. Je lui servirais de truffier, de conseiller, de bras droit en matière d'art. Quant à mes revenus : il me verserait plus que Sotheby's et je n'aurais pas à payer de loyer. Ma famille disposerait à titre gracieux d'une maisonnette sur le domaine.

Je franchis le Rubicon et dis « oui » au baron, et adieu à Sotheby's. Par chance, on m'y répondit que ce n'était qu'un au revoir. Je reçus en effet de Marcus Linell (un expert en porcelaine, transporteur à ses débuts, avant son ascension spectaculaire à la direction de la maison, poste que personne d'aussi jeune que lui n'avait encore occupé) une lettre des plus aimables. À l'en croire, la porte de Sotheby's me resterait toujours ouverte. Ce n'était peut-être que simple politesse de sa part mais je le pris au mot et y vis un éventuel filet de secours.

Avant d'arrêter ma décision, je cherchai conseil auprès de Peter Wilson, autant dire auprès du Sphinx en personne. En aucun cas il ne se prononcerait ouvertement sur un choix de carrière aussi décisif. De même que Peter Zervudachi et François Daulte espéraient me « caser » auprès du baron, en toute logique, chez Sotheby's aussi on devait pressentir ce qu'il y aurait à gagner à la présence d'un loyal fantassin au côté du plus important collectionneur de la planète.

Je ne consultai pas le mentor de mes débuts, Ernst Beyeler. Le baron ne faisait pas partie du plan qu'il m'avait concocté. Beyeler était le seul marchand au monde à ne pas rechercher les faveurs du baron, alors que sa position privilégiée dans le milieu de l'art en Suisse en faisait a priori son pourvoyeur tout désigné. À mon avis, Beyeler n'était pas du genre à rechercher les faveurs de qui que ce soit. Sans doute estimait-il que c'eût été à Heini de solliciter les siennes. Vu que ce dernier passait rarement par Bâle, leurs chemins ne se croisaient pratiquement pas. Et comme on le sait, le baron ne s'intéressait qu'aux faveurs de ces dames. Aucune symbiose ne se créa entre ces deux titans de l'art.

Quoi qu'il en soit, nous voilà donc en route pour Lugano. En raison du réaménagement, à la demande du baron, de la loge du concierge qu'il nous destinait, nous passâmes au début quelques semaines dans l'une des splendides ailes de la propriété réservée aux invités, servis par une nuée de domestiques, et nourris comme des princes. Malheureusement, mes premières semaines de travail ne furent pas aussi idylliques que notre cadre de vie. Des tensions surgirent tout de suite entre moi et Sandor, qui n'apprit ma nomination qu'en constatant qu'on avait changé les serrures de son bureau.

Ma première mission consista à l'accompagner à Milan où le baron avait consenti à prêter à la pinacothèque de Brera une toile de sa collection. Je fis le trajet sur l'*autostrada* auprès d'un Sandor écumant derrière le camion chargé de l'œuvre. Les conducteurs italiens se prenant pour des pilotes de Formule 1 maudissaient notre allure d'escargot en nous doublant. Me revint en mémoire cette scène de *Annie Hall*, récemment sorti en salles, où Woody Allen se retrouve en voiture auprès d'un Christopher Walken à moitié dément, qui vient de lui confier qu'il songeait à mettre fin à ses jours en s'engageant à contresens sur une voie rapide. Je craignais que Sandor, privé de son poste, n'aspire à finir en beauté, entraînant dans la tombe son ennemi juré, moi-même. Je survécus heureusement au voyage. Bien que ravi d'arriver sain et sauf à Milan, je me cantonnais une fois de plus au rôle de garçon de courses.

Peu après, Sandor me montra comment ouvrir et fermer le musée. À 16 h 45 tapantes, il agitait une cloche et annonçait par micro la fermeture des salles dans quinze minutes, puis il répétait la mise en garde à cinq minutes d'intervalle jusqu'à ce que tous les visiteurs s'en aillent. Le cœur serré par la perspective de devoir en faire autant jusqu'à la fin de mes jours, je me maudis de ne pas avoir écouté ma mère. Mais le baron doté d'un sixième sens pressentit ce qu'il m'en coûterait et me fit grâce de telles attributions. Quant à Sandor, il lui versa une petite pension jusqu'à la fin de sa vie qu'il passa dans une annexe du domaine.

Isabel consacra nos sept années à la Villa Favorita à la prolifération de notre descendance. Nous nous y installâmes avec notre premier-né, Alban, et nos trois autres enfants, Charles, Loyse et Balthasar, y furent conçus et y virent le jour. Que le baron propose de porter Balthasar sur les fonts baptismaux nous flatta énormément, moins toutefois que sa décision de nous installer dans la vaste bâtisse qu'occupait jusque-là son secrétaire, le Dr Groh, relégué pour le coup dans une dépendance plus petite du domaine, de manière à ce que nous disposions de toute la place nécessaire. « Vous êtes sorti de la loge du concierge à la force de la braguette », commenta le baron qui, malgré toute sa majesté, ne dédaignait pas la gaudriole.

En hôte modèle, le baron, ne supportant pas de nous livrer à nous-mêmes, pas plus qu'il ne supportait d'ailleurs la solitude, insista pour que nous déjeunions et dînions avec lui à la villa, non pas dans la salle à manger d'honneur, réservée aux grandes occasions, mais à une table ronde à l'étage auprès d'une terrasse avec vue sur le lac. Au début, il arrivait à Denise de se joindre à nous mais, assez vite, nous en vînmes à former un ménage à trois. Denise et Heini incarnaient a priori un couple idéal mais ils n'obéissaient pas aux même rythmes au quotidien. En dépit de sa blondeur, Denise avait une notion du temps très latine. Pourquoi ne pas remettre à demain ce qui pourrait aussi bien ne pas être fait aujourd'hui ? Le baron, lui, observait une ponctualité sourcilleuse, en particulier lors des nombreux événements organisés en son honneur aux quatre coins du monde. Denise le mettait en rage en arrivant avec deux heures de retard à ces cérémonies soigneusement planifiées. Elle finit par ne plus venir du tout, au grand soulagement du baron.

Peu après notre installation, le baron nous fournit une illustration de la célèbre phrase de F. Scott Fitzgerald à propos des riches : « Ils sont différents de vous et moi. » Par un splendide matin, après le petit déjeuner, le baron nous proposa de but en blanc : « Et si nous allions à Venise aujourd'hui ? » On donnait alors au Palazzo Cini une exposition de Canaletto qu'il pensait qu'Isabel et moi aimerions voir. Il fit préparer son avion et nous voilà partis. Une épouvantable chaleur moite écrasait alors la cité italienne. Une fois les œuvres admirées, le baron nous emmena au *Harry's Bar* équipé d'après lui de la meilleure climatisation de la ville, et où je dégustai mon premier, et bientôt mon dixième Bellini. Je croyais cette délicieuse et désaltérante boisson à la pêche destinée à combattre la canicule et voilà tout. Je ne me doutais pas que son goût sucré masquait à ce point son degré d'alcool, du moins jusqu'à ce qu'il faille pour un peu me porter à bord du Falcon. Il n'était pas rare que le baron, après un petit déjeuner à Londres, déjeune à Amsterdam, visite une exposition à Paris et dîne à Rome. Beaucoup de gestionnaires de fonds, d'oligarques et de grands collectionneurs vivent aujourd'hui sur un tel pied mais il n'en allait pas de même à l'époque. D'un autre côté, le baron comptait parmi les rares fortunés au monde à détenir à la fois une collection d'envergure et son propre jet.

À Lugano, le moindre repas, servi par le majordome et une nuée de domestiques, était digne de Maxim's ou de la Tour d'Argent : du trois étoiles au Michelin, et des grands crus avec chaque plat. Je m'estime heureux de ne pas être devenu goutteux. Je pris du poids, bien sûr. Comment l'éviter ? Mon coup de fourchette m'obligea à remiser au placard mes costumes de chez Gieves & Hawkes pour me tourner plutôt vers Caraceni. Manger à la table du baron évoquait un peu *Citizen Kane* mais à l'européenne. William Randolph Hearst, esseulé et gâteux, ne captivait-il pas de jeunes auditeurs à San Simeon en leur narrant au fil de ses soirées ses histoires de guerre face à des festins dignes de Lucullus ? On eût pu songer aussi à *Sunset Boulevard*, avec le baron dans le rôle de Norma Desmond, se rappelant une gloire éteinte dont elle ne mesure pas le déclin. Et pourtant non. Le baron était au sommet de son éclat : chez lui, rien d'éteint ni de sénile ou de mythomaniaque. Extrêmement drôle, il m'ouvrit les yeux lors de nos repas sur les rouages du monde de la politique, de la finance et de la culture.

12

Le baron et moi

Loin de se tenir sur la défensive à propos de l'attitude de sa famille durant la guerre, le baron aborda de front les rumeurs de notoriété publique pour les retourner comme un gant – de même qu'il m'avait mis à l'aise en me promettant que je ne me contenterais pas de remplacer Sandor mais rendrais à lui-même des services appréciés. Il aimait dire pour plaisanter, dans la veine des comiques juifs de New York, « Ma famille est dans l'industrie minière. Ma mère envoie mon père au charbon et ça le mine ». Plus sérieusement, Heini me parla de son grand-père August, le *pater familias* des Thyssen, un paysan des bords du Rhin enrichi par la vente de grillage, qui se lança dans la production de charbon, de fer et d'acier, et n'eut bientôt plus pour rivaux dans toute l'Europe que les Krupp, la dynastie dépravée évoquée par Visconti au temps des nazis sous un nom d'emprunt dans *Les Damnés*. À côté, les Thyssen faisaient figure de boy-scouts.

Bien que la fortune des Thyssen (et tout ce qu'on lui associait de néfaste) vînt d'Allemagne, le baron avait aussi des racines ailleurs. Son père Heinrich, le fils puîné d'August, aux penchants intellectuels plus qu'industriels, quitta l'Allemagne pour se soustraire aux aciéries et à l'ombre écrasante de son père. Après ses études en Angleterre (il obtint un doctorat ès philosophie à l'université de Londres), il s'installa en Hongrie où il épousa une baronne à moitié américaine. La grand-mère maternelle de Heini était en effet originaire du Delaware.

Fier de ses attaches yankees, Heini nous raconta la truculente histoire du mariage de dupes que s'étaient mutuellement incités à contracter ses grands-parents. Le baron hongrois croyait mettre le grappin sur une riche héritière. Il se leurrait. Quant à la jeune Américaine, elle s'imaginait convoler avec le comte de Monte Cristo, ou bien avec Dieu sait quelle idée se faisaient à l'époque ses compatriotes d'un aristocrate européen. Hélas ! ni l'un ni l'autre n'avait un sou vaillant. Le couple aux ambitions fourvoyées ne pouvait se targuer que d'un titre à l'hérédité douteuse, même plus officiellement reconnu en Hongrie. Heinrich, et depuis Heini, n'en restaient pas moins le « baron », rang qu'ils dotèrent de bien plus de lustre qu'il n'en eût jamais acquis sans eux.

À la mort d'August Thyssen, dans les années 1920, ses deux fils Fritz et Heinrich se répartirent son empire. L'aîné, Fritz, se réserva les aciéries allemandes et Heinrich obtint le reste. Il établit son QG à La Haye où Heini vit le jour en 1921 (à la station balnéaire de Scheveningen). Le patrimoine Thyssen hors d'Allemagne englobait surtout des chantiers navals et des banques. Mais c'était sa collection de maîtres anciens qui passionnait le plus Heinrich. Fritz aussi avait un violon d'Ingres : porter des hommes au pouvoir. On doit à l'influence de ce magnat de l'industrie, le plus riche d'Allemagne au lendemain de la Première Guerre mondiale, l'ascension de Hitler en tant que Führer. À la fin des années 1930, nous confia le baron, Fritz comprit toutefois qu'il venait d'engendrer un monstre.

Lorsque Fritz confia à son ami Hermann Göring son horreur face au sort des Juifs lors de la Nuit de cristal, l'esthète nazi et expert en art alors au sommet de sa puissance l'expulsa du parti, nationalisa ses aciéries et confisqua sa collection, l'une des plus belles au monde, à l'égal de celle de son frère Heinrich. Sur le chemin de l'Argentine, Fritz se réfugia dans la France gouvernée par Pétain mais le régime de Vichy le trahit en le remettant aux nazis. Par un cruel revirement du sort, ceux-ci l'envoyèrent dans deux camps de concentration, à Sachsenhausen puis à Dachau, où il rédigea ses Mémoires publiés aux États-Unis sous le titre *I Paid Hitler* (J'ai financé Hitler).

Après la guerre, le mea culpa de Fritz ne convainquit pas les Alliés qui lui intentèrent un procès. Condamné comme « sympathisant nazi », à distinguer d'un nazi en bonne et due forme comme Adolf Eichmann, il n'eut toutefois pas à retourner en prison mais à verser cent mille dollars de réparations pour emploi de main-d'œuvre esclave. Ce fut peut-être bien le seul Allemand de poids dans la société à se voir sanctionner par l'un et l'autre camps. En 1950, il parvint enfin à Buenos Aires, où une crise cardiaque mit fin à ses jours, l'année suivante.

La sœur de Heini, Margit, de dix ans son aînée, vivait dans un château du XIIe siècle, dans la ville austro-hongroise de Rechnitz. Elle épousa l'indigent comte Ivan Batthyany avant de dédier une longue et plaisante existence à l'élevage de pur-sang et à la chasse à courre. Lorsque je fis sa connaissance, à un âge déjà avancé, le déclin de sa santé la maintenait sous l'emprise d'un jeune médecin du nom de Scheiffelbein. De même que Heini était le portrait craché de son père, Margit ressemblait trait pour trait à Heinrich, encore que son allure de patricien plein de morgue seyait mieux à une contenance virile qu'à une représentante du sexe faible.

Heini avait une autre sœur, Gabrielle, la baronne Bentinck, dont je fis aussi la connaissance mais qui n'entretenait pas de ressemblance frappante avec son frère ni Margit. Gaby, comme on la surnommait, était la veuve d'un ambassadeur des Pays-Bas en France, apparenté aux familles royales de Hollande et de Grande-Bretagne. Elle avait une façon bien à elle de jouer les mécènes sans vraiment connaître les artistes. Un soir, lors d'une réception à Paris, elle se retrouva auprès d'un homme qu'on lui présenta comme un « peintre ». Elle lui parla de son père, de son frère et des Thyssen en général comme des meilleurs amis de l'art depuis les Médicis et, croyant s'adresser à un débutant qui peinait à s'imposer, lui proposa son soutien. « Comment vous appelez-vous ? » se renseigna-t-elle. « Marc Chagall », lui répondit son interlocuteur. Heini m'ayant conté cette anecdote, cela m'amusa beaucoup que Gaby, lors d'une soirée à Londres, me demande qui était ce monsieur d'un certain âge à côté de moi. « Balthus », lui chuchotai-je à l'oreille.

Chaque année, Heini rédigeait un rapport sur les entreprises familiales dont il s'occupait. Conscient de l'ennui mortel de telles publications, il agrémenta l'une d'elles d'une note de pied de page (au bas de la vingtième) qui promettait : « Si vous avez lu tout ce qui précède, appelez-moi et je vous enverrai une caisse de champagne Krug. » Il ne reçut pas de coup de fil mais voilà un parfait exemple de l'humour pince-sans-rire de Heini. Ce qui me plaisait le plus, chez lui, c'est qu'il ne se prenait pas du tout au sérieux. Comme s'il assistait en spectateur à sa vie singulière, plus folle que la plus folle des fictions, s'amusant de son côté feuilletonesque d'aussi bon cœur que le reste du monde.

En matière de réputation, le père de Heini s'en tira mieux que son oncle Fritz. Pressentant la vulnérabilité de ses avoirs en Hollande, face à la montée de Hitler, le grand Heinrich se maintint dans la mesure du possible à l'écart des nazis. Alors que le reste de la planète partait en flammes, il se réfugia dans sa villa suisse pour ne plus s'intéresser qu'à l'art. Heini, lui, tenait avant tout à partager sa collection. L'idée d'entreposer des tableaux dans des réserves lui faisait horreur. Le partage de ses œuvres, il n'avait que cela en tête, fût-ce avec un seul et unique individu.

Le destin d'une merveilleuse toile de la peintre avant-gardiste russe Nathalie Gontcharoff le montre on ne peut mieux : Heini la prêta à Paul Volcker pour décorer son bureau de président de la Réserve fédérale sous l'administration Reagan. L'homme le plus influent de la sphère capitaliste, dans un pays gouverné par des républicains conservateurs, accorda ainsi la place d'honneur au mur de son espace de travail à Washington à l'œuvre d'une communiste russe, cédée par un baron dont l'oncle avait hissé Hitler au pouvoir. Comme quoi, l'art est capable de tendre bien des passerelles.

Le prêt à Volcker se déroula dans le cadre du programme « Art dans les ambassades » instauré par le Département d'État sous la présidence de John F. Kennedy à l'instigation de Jackie, grande amatrice d'art convaincue que l'échange d'œuvres relevait de la diplomatie. Comme nul ne possédait plus d'œuvres à partager ni n'aspirait autant à les faire circuler que le baron, il devint un pilier du programme et une bonne part de mon travail consistait à garder un œil sur les tableaux des Thyssen exposés dans les ambassades et consulats américains de toute la planète. Peut-être notre moment de gloire coïncida-t-il avec la rencontre au sommet en 1985 entre Reagan et Gorbatchev à Genève (ils venaient de s'entretenir une première fois à Reykjavik) dans l'intention d'enterrer la Guerre froide. On fit appel à nous pour sélectionner les toiles les plus propices à la création d'une atmosphère idoine à la villa de l'Aga Khan, théâtre des pourparlers, louée pour l'occasion.

À l'époque où je travaillais pour lui, Heini se constitua une ample collection d'art américain du XIXe siècle, allant de Winslow Homer et Childe Hassam sur la côte Est, à Frederic Remington et Henry Farny dans l'Ouest sauvage. Il y avait loin d'eux aux maîtres anciens. Le Département d'État ne nous considérait pas moins comme d'éminents connaisseurs en peinture américaine. Nonobstant sa générosité, Heini demeurait un homme d'affaires, de grosses affaires, même : au lendemain de la guerre, il releva de ses cendres l'empire de sa famille pour édifier un nouveau colosse. L'art était pour lui un plaisir mais aussi un investissement. Or rien ne conférait autant de valeur à un tableau que sa reproduction à la une des journaux du monde entier derrière les dirigeants des deux plus grandes puissances mondiales.

La première mission d'importance que me confia le baron consista à inventorier ses tableaux disséminés de par le monde. En plus de bureaux dans une quantité de villes – Brême, Zurich, Monte Carlo –, il possédait des résidences à Londres (à Chester Square), St. Moritz, en Sardaigne, à Marbella, en Jamaïque et que sais-je encore. Et partout s'amassaient des chefs-d'œuvre. Je dus beaucoup voyager, sans même parler des prêts aux ambassades. Je me rendis pour commencer à la nouvelle demeure anglaise du baron, la majestueuse Daylesford House au cœur des Cotswolds dans le Gloucestershire, achetée sur les instances de Denise, qui raffolait de l'aristocratie britannique. Denise venait d'en confier l'aménagement intérieur au décorateur vedette du moment, l'Italien Renzo Mongiardino, qui fit ses premiers pas au théâtre avant que Stavros Niarchos ne le lance pour de bon en lui confiant la rénovation de son hôtel de St. Moritz, le Kulm. Le reste de la jet set s'enticha dès lors de lui et plus rien n'arrêterait dorénavant l'ascension de ce protégé des Kennedy sous l'aile de Lee Radziwill.

À Daylesford avait vécu un vice-roi de l'Inde : Warren Hastings. Un parfum d'exotisme enveloppait encore le manoir couronné d'un dôme à bulbe, où j'arrivai seul. Mongiardino avait « désindianisé » la décoration en tapissant de cuir certaines pièces. Le domaine grouillait de domestiques, de jardiniers et *tutti quanti* aux petits soins pour moi et le seul autre hôte du moment : un jésuite français du nom d'Edouard Gueydan ayant fréquenté l'université suisse de Fribourg du temps où Heini y étudiait le droit, avec à peu près autant d'enthousiasme que moi à Genève. Chose curieuse : Heini ne commença de s'intéresser à l'art qu'à la mort de son père, lorsqu'il hérita de ses toiles de maîtres anciens.

Avec sa soutane noire au col romain et sa haute stature, le père Gueydan passait d'autant moins inaperçu qu'il ne se déplaçait jamais sans à la main une grande bible reliée en cuir. Durant notre séjour à Daylesford, pour autant que je pusse en juger, il ne se livra pas vraiment à l'ascèse. Nous suivîmes ce que mon ami le photographe Mario Testino qualifie de « régime à vue » : tout ce qu'on voit devant soi, on le mange. Et que n'avons-nous pas vu passer sous notre nez ! du homard, du caviar, du foie gras, des truffes, du saumon écossais… Le père Gueydan me fit sourire en se servant de l'argenterie du baron (des pièces d'une valeur inestimable en provenance d'Augsburg) pour célébrer à l'improviste une messe à l'intention des domestiques.

Je venais tout juste de regagner Lugano après mon inventaire à la Jules Verne quand le baron insista pour que je l'accompagne dans une série de voyages à même d'épuiser une hôtesse de la PanAm. Nous mîmes d'abord le cap sur Prague, avec Ira von Fürstenberg et son frère Egon, divorcé de Diane dont la robe portefeuille venait d'obtenir un succès planétaire. C'était l'époque du Rideau de fer, en pleine Guerre froide, avant que la capitale tchèque ne se change en Paris de l'Est. Nous y rencontrâmes l'écrivain Vaclav Havel, le futur Président, et son meilleur ami et conseiller, le prince Karel von Schwarzenberg, qui deviendrait son chancelier au lendemain de la Révolution de velours, en 1989. C'était amusant de voir ce rejeton de l'aristocratie européenne de vieille souche, lointain cousin de la princesse Ira et du prince Egon, s'engager en faveur de changements radicaux. De Prague, nous nous rendîmes à Vienne où nous logeâmes, comme de juste, au palais Schwarzenberg.

Heini m'entraîna ensuite dans deux grandes tournées des musées américains. Il prêta d'abord sa collection de maîtres anciens à neuf institutions, à commencer par la National Gallery de Washington pour finir par le Met de New York. Il me semble que Denise fit une apparition à Washington, où elle se présenta en retard, comme il se doit (à la grande fureur de Heini), avant de s'éclipser et de renouveler son petit numéro à New York. Notre tournée de six « musées de province » en plein cœur des États-Unis (à Oklahoma City, Omaha et San Diego) nous amusa nettement plus. Heini raffolait de la couleur locale, même s'il détonnait dans son uniforme de voyage ; veste bleue, pantalon gris, chemise blanche, cravate rayée rouge et bleue et mocassins noirs.

Heini n'avait pourtant pas besoin d'arborer les couleurs de la bannière étoilée pour se faire apprécier des Américains. Dans la patrie du capitalisme, on mourait d'envie d'approcher cet homme parmi les plus riches du monde. À Oklahoma City, nous nous aventurâmes dans un club baptisé Cowgirls, au plus fort de la vogue des taureaux mécaniques tels qu'on en voit dans *Urban Cowboy*. Les charmantes autochtones ne parvinrent pas à convaincre Heini d'enfourcher la bête mais elles nous apprirent le *square dance,* une leçon que nous mettrions à profit à l'occasion d'une des fêtes les plus mémorables du baron, en l'honneur d'Henry Ford, dans une Villa Favorita spécialement transformée en Petite maison dans la prairie.

Une aventure d'un autre genre survint à Omaha. Dès notre arrivée, Fred Cody, l'Américain en charge de la présentation de la collection du baron, nous avertit par un coup de fil affolé d'un « sérieux problème ». On prévoyait une grosse manifestation devant le musée d'Omaha contre l'« art nazi » qu'il était prévu d'y exposer. Bien que soumis à pression, Heini conserva son flegme. « Adressez-vous à mon ami Simon Wiesenthal, il s'en occupera », garantit-il à Fred, qui s'exécuta. Et Simon tint la promesse du baron. Wiesenthal, le célèbre pourfendeur de nazis, publia un communiqué de presse affirmant que les habitants d'Omaha se trompaient de cible et ne visaient pas le Thyssen qu'ils croyaient. C'était Fritz, l'ancien nazi. Heinrich, lui, s'était opposé à eux. Quant à Heini, c'était un grand ami des Juifs. La manifestation d'hostilité se changea en démonstration de bienvenue : la ville réserva un accueil triomphal au baron et de longues files d'attente se formèrent à l'entrée de l'exposition.

Je ne remercierai jamais assez Isabel de sa tolérance envers la vie de bohémien que je menais alors au côté du baron. Même à Lugano, j'étais jour et nuit à pied d'œuvre, malgré ces innombrables repas que nous prenions ensemble, et parfois en tête à tête, mon épouse et moi. Au rayon détente comme au travail, le baron ne faisait pas dans la demi-mesure. Certains soirs, Giorgio et moi devions le porter jusqu'à sa chambre et malgré tout, le lendemain matin, il se levait à 7 heures, parfaitement sobre, l'esprit à l'affût, piaffant déjà à l'idée d'acquérir de nouvelles œuvres. Il ne fit aucun cas des mises en garde de ses médecins contre les conséquences de ses excès de boisson, du moins jusqu'à ce qu'une attaque à l'orée de la soixantaine le prive de l'usage de son bras gauche.

Le baron n'en demeura pas moins fidèle à son habitude de nager des heures durant (le seul exercice physique qu'il tolérait) dans la piscine du domaine ou auprès de son yacht, *Hanse,* baptisé en l'honneur de la guilde allemande de marchands. L'abstinence ne convenait cependant pas à cet homme de plaisirs. Il se trouva un nouveau médecin qui lui affirma que rien ne soulagerait mieux ses artères obstruées que de l'ail cru en quantité, tartiné sur du pain grillé. Je ne sais si ce médecin cachait en réalité un chasseur de vampires transylvanien mais la recommandation plut au baron et la villa, et bientôt nous-mêmes, finîmes par empester l'ail, tel un restaurant coréen dont la spécialité serait le *kimchi.*

Attaque ou pas, rien n'aurait pu étancher la soif de peintures du baron. Il cornait les livres et les catalogues de sa vaste bibliothèque dès qu'il y repérait une œuvre à son goût, partant du principe qu'il pouvait acheter tout ce qu'il voulait. Je ne comptai bientôt plus les pages aux coins marqués. Ma tâche consistait à localiser les tableaux. En ce temps-là, bien avant Internet, on ne pouvait juger d'une toile que de visu ou au moyen de diapos des plus coûteuses (d'une valeur de trois cents dollars chacune). Chaque matin, nous en recevions des paquets entiers par courrier, en provenance de galeries du monde entier. C'était au baron, l'acheteur le plus en vue de la planète, que l'on proposait en priorité la marchandise. Il ne me restait plus qu'à me renseigner sur la provenance des œuvres et ce qui justifiait leur prix. Aujourd'hui, je me connecterais tout bonnement sur Artnet mais, à l'époque, mon travail, un pensum, me prenait un temps fou, même si c'était exaltant d'agir au cœur même du marché.

Je trouvais en outre très gratifiant d'être la seule personne à laquelle pouvait se fier le baron. Certes, il connaissait l'ensemble des marchands qui comptaient, Daulte, Zervudachi et compagnie. Mais tous avaient quelque chose à vendre, des billes à placer. Moi, non. Ce qui s'approchait le plus pour le baron d'un Bernard Berenson, un expert à même de le conseiller, c'était encore Rudolf Heinemann, un marchand d'art juif enfui de Berlin et installé à New York dès 1935, qui guida le père du baron tout en enseignant à l'Institut des beaux-arts de l'université de New York.

Heinemann mourut en 1975, avant mon arrivée à la villa. Quand j'accompagnais le baron à New York, nous ne manquions sous aucun prétexte de rendre visite à sa veuve Lore, et à sa collection de maîtres anciens, Degas, Cézanne et autres dans son appartement de la 5e avenue, à l'intersection de la 72e rue. Après mon retour chez Sotheby's, je continuai à passer la saluer, seul. Toujours très sexy à plus de soixante-dix ans, elle m'ouvrait en robe au dos grand ouvert, me priant d'en relever la fermeture Éclair. Heini prétendait pour blaguer que si je l'avais plutôt baissée, elle m'aurait confié la vente aux enchères de ses tableaux chez Sotheby's.

Le baron ne se limitant plus, dorénavant, aux maîtres anciens, il me revint de le guider dans le « meilleur des mondes » de l'art moderne. Les critiques d'art reprochaient parfois à la collection plus récente du baron de ne pas être à la hauteur de son ensemble de maîtres anciens. Mais qu'est-ce qui aurait pu rivaliser avec de tels chefs-d'œuvre ? De toute façon, les jugements négatifs n'atteignaient pas le baron. Spectateur de sa destinée, il se contentait de rire de tant de tapage. Comme si ce n'était pas à lui qu'on réservait mauvaise presse. Il prenait sa revanche en achetant de plus belle, n'aimant rien tant que d'acquérir de nouvelles œuvres. S'il n'obtenait pas ce qu'il convoitait à une vente aux enchères, il se rabattait tout bonnement sur autre chose.

Quand Heini avait une idée en tête, il ne l'avait pas ailleurs. Pendant les années Reagan, Evan Galbraith nous convia à dîner à l'ambassade américaine de Paris. Je venais de localiser un Mondrian qui, selon moi, s'intégrerait à merveille à la collection du baron, qui abonda dans mon sens. Le seul hic, c'est que Sotheby's devait adjuger la toile le soir même du dîner, à Londres. « Achetons-la ! » décida Heini à l'heure de l'apéritif. Il pria l'ambassadeur, Galbraith, de lui assurer une liaison téléphonique avec Sotheby's. La vente de l'œuvre eut lieu au beau milieu du repas. Heini et moi sortîmes de table avant d'y revenir, un grand sourire aux lèvres, heureux propriétaires du Mondrian. Non content de violenter le protocole, Heini imprima un tour inattendu à la conversation en louant pendant le reste de la soirée, à une tablée d'agnostiques en art, les mérites du trésor qu'il venait d'acquérir.

L'œuvre que Heini appréciait le plus, c'était invariablement la dernière ajoutée à sa collection Après dîner, à la villa, il montait à son bureau, où l'on accrochait ses ultimes acquisitions, qu'il contemplait amoureusement, des heures durant, jusqu'à ce qu'il pique du nez. Détenteur de merveilles à n'en plus finir, il n'admirait rien tant que ce qu'il venait tout juste de s'offrir. En ce sens, Heini était en art un monogame en série. Moi, en revanche, je m'éprenais de tout ce que je l'aidais à choisir, étourdi à la seule idée de devoir sélectionner un chef-d'œuvre auquel accorder ma préférence. Ma perpétuelle extase me plongeait dans un état de grâce ô combien enviable. Dans l'ensemble, la collection du baron, un panorama complet de l'art du XIIe au XXe siècle regroupant les moindres peintres d'importance, reste à mes yeux époustouflante. Quel autre collectionneur privé pourrait bien rivaliser avec lui ?

Il demeurait toutefois hors de question d'investir dans l'art contemporain, à l'unique exception de Lucian Freud, bien avant que ses œuvres ne valent des millions de dollars. Ce fut le frère de Denise, Robert Shorto, qui présenta Freud au baron ; en matière de peinture, il avait un œil remarquable, quoiqu'un nez lamentable, dû à l'abus de cocaïne : on le surnommait d'ailleurs « Snorto[1] ». Il convainquit Heini d'acheter plusieurs tableaux de Freud mais surtout de lui commander son portrait. Criblé de dettes de jeu, le peintre avait alors grand besoin d'argent. Avançant sa toile à une lenteur exaspérante, il réclama à Heini, d'après les calculs de celui-ci, pas moins de cent soixante heures de pose. Il représenta le baron devant un Watteau qu'il n'avait jamais vu mais qu'il copia en couleur d'après un cliché noir et blanc que je lui envoyai. Rappelez-vous que c'est en échange d'un Watteau que le père de Heini obtint la Villa Favorita. Le pire, pour Heini, ne fut pas tant de poser si longtemps que de gravir à chaque séance les cinq étages menant

1. De « snort » (sniffer). [*N.d.T.*]

à l'atelier londonien de Freud à Holland Park. Heini appréciait l'artiste qui, bien qu'établi en Angleterre, était né à Berlin. Pour le taquiner, le baron le disait encore « plus allemand » que lui-même.

Un autre portrait de Heini commandé par Roberto Shorto finit en queue de poisson. Toujours à la page, Roberto s'était lié d'amitié avec Andy Warhol, qu'il amena à Lugano pour « s'attaquer » à la fois au baron et à Denise. Avant que je ne prenne mon poste à la villa. Denise raffolait d'Andy et de leurs séances de pose : il prenait du couple des photos qu'il sérigraphiait ensuite. Un soir, au dîner, le baron remarqua qu'Andy tripotait quelque chose sous la table. Il lui demanda ce que c'était. « Mon magnéto à cassette », lui répondit l'artiste. Sans doute enregistrait-il systématiquement son entourage ; sa façon à lui d'appréhender l'art et la gloire. Le baron ne le supporta toutefois pas. Il perdait rarement son sang-froid mais, cette fois-là, il explosa et mit Andy à la porte. L'incident conforta le baron dans sa résolution d'éviter tous les artistes vivants, sur ses murs aussi bien qu'à sa table.

Heini aimait à dire en guise de plaisanterie qu'il préférait les toiles aux femmes. « On les place contre un mur et elles ne bronchent pas. » Il affirmait aussi mieux aimer les maîtres anciens que les anciennes maîtresses ; ce qui n'eût pas amusé les féministes. Heureusement, Denise ne se comptait pas à leur nombre.

Elle n'en louvoyait pas moins habilement dans le monde de l'art. Dans les années 1980, lorsqu'elle se lança avec Heini dans l'une des procédures de divorce les plus âpres des annales de la vie conjugale, le bruit courut qu'elle et son proche ami, le marchand d'art italien décédé depuis peu Franco Rappetti, s'étaient entendus pour extorquer sous le manteau aux galeries ayant le baron pour client des commissions allant jusqu'à la moitié du prix des œuvres. Après tout, le portefeuille du baron, comme diraient les économistes, était d'une élasticité infinie. Que valait encore l'argent pour un homme à la poursuite de la beauté à qui tout souriait ?

Le marchand new-yorkais qui s'assura les faveurs de Heini était comme par hasard le plus interlope du lot. Il s'appelait Andrew Crispo. Amant de tout un éventail d'homosexuels notoires, de Liberace à Henry McIlhenny, le directeur du musée d'art de Philadelphie, Crispo, par toutes sortes de manœuvres plus ou moins louches, était passé d'un orphelinat de Philadelphie à une galerie en vue dans l'édifice Fuller, à l'intersection de la 57e rue et de Madison avenue, la tour de Babel du milieu de l'art new-yorkais. Il n'eût reculé devant aucun pot-de-vin pour s'assurer la clientèle du baron. En 1978, juste avant que celui-ci ne m'engage, on retrouva le cadavre de Rappetti sur le toit d'un combi Volkswagen dans la 58e rue, sous une fenêtre du onzième étage d'où il se serait lancé dans le vide. Andrew Crispo fit appel à l'entrepreneur de pompes funèbres attitré de la haute, Frank E. Campbell. Dans les années 1980, on l'accusa d'avoir torturé puis assassiné sous couvert de pratiques sadomasochistes son bel assistant norvégien. Un autre assistant porta le chapeau à sa place mais son acquittement cette fois-là ne l'empêcha pas de purger plus tard une peine de prison pour fraude fiscale.

Après la mort de Rappetti, le baron continua de négocier avec Crispo, ne serait-ce que parce que lui au moins lui apportait de la marchandise. Compter le baron parmi ses clients assurait pour sa part à Crispo des tableaux de premier choix à vendre. Le décès de Rudolf Heinemann en 1975 libéra en quelque sorte Heini en ouvrant son esprit à un art nouveau. Heinemann n'eût certainement pas apprécié la plupart des œuvres qu'acquit le baron par l'intermédiaire de Crispo ; ce qui explique que Heini ait justement continué à se fournir auprès de lui, se posant en fils rebelle face à Heinemann dans le rôle du père symbolique intransigeant.

Le baron se tourna malgré tout vers d'autres marchands, dont un d'autant plus recommandable que ce n'était pas un marchand à proprement parler. Le jeune Italien Marco Grassi avait étudié à Columbia et Princeton avant de se lancer dans la restauration d'œuvres à Florence. Ce fut là qu'il rencontra Heini. Le baron lui confia un buste de la Renaissance à remettre en état. S'avisant qu'il s'agissait en réalité d'une contrefaçon, Grassi refusa, et gagna du même coup l'affection de Heini. À New York, le baron recourait parfois aussi à Larry Fleischman, un Duveen comparé à Andrew Crispo. À la tête des galeries Kennedy, Fleischman méprisait Crispo qui le lui rendait bien. L'un comme l'autre auraient voulu régner sans partage auprès de Heini.

Fleischman était le roi de l'esbroufe. Il institua ce qu'il baptisa du pompeux nom d'Amis de l'art et de la religion américains, dans l'idée de convaincre Heini de montrer sa collection au Vatican. Et le stratagème fonctionna. Heini y présenta ses tableaux américains, pourtant dépourvus du moindre contenu religieux. Heini et Fleischman obtinrent en tout cas une audience du pape Jean-Paul II. Mais quelle ne fut pas la consternation de Fleischman quand, dans les appartements papaux, il se retrouva face au diable incarné en la personne d'Andrew Crispo auprès de son avocat, un tripatouilleur new-yorkais d'une habileté satanique du nom de Roy Cohn. Pour une surprise... Je me rappelle que j'étais présent lorsqu'on prit en photo l'archevêque Marcinkus, à la tête de la banque du Vatican, plus tard impliqué dans le scandale du Banco Ambrosiano, un bras autour de Crispo et l'autre au cou de Cohn. Marcinkus dominait de toute sa stature les deux acolytes qui lui arrivaient à peu près à la taille. Autant dire qu'ils formaient ensemble un sacré trio.

Le baron finit par se résoudre à rationaliser ses décisions en matière d'achats. Ce fut à ce moment-là que j'entrai en scène. À en juger par ses premiers pas tumultueux dans le monde de l'art moderne, il fallait au baron quelqu'un de compétent et d'honnête pour superviser ses acquisitions. Si un collectionneur avait besoin d'un conservateur qui le protège de lui-même, c'était bien Heini. Sans doute avait-il besoin de plus encore : d'un mélange de Sigmund Freud, de Superman et du pape. Dans mon innocence, j'ignorais tout de la houleuse tourmente liée à Denise. Dans le cas contraire, j'aurais certainement suivi le conseil de ma mère au lieu de me retrouver en plein cœur de la tempête. Une période de folie venait de se conclure pour Heini mais c'était à présent moi que la folie guettait.

13

Les joyeuses commères de Heini ou les années d'apprentissage d'un collectionneur

Je n'étais pas beaucoup plus porté sur le sport que le baron. Ma principale activité physique consistait à parcourir à pied, à l'ombre des cyprès, le kilomètre et demi qui séparait la Villa Favorita proprement dite du pavillon que j'occupais. Il me fallait bien ça pour éliminer ne fût-ce qu'une partie de la haute gastronomie digne d'Escoffier qui composait mon ordinaire. Un jour, un taxi interrompit ma promenade en s'arrêtant à ma hauteur. Sa vitre arrière se baissa et une éblouissante blonde d'une quarantaine d'années me demanda si elle suivait le bon chemin. Cette femme à l'accent espagnol, mélange de Catherine Deneuve et de Susan Sarandon, ne jugea pas utile de se présenter : elle venait en mission, concentrée sur la voie à suivre et l'objectif à atteindre. Voilà dans quelles circonstances je rencontrai la dame d'Espagne : Miss Espagne 1961. Carmen Cervera allait peu après décrocher le gros lot en devenant baronne Thyssen.

Elles ne manquaient pas, les beautés qui s'empressaient autour du baron, sans doute le parti le plus convoité de la planète. À l'époque, vers 1984, il était encore marié à Denise mais comme c'était déjà sa quatrième épouse, les ambitieuses gardaient bon espoir qu'une cinquième lui succéderait. Le baron aurait pu se payer des légions entières de call-girls de luxe en s'adressant à Madame Claude qui comblait déjà les désirs sans lendemain d'une bonne part des playboys de la jet set dont je m'occupais moi-même chez Sotheby's, à Monte Carlo. Mais les call-girls n'étaient pas le genre du baron, un vert galant à l'ancienne, preux chevalier aimant à courtiser, exalté par les conquêtes qu'il ambitionnait de réaliser. Dommage ! Car Madame Claude lui eût fait économiser des centaines de millions de dollars.

J'assistai aux cinquièmes noces du baron en 1985. Il épousa « Tita » (comme tout le monde surnommait Carmen) au modeste hôtel de ville de Moreton-in-Marsh, le plus proche de son domaine de Daylesford. Y affluèrent une horde de paparazzi, véritable nuée de sauterelles armées d'appareils photo, comme pour mitrailler Paul McCartney ou Mick Jagger et non un collectionneur suisse sexagénaire. La semaine suivante, à Lugano, j'allais acheter les journaux du dimanche au kiosque le plus proche de la Villa quand je m'arrêtai net face à la couverture d'une revue allemande. S'y étalait une photo en couleur de Tita à peu près nue au bord d'une piscine, un tuyau d'arrosage entourant son buste plantureux tel le serpent du jardin d'Éden. Un gros titre annonçait : « Ooh ! La la ! La nouvelle baronne. » J'achetai le magazine comme qui dirait en souvenir, sans la moindre intention de me porter préjudice en le montrant au baron. À mon retour à la Villa, celui-ci me devança, m'accueillant fièrement, la revue à la main. « N'est-ce pas qu'elle est splendide ? » exulta-t-il.

Comment Carmen Cervera, une simple Barcelonaise de la classe moyenne, a-t-elle remporté l'équivalent matrimonial de la cagnotte du Loto ? Certes, elle avait gagné des concours de beauté. Mais vingt ans plus tôt. Certes, elle avait été mariée à une vedette de cinéma. Mais à Lex Barker, le dixième acteur à incarner Tarzan sur grand écran au début des années 1950. Rien à voir avec Clark Gable ou Cary Grant. Ni même avec Johnny Weissmuller, le Tarzan par excellence. Le baron aurait pu séduire Miss Univers ou des quantités de starlettes de Hollywood, de mannequins, de jeunes filles de la haute ou d'authentiques princesses. D'ailleurs, il en avait déjà conquis de toutes sortes.

Qu'est-ce qu'elle avait donc, Carmen ? Mieux vaudrait se demander ce qui attirait Heini, tant chez les femmes qu'en art. Rien n'en donnera une meilleure idée qu'une petite présentation des précédentes baronnes, histoire de saisir après quoi courait le baron. J'ai rencontré toutes ses ex-femmes à l'exception de la deuxième, déjà décédée lors de mon recrutement. Me frappèrent surtout leurs différences ; elles étaient pourtant exemplaires, chacune à leur manière. Pas plus en amour qu'en art, on ne saurait reprocher au baron Thyssen d'être l'esclave des conventions. Il n'ignorait pas que la beauté peut revêtir des milliers de formes. Ses épouses en incarnaient cinq.

Heini contracta en 1946, à vingt-quatre ans, un premier mariage tel qu'on était en droit d'en attendre d'un jeune et bel aristocrate comme lui : avec une jeune noble pas désagréable à regarder, étudiant à l'époque à Lausanne, et au lignage bien plus solidement établi que le sien, la princesse Maria Teresa de Lippe, elle aussi catholique, mais dont le titre autrichien remontait au Saint-Empire romain germanique. Née à Vienne, l'imposante princesse était apparentée à quelques têtes couronnées d'Europe, dont (son oncle) le prince Bernhard de Hollande, la patrie des chantiers navals des Thyssen, quasiment détruits pendant la guerre, et dont la remise en état nécessiterait de puissants appuis aux Pays-Bas. Heini se les assura par l'intermédiaire de Teresa mais aussi de sa propre sœur Gaby, épouse d'un Bentinck de la branche hollandaise.

Seul le père de Heini, Heinrich, allergique aux coureuses de fortune, considéra comme un obstacle la quasi-indigence de la noble famille de Teresa, pas mieux lotie que tant de ses paires de l'époque en Europe. De plus en plus sénile, le grand Heinrich ne tarda de toute façon pas à mourir, en 1947. La santé de l'oncle Fritz déclinant également, l'empire Thyssen se retrouva entre les mains du jeune Heini, dont la mission consista dès lors à en recoller les morceaux, ce à quoi il parviendrait avec un brio qu'on n'espérait pourtant pas de sa part.

Heini prit rapidement ses distances par rapport aux aciéries et aux fabriques d'armes entachées par l'infamant souvenir des nazis pour se concentrer plutôt sur les bateaux et la finance, en acquérant de larges parts des brasseries Heineken, une branche de l'industrie qui dut éveiller un intérêt certain chez ce buveur invétéré. Il diversifia en outre ses investissements : dans l'immobilier aux États-Unis, la verrerie (Indianhead), le port de Rotterdam, une usine japonaise de papier et des élevages de moutons australiens. Le groupe Thyssen-Bornemisza, dont il établit le siège à Monaco, se hisserait bientôt, avec plus de dix mille employés, parmi les premiers conglomérats mondiaux. Plus qu'un simple héritier ou un collectionneur, Heini cachait en lui un remarquable entrepreneur.

Quoi qu'il en soit, les liens du mariage serrèrent peut-être un peu trop Heini, auquel naquit assez vite un héritier, Georg Heinrich. Quand je fis sa connaissance, Teresa portait le titre de princesse Fürstenberg, cousine par alliance de mes compagnons de voyage Egon et Ira. Royale à tout point de vue, elle demeura en bons termes avec le baron. Comme si elle faisait toujours partie de la famille. Le temps n'avait de prise ni sur sa beauté ni sur son époustouflante allure. Qui eût exigé plus d'une femme ? Heini Thyssen.

En 1951, l'heure était à la fête, et pas seulement pour Heini. Les playboys de l'après-guerre connaissaient alors des jours fastes. Heini grossit les rangs des tombeurs fortunés et jouisseurs parmi lesquels on comptait déjà Gianni Agnelli, l'Italien héritier de la Fiat, le Dominicain Porfirio Rubirosa, épouseur en série de riches héritières, le comte russe et costumier hollywoodien Oleg Cassini, l'industriel brésilien « Baby » Pignatari, Ali Khan le pieux musulman ismaélite, éleveur de pur-sang, et d'autres habitués encore des potins mondains. La société des années 1950 suivait leurs moindres faits et gestes comme la nôtre ceux des vedettes de la téléréalité.

Heini Thyssen rencontra le premier serpent aguicheur de son jardin d'Éden en 1951 à Paris en la personne de Nina Dyer, une mannequin de vingt et un ans belle à tomber qui, grâce à son physique et sa sexualité de perverse polymorphe, s'arracha à Liverpool pour s'établir sur la Côte d'Azur, où elle devint une figure emblématique de la proto jet set. Avec ses hautes pommettes saillantes, Nina Sheila Dyer respirait l'exotisme. Rappelant la vedette de cinéma anglo-indienne Merle Oberon en plus « olé olé », Nina était née à Ceylan (l'actuel Sri Lanka) d'un père anglais employé dans une plantation de thé et d'une mère indienne. À vingt ans, elle emménagea à Liverpool où elle prit des cours de théâtre dans l'espoir, malheureusement frustré, de devenir actrice. Elle s'installa alors à Londres, y défilant pour des marques de maillots de bain. Du fait de ses gènes à moitié indiens, les Britanniques, impérialistes, loin de l'apprécier à sa juste valeur, la bannirent des couvertures des magazines, ne la jugeant pas de race assez pure.

De l'autre côté de la Manche, Paris l'accueillit à bras ouverts. Mannequin pour le grand couturier Pierre Balmain, elle reçut des invitations sur tous les yachts et dans toutes les villas de la Côte d'Azur où il fallait être vu et, de fil en aiguille, chez l'homme au bras duquel il fallait absolument se faire voir : Heini Thyssen. Lorsque leurs routes se croisèrent, le baron s'ennuyait à mourir auprès des fréquentations du Gotha de son épouse Teresa. Il ne demandait qu'à s'écarter du droit chemin, et Nina, qu'à l'entraîner à sa suite.

Au bout de trois ans de rivalité avec l'acteur, réalisateur Christian Marquand, meilleur ami de Marlon Brando, et que l'on vit au côté de Brigitte Bardot et Jane Fonda, Heini divorça de Teresa et s'envola pour Colombo, à Ceylan, en 1954, à bord du premier jet de ligne de la BOAC. Pour épouser Nina bien qu'elle ne pût lui donner un héritier. Teresa demeura sur le vieux continent et ne tarda pas à se remarier avec un homme de sa caste, un Furstenberg, cousin de la bonne amie de Heini, la princesse Ira. Avant même de lui offrir un cadeau de mariage, Heini eut un superbe geste pour Nina. Il lui acheta un petit paradis dans les Caraïbes : l'île aux Singes, au large de la Jamaïque, où il possédait déjà le domaine d'Alligator Head. Il lui offrit aussi deux panthères noires. Nina insista pour qu'elles cohabitent avec leurs six grands chiens dans leur suite du Prince de Galles avenue George-V. Un tel cadeau ne se laisserait pas oublier de sitôt. Les domestiques de la Villa Favorita me racontèrent que Nina y promenait, au bout de laisses incrustées de diamants, les deux bêtes qui rendirent presque fou le baron, habitué depuis sa plus tendre enfance au calme, et cela sans parler de la liaison qui continuait avec Christian Marquand. Heini dépensa également une fortune chez Harry Winston pour assouvir la passion de Nina pour les bijoux.

L'exaltante alliance du baron et de Nina et la concurrence avec les acteurs et artistes en faveur auprès de son épouse influèrent peut-être sur la vocation de collectionneur du baron. Un profil de capitaine d'industrie, cela vous pose un homme mais n'attire pas les femmes. D'accord, l'argent et le pouvoir ont des vertus aphrodisiaques mais qui trouve J. Paul Getty sexy ? À la différence de beaucoup de grosses fortunes de peu de notoriété, Heini rechignait à voir son nom imprimé dans les colonnes des journaux et plus encore à leur une, ce qui lui arriva malgré tout en 1955, lorsqu'il présenta une sélection de ses tableaux de maîtres anciens au Metropolitan de New York, dont le portrait de Henri VIII par Holbein. L'événement incita le baron à acquérir un premier chef-d'œuvre en dehors de ceux rachetés à ses frères et sœurs : un *Portrait d'homme tenant une bague* par Francesco del Cossa, daté de 1473, célèbre dans le monde entier, et qui lui valut encore plus de publicité flatteuse. Convaincu que les femmes aimaient l'art, Heini, qui aimait les femmes, résolut de les attirer par tous les moyens à sa portée.

Malheureusement, en ce qui concerne Nina, l'art fut peut-être nécessaire mais pas suffisant. Contraint d'en venir aux poings avec Christian Marquand dans un club parisien et de régler les factures de Nina, de centaines de milliers de dollars, chez les grands couturiers Jacques Fath, Christian Dior et Balenciaga, le baron finit par en avoir assez. Il entama une procédure de divorce en 1956, cédant à Nina un million de dollars, des pierres précieuses qui en valaient plusieurs, un château dans les environs de Paris et, pour faire bonne mesure, une toile du Greco. Nina, elle, dut surtout renoncer à son titre de baronne.

Elle ne se laissa malgré tout pas abattre. Moins d'un an plus tard, elle épousa un fils d'Ali Khan, Sadruddin, qui à l'instar du duc de Windsor sacrifia son titre héréditaire (d'Aga Khan) pour épouser la divorcée élue de son cœur. Heini reçut une invitation à la noce à Genève mais il la bouda. De baronne hongroise, Nina devint princesse musulmane, adoptant le prénom de Shirin qui signifie « sucrée ». Au bout de trois ans, son nouveau mariage se solda par un nouveau divorce. En 1965, Nina mit fin à ses jours en avalant des somnifères. Heini me confia qu'elle avait tenté de le contacter, la veille de sa mort. Hélas injoignable à ce moment-là, il m'assura plus d'une fois, sous l'emprise de l'alcool, qu'il se reprochait de ne pas lui avoir sauvé la vie, faute de se trouver alors à portée d'un téléphone. Le baron aimait sincèrement Nina, convaincu qu'elle aussi avait de l'affection pour lui : il en voulait pour preuve une marque de considération de sa part au plus fort de leur divorce. Un jour que Heini s'était présenté devant le juge terriblement enrhumé, Nina tança son avocat parce qu'il soumettait à rude épreuve un baron déjà mal en point. Une délicate attention qu'il n'oublierait point.

Heini Thyssen avait un faible pour les mannequins, plus encore que pour les princesses. Trois mois après son divorce, le baron épousa une autre mannequin mais celle-là au sommet de sa gloire. À l'aube de l'ère des top models superstars à la Suzy Parker et Dorian Leigh, Fiona Campbell-Walter, habituée des pages de *Vogue*, fut l'une des rares parmi ses consœurs à paraître en couverture de *Life* (le 12 janvier 1953), gage ultime de notoriété dans les années 1950, avant que la télé ne voue la revue à l'obsolescence. À la différence de Nina Dyer aux origines coloniales, l'aristocratique Fiona Campbell-Walter, modèle favori du « photographe de la cour » Cecil Beaton, incarnait l'idéal platonicien de celle à qui la reine en personne aurait dû ressembler. En plus, elle était la fille d'un de ces contre-amiraux dont je croisais sans cesse le chemin comme si la marine britannique en regorgeait.

Cette rose écossaise avait vu le jour à Auckland, en Nouvelle-Zélande, alors que son père s'y trouvait en mission. Elle connut le baron en vacances à St. Moritz. On raconte qu'au bout d'une douzaine d'heures de fiançailles, ils convolèrent à l'hôtel de ville de Castagnola, un pittoresque village sur les rives du lac de Lugano. Fiona avait alors vingt-six ans et le baron, trente-cinq. Une photo qui fit le tour des journaux le montre la portant dans ses bras. Ce dont personne ne se doutait, c'est que Fiona roulait sur l'or elle aussi.

Elle n'avait aucun besoin d'argent : c'était la mannequin la mieux rémunérée de l'époque, et à la voir sur sa photo la plus connue, pas maquillée au bord d'une plage, drapée d'une simple sortie de bain Givenchy, on comprend pourquoi. Elle touchait jusqu'à cinq mille dollars par jour ; ce qui, compte tenu de l'inflation, correspond à ce que perçoivent aujourd'hui Giselle Bundchen ou Kate Moss. Elle méritait en tout état de cause la couverture de *Life*. Elle fut en outre la première mannequin à rendre socialement acceptable son métier ; d'où son statut de trophée que Heini se devait de remporter, au même titre que le chef-d'œuvre de Francesco del Cossa. La beauté ne se vend jamais trop cher. Par chance pour le baron, Fiona lui coûta bien moins que Nina. Elle lui donna deux héritiers, une fille, Francesca, et un fils, Lorne. Et surtout, fascinée par l'art allemand « dégénéré », elle imprima à son collectionneur de mari une nouvelle impulsion, transformant cet industriel en esthète sans pareil ; une combinaison unique en son genre qui caractériserait le baron à tout jamais.

Certes, une part du mérite d'avoir lancé le baron dans de nouvelles directions revient sans conteste à Fiona, qui sut tirer parti du désir chevaleresque de Heini de déposer aux pieds de sa dulcinée tout ce qu'elle souhaitait. D'un autre côté, il possédait au plus haut point l'esprit de compétition. Sa vague d'achats de tableaux des XVIIIe et XIXe siècles prolongea en un sens la guerre l'opposant aux armateurs grecs, Onassis, Niarchos et Goulandris, qui étaient devenus grands collectionneurs dans les années 1950. Aucun d'eux n'incita plus Heini à se surpasser que son rival Stavros Niarchos. En 1957, il fit les gros titres lors de son acquisition de la collection d'impressionnistes d'Edward G. Robinson contre deux millions et demi de dollars. Du jour au lendemain, Heini décréta qu'il lui fallait à lui aussi des impressionnistes. En matière d'art comme de bateaux, il ambitionnait d'écraser la concurrence, fier de détenir des navires sortis des chantiers de Rotterdam, pas comme les vieux rafiots de l'armée qui enrichirent Niarchos grâce au transport de pétrole. Et ce n'était pas pour nuire à l'image de marque de Heini que son épouse, la mannequin la plus en vue du moment, baptisa ses vaisseaux flambant neufs au champagne.

À la vente aux enchères de Stuttgart où Fiona l'entraîna, Heini établit un record mondial pour une œuvre allemande moderne : il paya dix mille dollars une aquarelle d'Emil Nolde, n'en revenant pas qu'un record lui coûtât aussi peu. L'alléchante perspective d'une plus ample publicité du même genre lui fit mordre à l'hameçon à la fois des ventes aux enchères et de l'art moderne. Heini appréciait tant Nolde qu'il acquit encore une dizaine de ses œuvres. À vrai dire, le grand Heinrich détenait un fonds assez considérable d'art allemand et européen du XIXe, mais à sa mort en 1947, Heini, qui ne connaissait alors rien à la peinture, en avait vendu la totalité.

Il entreprit de se constituer une collection moderne à un rythme soutenu qui s'accélérerait encore sous ma houlette, au point que presque pas un jour ne s'écoulerait sans que le baron n'achète quelque chose. À l'époque de ses premières acquisitions, du temps de Fiona, il ne se payait qu'une dizaine de tableaux par an, certes des chefs-d'œuvre mais rien à voir avec les quantités à venir. Une fois libéré des prescriptions de son père, il suivit sa propre voie et fit même des siennes en jetant son dévolu sur quelques toiles pour le moins surprenantes. Comme le *Brown and Silver I* de Jackson Pollock, daté de 1951. Bien que Pollock fût mort et enterré, et donc « achetable » selon les critères de Heini au goût éminemment classique, un avant-gardisme radical marquait son œuvre. Il plaisait toutefois au baron du fait de la légende urbaine autour de sa mort : il aurait quitté la route des yeux en conduisant en état d'ivresse sa vieille Oldsmobile décapotable tandis que sa maîtresse, l'artiste Ruth Kligman, lui faisait une fellation à East Hampton. Voilà le genre de peintres avec lesquels Heini se sentait des affinités : en réalité, il acquit une part du mythe.

Au moment de son divorce en 1965, le baron, qui aimait titiller les journalistes, suggéra qu'en multipliant les infidélités Fiona l'eût incité, lui qui brillait par son esprit de compétition, à évincer ses rivaux. En réalité, ni Fiona ni Heini ne se privèrent d'aventures extra-conjugales ; preuve que ni l'argent ni la beauté ne suffisent à maintenir la cohésion d'un couple idéal. L'objet du désir extra-marital de Fiona coïncida avec l'objet de sa secrète ambition de briller au cinéma. On aurait pu s'attendre à ce qu'elle s'éprenne d'un producteur de premier plan tel que le collectionneur couronné d'oscars Sam Spiegel mais elle jeta finalement son dévolu sur un flamboyant producteur télé de séries B, à une époque où la petite lucarne restait bien à la remorque du grand écran.

Sheldon Reynolds faisait partie des rares producteurs hollywoodiens de l'époque à tourner en Europe, bien avant que la démocratisation des avions de ligne ne rende le vieux continent accessible aux Américains de la classe moyenne, contraints pour l'heure d'admirer l'Europe devant leur poste. Sheldon Reynolds lança une série à succès : *Foreign Intrigue* diffusée de 1951 à 1955, dont dériva un film sorti en France sous le titre *L'énigmatique Monsieur D.*, avec Robert Mitchum. Un four malgré les critiques élogieuses. Pourquoi acheter des places pour ce qu'on pouvait voir gratuitement chez soi ?

Lorsqu'il rencontra Fiona, Reynolds produisait une sitcom tournée en Angleterre, intitulée *Dick et la duchesse,* avec Patrick O'Neal et la reine des films d'horreur cultes britanniques Hazel Court. Épicurien au goût raffiné, Sheldon Reynolds, pas trop mal de sa personne, aimait skier et s'habillait avec assez d'élégance pour en remontrer au baron dans ses costumes Caraceni.

L'épisode du divorce du baron tenait d'une comédie américaine sur les riches oisifs. Le couple Thyssen, toujours en bons termes, annonça sa séparation en sirotant des cocktails dans la suite nuptiale de ce monument élevé aux Américains à l'étranger que constitue le Hilton de Madrid dans la Castellana. Heini s'en tira pour une bouchée de pain, certes d'un million de dollars mais un bon prix, à côté de ce qu'avait empoché Nina Dyer. Fiona obtint en outre des bijoux qui valaient eux aussi un bon million, plus un Goya et un Monet, et la garde de leurs deux enfants, auxquels Heini aurait bien sûr le droit de rendre visite, pour sa plus grande joie. Surtout, le détail qui fait mouche : Fiona, contrairement à Nina, conserverait son titre de baronne.

La vengeance à la grecque survint quatre ans plus tard quand, en 1969, Fiona entama une liaison abondamment relayée par la presse avec Alexandre Onassis, le fils unique d'Aristote. Alexandre avait seize ans de moins que Fiona, qu'il avait rencontrée l'année de ses douze ans. Quel adolescent pouvait se remettre d'un coup de foudre pour la plus belle femme du monde ? En l'espace de six ans, Alexandre s'était métamorphosé en apollon capable de séduire n'importe qui. Et celle qu'il ambitionnait de séduire, restait Fiona.

Le principal obstacle à leur amour ne vint toutefois pas de leur différence d'âge. Ari Onassis souhaitait que son fils épouse une Grecque encore vierge, de préférence la fille d'un armateur rival, mais certainement pas une mannequin vedette, ex-épouse de son adversaire allemand. Ari fit tout ce qui était en son considérable pouvoir pour faire cesser cette liaison, y compris mobiliser sa nouvelle épouse Jacqueline Kennedy, qui elle non plus ne voyait pas une telle relation d'un bon œil, la sienne avec Ari lui valant déjà bien des critiques. Hélas, ce fut l'issue fatale d'un accident d'hydravion en 1973 qui mit un terme à leur histoire. Fiona ne se remaria jamais. Quant à Sheldon Reynolds, il finit par épouser une actrice hongroise prénommée Andrea qui le quitta pour Claus von Bülow au beau milieu d'un procès pour meurtre filmé par Reynolds pour la télévision. J'eus l'occasion de rencontrer Claus, un bon vivant, ami de Heini, et du même coup Andrea. Bien qu'enjouée et sensuelle, cette conteuse hors pair dut physiquement représenter un pis-aller pour Sheldon Reynolds après sa rupture avec la superbe Fiona.

Bien sûr, le baron me présenta Fiona, avec qui je garde d'ailleurs contact. Aujourd'hui encore, elle compte parmi les plus grandes beautés de tous les temps avec sa chevelure soyeuse, et son visage merveilleux. Avant que le baron ne m'engage, elle tint à s'entretenir avec moi, le temps de me glisser quelques conseils maternels. Notre entrevue se déroula dans le bureau genevois de Peter Zervudachi, à qui je devais mon recrutement par Heini. Approcher Fiona, c'était approcher une légende ; ce qui contribua à sceller notre accord. Si une femme aussi exceptionnelle avait pu tomber sous le charme du baron, alors pourquoi pas moi ?

Le baron ne laissait pas s'écouler beaucoup de temps entre ses mariages. Fiona sortit de sa vie en 1965. Denise y entra en 1967. Ils convolèrent à Lugano en décembre, après vingt-trois jours de fiançailles. Fiona et Denise n'avaient à peu près rien de commun en dehors d'une mère écossaise. Née en 1940, Denise approchait la trentaine lorsqu'elle rencontra Heini à Gstaad. Trop petite pour être mannequin, elle dégageait cependant assez de sex-appeal pour qu'on la compare sans cesse à Brigitte Bardot. Autrement dit, c'était une ravissante poupée, le rêve de tout peintre. C'était justement de peinture dont rêvait Denise. Au cours de leur union, qui prit officiellement fin en 1983, Heini acquit plus de huit cents toiles, à raison de près d'une centaine par an.

Denise n'a pourtant pas vu le jour dans un milieu artistique. Son Brésil natal n'est pas précisément réputé la patrie des collectionneurs. En matière de culture,

Rio n'avait rien à voir avec Bâle. Éduquée dans des instituts privés très sélect et des universités d'Amérique et d'Europe, Denise restera de loin la plus instruite et la plus intellectuelle des compagnes de Heini. Bien que nul n'eût songé à la qualifier de rat de bibliothèque, elle se tenait au courant des idées nouvelles, maligne comme un singe. Avec ses sœurs et son frère Roberto, elle incarnait la quintessence de la jeunesse dorée internationale. On les voyait partout en compagnie de grosses fortunes des quatre coins du monde, dont certaines possédaient d'admirables collections. Ils connaissaient également les marchands attitrés des collectionneurs. L'aura de glamour des Shorto, pourtant pas spécialement instruits, leur assurait un accès privilégié à la culture. Leur jeunesse débordante d'énergie insuffla à un Heini alors quasi sexagénaire une vigueur nouvelle.

Restait en outre l'aspect financier : Heini continua de se fournir en tableaux auprès de Crispo, qui s'entendait à merveille avec Roberto et avait le chic pour inciter le benjamin à se démener. Denise voyait encore plus loin. Consciente du potentiel d'une signature de renom au bas d'un tableau à le valoriser bien plus que n'importe quel autre bien, elle résolut de tirer le meilleur parti possible du patrimoine Thyssen dans l'espoir de le transmettre un jour à son fils Alexander Thyssen-Bornemisza, que le baron lui donna en 1974.

Denise ne perdait pas non plus de vue la longue liste de mariages ratés du baron. Peu encline à tout voir en rose, elle ne s'imaginait pas que leur amour rimerait avec toujours. Peut-être crut-elle malgré tout que le baron léguerait sa fortune à leur petit Alexander. Tout ce que s'était jusque-là figuré Denise n'était-il pas devenu réalité ? Et quel plus bel héritage réserver à son fils que la plus vaste et la plus admirable collection d'art au monde ? J'eus l'occasion de rencontrer Alexander ; un garçon timide, peut-être un peu surprotégé par sa mère, mais plein de surprises. L'année de ses dix ans, dans la suite Lénine de l'hôtel National, à deux pas du Kremlin, il s'installa de but en blanc à un piano à queue, dont il se mit à jouer, tel un jeune Van Cliburn, preuve que la famille Thyssen avait la culture dans le sang.

Jeunes et à la page, Denise et Roberto se laissaient comme de juste attirer par la nouveauté ; par West Broadway plus que par Madison avenue. Cela dit, la nouveauté exerçait alors son pouvoir de séduction sur Madison avenue aussi. De ce point de vue, la vente aux enchères en 1973 chez Sotheby Parke-Bernet de la collection d'art contemporain de Robert et Ethel Scull, propriétaires d'une flotte de taxis, marqua un tournant. Leurs cinquante toiles de Johns, de Kooning, Warhol, Rauschenberg, Barnet Newmann et consorts atteignirent un prix record de 2 millions de dollars. Ce fut la première adjudication à valeur de « happening » postérieure aux années 1960 : elle rendit le pop art à la fois chic et à la mode, et lui assura le statut d'objet de collection des plus respectable pour la jet set. Peter Wilson, pas snob pour deux sous, se réjouit au plus haut point de cette expansion, cette explosion, même, du marché. Évidemment, Wilson lui-même avait posé une première bombe en dotant Sotheby's d'un département flambant neuf d'art contemporain quelques années après l'acquisition de Parke-Bernet.

Une telle course au profit n'en outragea pas moins l'un de ses principaux bénéficiaires, Robert

Rauschenberg, qui protesta contre la vente dans Madison avenue en agitant une pancarte « Scull est un cochon ». Il n'admettait pas que les Scull et Sotheby's récoltent des centaines de milliers de dollars grâce à des œuvres qui ne leur en avaient coûté que quelques centaines. Bien sûr, ses confrères et lui ne tardèrent pas à s'en remettre et à s'accommoder des fortunes qu'ils amassèrent dès lors. Quant à Andrew Crispo, qui eût vendu sa propre mère à Heini, il se félicitait autant d'empocher une commission sur un Rauschenberg que sur un Renoir. À mon arrivée, la collection d'art moderne du baron comprenait déjà assez de pièces pour me permettre d'organiser une exposition itinérante de « maîtres modernes » en Nouvelle-Zélande et en Australie. Le baron prit autant de plaisir à notre périple aux antipodes, au pays de ses élevages de moutons, qu'à sa présentation de cinquante-sept de ses toiles de maîtres anciens au Met, à New York.

Après notre première rencontre dans l'allée qui menait à la villa, Tita ne tarda pas à occuper une place de choix au côté du baron, succédant à Denise lors des fonctions protocolaires. Elle formait avec Heini un couple aux mœurs que l'on pourrait qualifier d'« européennes », pour ne pas dire « très libres ». Si Denise était une poupée, Tita, elle, était une lionne ; une prédatrice aux griffes acérées. Je n'oublierai jamais un déjeuner au Plaza Athénée, au début de leur liaison, où Heini réunit une douzaine de convives. Les yeux du tout Paris se rivèrent ce jour-là sur Tita, vêtue d'une jupe si courte que je crus qu'elle ne portait qu'une ceinture. Ces mêmes yeux s'écarquillèrent lorsque le père Gueydan, en soutane noire, sa bible à la main, pria Heini et ses disciples pas vraiment en odeur de sainteté de se lever, le temps de bénir leur repas. Les fins gourmets de la haute société parisienne n'avaient sans doute jamais été témoins d'un tel mélange de profane et de sacré à une table aussi sélect.

Heini fit la connaissance de Tita par l'entremise d'un personnage haut en couleur, Manfredo Horowitz, le vendeur de bijoux le plus prospère de la planète. Principal représentant d'Harry Winston en Europe, « Fred » Horowitz, Juif polonais et champion de ski, avait fui Hitler en Suisse, où ses prouesses sur les pistes enneigées et son charme auprès de la gent féminine le rendirent presque aussi riche que les playboys de la jet set qu'il fournissait en parures destinées à leurs épouses et maîtresses. Reconnaissable à son bronzage et à ses boucles plus blondes que nature, Fred disposait de son propre yacht sur la Côte d'Azur, le *Diamond D.* Il n'avait pas son pareil pour dénicher des déesses du genre de Tita et les présenter à des demi-dieux comme Heini, scellant au passage leur union par des pierres précieuses sur lesquelles il prélevait comme de juste sa commission. Il en avait d'ailleurs fait sa spécialité. En somme, c'était l'entremetteur attitré des riches et des célébrités d'Europe.

Fred proposa au baron l'« étoile de la paix », un monumental diamant brut de cent soixante-dix carats, que Heini fit tailler et monter pour Denise avant de le lui reprendre et de l'offrir à Tita. La bataille autour de ce joyau se livra devant les tribunaux lors des trois années d'âpre lutte entre Heini et Denise que dura leur divorce. Ce fut Tita qui l'emporta. Helmut Newton prit toute une série de photos d'elle parée de l'« étoile ». À vrai dire, Tita ne sortait jamais sans. « Il faut de solides épaules pour porter un diamant pareil », me confia-t-elle un jour sur le ton de la plaisanterie.

Fervente catholique originaire de Barcelone, Tita n'a pas vu le jour dans une famille de nantis mais d'ambitieux. Son père, ingénieur, se sépara de sa mère l'année de ses cinq ans et celle-ci lui donna l'éducation idéale de toute candidate à des concours de beauté : leçons de chant et de danse, et cours d'anglais à Londres. Adolescente, Tita flirta sur la Costa Brava avec l'Elvis français, Johnny Hallyday. À dix-huit ans, sa mère l'inscrivit à l'élection de Miss Catalogne, qu'elle remporta, puis à celle de Miss Espagne. Ce fut nantie de ce titre qu'elle se présenta ensuite à des concours internationaux. Elle connut son heure de gloire en finissant troisième à Miss International, un concours lui-même de troisième ordre.

Si Tita ne gravit pas le podium des finalistes de Miss Univers, elle se rendit pour l'occasion à Miami où elle tapa dans l'œil de plus d'une vedette, dont Bob Hope, Dean Martin et Frank Sinatra, des griffes duquel la « sauva » Marilyn Monroe, venue au bras du chanteur à un cocktail. Lorsqu'elle entendit son partenaire raconter à Tita des blagues salaces que sa méconnaissance d'expressions anglaises ne lui permettait pas de saisir, Marilyn intervint maternellement et fit honte à ce vieux cochon de Frank.

De retour en Europe, Tita apparut dans des publicités, pour des montres suisses notamment. À bord d'un vol pour Zurich en 1962, elle reconnut Lex Barker qui, suite à la fin de sa carrière de Tarzan à Hollywood, s'apprêtait à renaître de ses cendres en Allemagne. Incapable de se contenir, Tita l'aborda pour lui demander un autographe. Son coup d'audace paya : ils se marièrent l'année même. Tita fut la cinquième épouse de Lex Barker, de même que de Heini Thyssen. Et de même que Heini, Lex ne convolait qu'avec des déesses : une riche héritière pour commencer, puis trois actrices, dont Arlene Dahl et Lana Turner. Tita, qui partageait l'humour pince-sans-rire de Heini, aimait à dire qu'il vaut mieux être la cinquième épouse que la troisième ou la quatrième, parce que cela laisse plus de chances d'être la dernière.

Lex Barker ne se résumait pas à son physique, qu'il exhiba de fait aussi bien au sein de la jungle africaine que sur la Via Veneto, fiancé d'Anita Ekberg dans *La Dolce Vita* de Fellini. Rejeton d'une famille en vue de Wall Street, Lex fréquenta Exeter et Princeton avant de rompre avec l'establishment pour se lancer d'abord à Broadway puis à Hollywood. Entre autres cadeaux de mariage, Lex offrit à Tita des rôles dans deux de ses films allemands les moins mémorables, *Le Carnaval des Barbouzes* et *Monsieur Dynamite – « Demain, la mort vous embrasse »*. Ayant étudié l'architecture à Princeton, il conçut leur maison unique en son genre de la ville catalane de Gérone, « Más Mañanas » (des lendemains en plus). Heini y trouverait refuge au plus fort de la bataille lors de son divorce.

Après qu'une crise cardiaque eut subitement mis fin aux jours de Lex à New York en 1973, Tita trouva un dérivatif à son chagrin en poursuivant ses ambitions frustrées de comédienne. Elle ne parvint pas à briller ailleurs que dans de médiocres séries B. Son mari suivant ne fut autre qu'un producteur vénézuélien aguicheur du nom d'Espartaco Santoni, dont l'œuvre la plus mémorable reste *Le Castillan* (sorti en 1963), où il apparut au côté de Frankie Avalon, Cesar Romero et Broderick Crawford. Tita fut la deuxième des sept épouses du producteur playboy, auquel elle s'unit en 1975. Au cours de leur mariage, elle décrocha des rôles secondaires dans des productions au mieux de second ordre.

Santoni eut plus de succès avec ses boîtes de nuit qu'avec ses films. Dans les années 1980, il en possédait deux à Marbella, et une à laquelle il donna son prénom, dans le quartier gay de West Hollywood. Son mariage avec Tita prit fin en raison de son invalidation pour cause de bigamie. Santoni fit aussi un bref séjour en prison à cause de magouilles fiscales. Tita retomba heureusement sur ses pieds, son physique lui rendant à vrai dire bien des services. À force de côtoyer les puissants de ce monde, elle se lia avec des magnats de l'envergure de Thyssen tels que Kirk Kerkorian, le roi de Las Vegas, ou les investisseurs anglais Lord White et Lord Hanson. Puis Heini entra en scène.

Lorsque leurs chemins se croisèrent en 1981 en Sardaigne grâce à Fred Horowitz, Tita venait de donner un fils, Borja, à un attaché de presse espagnol du milieu du cinéma. Heini médusa les mauvaises langues d'Europe en l'adoptant. À cinq ans, Borja reçut un fastueux baptême à la cathédrale Saint-Patrick, sur la 5e avenue. Le baron lui choisit pour parrains et marraines quelques-uns de ses amis les plus en vue : Ann Getty, la belle-fille collectionneuse de son rival J. Paul Getty ; Alexandre Papamarkou, un banquier grec, et les duc et duchesse de Badajoz, beau-frère et sœur du roi d'Espagne, mécènes du Prado de Madrid. Dès l'année suivante, Borja hérita du patronyme de Bornemisza-Cervera et, une fois divorcé de Denise, Heini en fit l'un de ses héritiers. Borja deviendrait donc un petit baron. Ce qui importait à Heini, c'était l'affection et la loyauté, pas les liens du sang.

L'engouement de Heini pour Tita amènerait celle-ci à partager, ou en tout cas à se laisser contaminer par l'engouement du baron pour l'art. Forcément ! En prenant la relève de Denise comme compagne attitrée de Heini, Tita s'aperçut que sa collection lui valait partout un accueil digne d'un chef d'État. Elle en avait connu, des grosses fortunes, mais des collectionneurs, pas encore. Elle comprit que l'art conférait de la dignité et assurait plus de respect que l'argent. Lorsqu'elle nous suivit, Heini et moi, dans notre tournée mondiale d'expositions, elle eut l'occasion d'apprécier aux premières loges les fonctions ambassadoriales de l'art. Et le temps passant, et les marchés boursiers s'effondrant (de même que les prix de l'immobilier, sur la Costa Brava ou la Costa del Sol de son Espagne natale), elle s'aperçut en outre que les prix des œuvres ne cessaient de monter, encore et encore. Il n'y a donc rien d'étonnant à ce qu'elle aussi devînt mordue d'art.

14

Intrigues à l'étranger

On rencontre les gens les plus extraordinaires dans le monde de l'art, et pas forcément à l'occasion d'un vernissage au caviar dans un palais. Un jour d'hiver, au début de mon travail pour le baron, avant d'être certain que mes fonctions ne se réduiraient pas à celle de gardien de salles en costume Caraceni, le concierge portugais m'annonça qu'un homme à l'entrée de la villa souhaitait voir la collection. En principe, celle-ci ne rouvrirait pas aux visiteurs avant le mois d'avril. « Il dit s'appeler Hockney », précisa le concierge. « Hockney… le peintre ? » m'enquis-je. J'entendis alors demander : « Vous êtes peintre ? » M. Hockney répondit par l'affirmative. « Hockney le peintre », me confirma le concierge. « Qu'il entre », dis-je. Je crois bien que le concierge prit notre illustre visiteur pour un peintre en bâtiment.

Quelle ne fut pas ma joie que ce grand artiste se soit décidé à passer sur un coup de tête ! Il séjournait alors à Milan, où il s'occupait des décors de *La Flûte enchantée* à la Scala. Pour nous remercier de la visite, il nous invita, Isabel et moi, à la première, et dans la meilleure loge, la « Verdi ». À une autre occasion, Heini me montra, tout enthousiaste, une lettre de Leonard Bernstein qui, à la veille d'un déplacement en Suisse, demandait de New York à voir la collection du baron. Déçu de ne pouvoir rencontrer ce génie de la musique, car absent de Lugano lors du séjour européen du chef d'orchestre, Heini m'offrit l'occasion d'accueillir à sa place le compositeur de *West Side Story*. Je me faisais de M. Bernstein une idée si grandiose que je lui organisai l'équivalent d'une visite d'État. Mais il me sembla, à l'arrivée du grand homme, que celui-ci n'avait rien à voir avec l'artiste flamboyant à la crinière échevelée dont j'avais tant entendu parler. À vrai dire, je n'avais pas affaire au même homme, mais à un paisible avocat new-yorkais amateur d'art. Mon exaltation retomba mais Me Bernstein, lui, eut droit à une visite comme on n'en réalise qu'une fois dans sa vie.

Je rencontrai par la suite deux légendes vivantes à la hauteur, elles, de leur réputation : J. Carter Brown et Philippe de Montebello. À mon avis, seul un diplomate en mission ou un pilote de la PanAm passait plus de temps à sillonner la planète que moi à mon poste. Sans arrêt par monts et par vaux, j'accompagnais Heini à des entrevues avec des directeurs de musée ou des chefs d'État. Ce n'était d'ailleurs pas évident de distinguer les uns des autres.

J. Carter Brown opposait un démenti vivant à la supposition qu'il n'existe pas d'aristocratie aux États-Unis. Yankee de Rhode Island au sang bleu, rejeton de la famille Brown en honneur de laquelle a été baptisée l'université éponyme, il a toujours été à la tête de sa classe, aussi bien à Groton ou à Stowe en Angleterre, qu'à Harvard, dont il dirigea la chorale avant d'y décrocher l'un des premiers MBA en « gestion culturelle » ; indice précoce du potentiel de l'art à se convertir en ce juteux négoce sur lequel Peter Wilson comptait dur comme fer.

Pour couronner le tout, Brown obtint un master en histoire de l'art à l'université de New York et fit son apprentissage auprès de Bernard Berenson à la villa I Tatti, à Florence avant d'épouser une nièce de Paul Mellon, le grand collectionneur à la tête de la National Gallery. Mais si un gendre n'avait pas besoin du népotisme pour décrocher un poste, c'était bien lui. Il eut pour seconde épouse la fille d'un magnat cubain de la canne à sucre et se maria à l'abbaye de Westminster. Brown, qui appréciait beaucoup Heini, souhaitait montrer à la National Gallery tous les tableaux que le baron consentirait à lui prêter.

Philippe de Montebello, version française de Carter Brown, était quant à lui le fils d'un comte. Son exquise politesse n'eût jamais laissé soupçonner sa parenté avec le marquis de Sade. À peu près du même âge que Brown, Montebello aussi fréquenta Harvard et l'université de New York avant de faire carrière au Met, dont il doubla la superficie pour le convertir en une très rentable entreprise.

Il y avait un collectionneur que les directeurs des grands musées courtisaient avec autant d'assiduité que Heini : Armand Hammer. J'eus l'occasion de le rencontrer à la Villa Favorita. À la tête de la colossale Occidental Petroleum, Hammer, établi à Los Angeles, était aussi narcissique que Heini, effacé. Il débarqua à Lugano avec son épouse et leur photographe attitré. Il ne correspondait pas à l'image du connaisseur érudit auquel je m'attendais. Quand je lui montrai notre seule et unique toile du Caravage, il ne trouva rien de mieux à me dire que le garagiste de Westwood qui s'occupait de sa voiture portait le même nom que le peintre : Joe Caravaggio pour être précis.

On ne saurait toutefois minimiser la réussite de Hammer. Fils de médecin et médecin lui-même, quoique ayant à peine exercé, Hammer, qui insistait pour qu'on lui donne du « Docteur », s'enrichit d'abord en vendant des médicaments à l'Union soviétique. Avec son frère Victor, il transmua sa fortune pharmaceutique en fortune pétrolière puis, comble du prestige, en fortune artistique. Ils détenaient ensemble une influente galerie portant leur nom, dans la 57e rue. À l'éventuelle exception de Norton Simon, Los Angeles ne comptait pas de collectionneur plus en vue que le Dr Hammer.

Si l'idée de créer des passerelles grâce à l'art et d'employer celui-ci à des fins diplomatiques plaisait à Heini, Armand Hammer, lui, n'ambitionnait rien de moins que de mettre à lui seul un terme à la Guerre froide, ou du moins de s'en approprier le mérite. Ce qu'il convoitait au fond, c'était un prix Nobel, l'un des rares honneurs au monde qu'il n'obtint jamais. Heini venait (avec moi) de consacrer près d'un an à la mise en place d'un échange historique d'œuvres avec le Kremlin. Carter Brown souhaitait exposer à son tour ce que le Kremlin nous avait prêté à Lugano et le Dr Hammer vint nous trouver dans l'intention de collaborer au projet. Lorsque Heini finit par se dédire, le Dr Hammer accapara l'attention de la presse en prêtant son Codex de dessins de Vinci d'une valeur inestimable aux Russes qui n'acceptèrent qu'à cette seule condition le transport de leurs œuvres en Amérique. Au bout du compte, il ne fut question que de Hammer et pas du tout de Heini, dont le nom ne figura même pas dans le catalogue de l'exposition.

Que le mérite nous en revînt ou pas, l'échange avec les Russes marqua quoi qu'il en soit l'un de mes grands moments de fierté au service du baron. L'idée germa lors d'un dîner quand l'ambassadeur de Russie en Allemagne, communiste amateur d'art (une rareté), toucha un mot au baron des trésors impressionnistes des musées Pouchkine et de l'Ermitage. Peut-être, ajouta l'ambassadeur, pourrait-on se mettre d'accord pour présenter les tableaux de maîtres anciens de Heini en Russie, en échange du prêt de quelques merveilles russes à la Villa Favorita. Le genre de propositions dont raffolait Heini, qui m'envoya en Russie juger des œuvres sur pièce.

Ma mission m'obligea par ailleurs à jouer les baby-sitters. Au voyage prirent part Roberto Shorto et Lorne, le fils du baron et de Fiona, alors adolescent. En 1983, la perestroïka restait à venir : on était encore loin des oligarques et du consumérisme ostentatoire d'aujourd'hui. En Union soviétique, il n'y avait pas de téléphones, l'eau coulait brune du robinet, des relents de désinfectant flottaient dans les couloirs et l'on ne nous servait que de la nourriture immangeable, le bortsch y compris. Il n'y avait de décent que le caviar arrosé de vodka mais je devais garder l'œil sur un mineur. Mieux valait aussi que j'en garde un autre sur Roberto vu que, ô surprise, partout de superbes femmes nous offraient de changer des devises au marché noir ou s'offraient elles-mêmes à nous. À Leningrad, nous atterrîmes dans une boîte étonnamment futuriste, occupant une ancienne usine des faubourgs. Le moindre plaisir devait se savourer sous le manteau. Ainsi l'exigeait la loi. Je jurerais que les rares téléphones que je finis par trouver étaient sur écoute. Au temps de Brejnev, la paranoïa faisait partie du quotidien.

Presque tout le monde s'attendait à ce qu'on ne nous montre que des copies. La confiance ne régnait pas précisément entre l'Est et l'Ouest à ce moment-là. Je ne reculai pas pour autant. La collection, objet de notre convoitise, avait été réunie par deux magnats du textile de Moscou, deux rivaux contaminés par le virus de l'art à Paris au tournant du XXe siècle. L'un d'eux, Serge Chtchoukine, vendait des tissus tandis que l'autre, Ivan Morozov, en fabriquait mais tous deux se rallièrent aux impressionnistes et aux post-impressionnistes à une époque où l'establishment persistait à les rejeter.

Chtchoukine devint un proche de Matisse, qui décora sa résidence de Moscou. De même que Heini, Chtchoukine aimait contempler, parfois des journées entières, ses dernières acquisitions, seul dans son bureau. Ses amis ne comprenaient pas ce qu'il trouvait à Matisse, surtout pas aux immenses toiles qui devinrent pourtant si célèbres par la suite. Chtchoukine ne se laissa pas démonter. « Un fou les a peintes, un autre fou les a achetées », leur dit-il. De même que Heini, les deux Russes achetaient en quantité, encore que Morozov ne tînt pas à partager ses tableaux, les gardant pour lui seul. Il soutint Cézanne comme son rival soutenait Matisse. L'un et l'autre furent victimes de la Révolution russe. Les Bolcheviques saisirent leur collection, alors qu'eux-mêmes avaient trouvé refuge à Paris. Les révolutionnaires exposèrent les œuvres dans la résidence de Morozov elle aussi confisquée. En 1948, Staline ferma ce musée, le jugeant « bourgeois et cosmopolite », deux crimes contre l'État communiste. Pour autant que je pusse en juger, la situation n'avait pas vraiment évolué depuis. Quoi qu'il en soit, les tableaux se trouvaient au musée Pouchkine et à l'Ermitage.

À Moscou nous accueillit la tsarine de l'art russe, Mme Irina Antonova, qui vient en 2013, à quatre-vingt-onze ans, de prendre sa retraite, après pas moins de cinq décennies à la direction du musée Pouchkine, où Nikita Khrouchtchev l'avait nommée en 1961. Plus jeune, elle noua une liaison sentimentale avec le pianiste Sviatoslav Richter, en l'honneur duquel elle instaura plus tard un festival de musique au musée Pouchkine. Elle parlait parfaitement anglais, français, allemand et sans doute d'autres langues encore. À la voir aussi auguste que Catherine la Grande, on n'aurait jamais cru l'impérialisme mort en Russie.

Nous allâmes ensuite à l'Ermitage, à Leningrad, aujourd'hui Saint-Pétersbourg, où nous reçut le directeur du musée, Boris Piotrovski, célèbre archéologue spécialiste du Caucase, des Scythes et de la Nubie, qui contribua en son temps à l'étude de la tombe de Toutanhkamon. De fait, il fallait au moins un archéologue pour exhumer les tableaux de Chtchoukine et Morozov enfouis dans les réserves depuis des dizaines d'années. À la mort de Boris en 1990, son fils Mikhail, expert en langues arabes, lui succéda en vertu d'un népotisme tout sauf communiste.

Quelle ne fut pas ma joie lorsque Mme Antonova et le Dr Piotrovski m'autorisèrent à découvrir les œuvres

« décadentes » dans les sombres couloirs et sous-sols des musées en vue de les exposer sous le soleil de la liberté à la Villa Favorita ! Ce fut en proie à une grande nervosité que je réceptionnai les caisses. Les paranoïaques n'avaient pas manqué pour me mettre en garde contre les tentatives des Russes de nous rouler dans la farine en nous envoyant des faux. J'entrepris d'expertiser les toiles : la paranoïa eût mieux fait de rester à Moscou. Elles étaient toutes authentiques. L'exposition, d'une durée de quatre mois, fut la plus courue de toute l'histoire de la Suisse : près d'un demi-million de visiteurs se pressèrent à la villa, sans parler des millions d'autres qui s'empressèrent devant les tableaux en Amérique où le Dr Hammer s'en proclama l'impresario.

Une fête sensationnelle marqua la clôture de l'exposition : un dîner assis à la villa, où l'on accrocha pour l'occasion la totalité des Gauguin derrière les invités. Ce que Heini appréciait le plus dans son héritage culturel hongrois, c'était encore la musique tzigane. Nous fîmes appel ce soir-là à son orchestre favori que dirigeait un violoniste aux gestes exubérants, le Dr Suscz. À en juger par la fougue de Heini quand il dansait la mazurka, on n'aurait jamais soupçonné son peu d'inclination pour le sport. Le spectacle de tant d'aristocrates ivres se trémoussant comme des paysans hongrois et s'amusant me divertit au plus haut point.

Je n'avais qu'une seule crainte : que l'archet du Dr Suscz aux mouvements désordonnés perce l'un des Gauguin hors de prix et provoque ainsi une catastrophe à la Steve Wynn, sans parler de l'incident diplomatique avec la Russie qui en eût résulté. Heureusement, le Dr Suscz sut refréner son enthousiasme juste assez pour nous éviter d'alerter la Lloyd's de Londres. Au dîner, Heini, un peu ivre, porta un toast à l'ambassadeur soviétique en s'engageant, si jamais le mur de Berlin s'effondrait, à céder de bon cœur l'ensemble de sa collection à la Russie, ce qui montre à quel point la chute du communisme demeurait inconcevable à l'époque. Lorsqu'elle survint bel et bien en 1989, nul ne rappela sa promesse à Heini, encore qu'en établissant grâce à sa collection un trait d'union entre Est et Ouest il eût mis la Russie sur le chemin du capitalisme.

Heini rencontra un tel succès avec les impressionnistes russes qu'il réserva un accueil des plus favorables à mon idée suivante : organiser une exposition d'œufs de Fabergé en partenariat avec le magnat de la presse Malcolm Forbes qui venait d'en acquérir un onzième et, avec lui, le droit de se vanter d'en détenir plus que le Kremlin, lequel n'en possédait que dix. Amateur d'art, Forbes, pas franchement du genre accommodant, se passionnait pour les montgolfières. Je proposai d'en fabriquer une à l'image de son nouvel œuf de Fabergé. L'idée enchanta à la fois Forbes et Heini. Se posaient malgré tout deux problèmes. D'abord, le fabricant de ballons déniché par Heini en Angleterre demandait un prix trop élevé y compris pour le baron : trente mille dollars. Même les milliardaires ont leurs limites. Mais pas Malcolm Forbes. À la différence du magazine qui porte son nom, il n'avait rien d'économique. Je tentai de négocier avec son fils Kip mais le père ne voulut pas en démordre : sans ballon, pas d'exposition. Je dus céder. Le baron ne pouvait quand même pas passer pour un pingre.

Pour ne rien arranger, Forbes tenait à ce que Heini monte en ballon avec lui, or ce dernier ne s'en sentait pas le courage. On parvint à un compromis : de longues cordes retiendraient à terre la montgolfière durant l'ascension. Le baron s'élèverait ainsi dans les airs mais pas à la dérive. De retour au plancher des vaches, il se remit de son vertige auprès d'Elizabeth Taylor, l'amoureuse du moment de Forbes. En apparence, nul n'incarnait mieux l'éternel masculin que Forbes qu'on voyait toujours au bras de vedettes ou chevauchant sa Harley. D'où ma stupéfaction quand, en visite au QG new-yorkais de son magazine, je découvris sa collection privée de tableaux de nus masculins du XIXe.

Les bénéfices de la liaison du baron avec Tita ne furent pas à sens unique. Tita se fit une joie de présenter Heini à quelques pontes l'ayant jadis poursuivie de leurs assiduités. Des amitiés insolites se nouèrent. Entre Heini et Kirk Kerkorian par exemple, l'homme le plus puissant de Las Vegas depuis Howard Hughes. À ma connaissance, en dehors de leur fortune et de leur affection pour Tita, les deux hommes n'avaient en commun que leur réputation de se teindre les cheveux. Et en parlant de tapis rouge… Quand Kerkorian nous invita Heini, Tita et moi au Spago, le restaurant de Wolfgang Puck, en 1982, alors qu'il venait tout juste d'ouvrir dans le Sunset Strip et qu'on n'avait plus vu d'établissement aussi sélect et rempli de vedettes à Hollywood depuis l'époque du Brown Derby, aucune star (et Dieu sait pourtant s'il en vint ce soir-là) n'obtint de meilleure table ni ne bénéficia d'un service plus soigné que l'aviateur arménien. Kerkorian proposa gracieusement que son jet nous amène à son hôtel MGM Grand de Las Vegas. À bord, nous

nous mîmes en tête d'enchérir par téléphone pour un Max Beckmann mais la communication ne passait pas. Kirk fit en sorte que l'avion se pose à l'aérodrome le plus proche, le temps pour nous de jouer le jeu de l'art. Sur le tarmac, nous réussîmes enfin à joindre Sotheby's mais renonçâmes au bout du compte à l'œuvre en constatant que personne d'autre ne voulait l'acquérir et qu'elle allait donc être « rachetée » (demeurer invendue, dans le jargon des adjudications). Nous décollâmes alors de nouveau pour Las Vegas. Voilà comment on s'amusait dans la jet set.

Le divorce avec Denise fut aussi vilain que les toiles impressionnistes des Russes étaient superbes. Heini lui réclama devant les tribunaux pas moins de quatre-vingts millions de dollars en dédommagement des bijoux qu'il lui avait « prêtés » et voulait à présent récupérer. À un moment, il fit couper la ligne téléphonique à Daylesford pour empêcher Denise de contacter qui que ce soit. Un peu plus tard, il la fit arrêter à Vaduz, la capitale du Liechtenstein, au motif qu'elle venait de passer la frontière suisse à bord d'un camion rempli de tableaux et de bijoux ne lui appartenant pas. Les autorités la relaxèrent au bout de quelques jours de prison. Heini résolut dès lors de mettre son patrimoine à l'abri de son ex-femme et de la famille Shorto en créant aux Bermudes une société fiduciaire sous le contrôle de son fils aîné Georg, que tout le monde surnommait « Heini junior ».

Si les deux hommes se ressemblaient physiquement, tout les distinguait cependant au moral. Heini était aussi flamboyant que son fils était discret. Georg n'aurait jamais dansé la mazurka : il ne s'intéressait qu'aux affaires. Il collectionnait des tableaux mais seulement de peintres suisses, vivait dans un austère appartement de Monaco, se déplaçait à bord d'avions de ligne, muni d'un simple petit attaché-case, et n'essaya jamais d'occuper comme son père une place prééminente dans la haute société. En somme, l'homme idéal pour veiller sur les intérêts financiers de Heini ; un rempart contre la rapacité de Denise et, en théorie, de celle qui lui succéderait, Tita. Nul ne se doutait à ce moment-là que, vingt ans plus tard, la société fiduciaire se changerait en triangle des Bermudes où d'innombrables millions de la fortune Thyssen disparaîtraient dans les coffres d'avocats lors d'une des pires querelles familiales de toutes les annales de la noblesse.

De toute la progéniture du baron, celle qui tenait le plus de son père, c'était encore Francesca, la fille extravertie de Fiona. Quand je pris mon poste à la Villa, à la fin des années 1970, le tout Londres s'arrachait cette jeune fille de vingt ans. On pouvait compter sur « Chessie », comme on la surnommait, pour mettre partout l'ambiance. Elle venait alors de quitter Le Rosey, l'école suisse haut de gamme fréquentée par les enfants des têtes couronnées (en général divorcées) n'admettant que depuis peu les élèves de sexe féminin. Roberto Shorto aussi y fit un passage dans les années 1960 avant qu'on ne l'en expulse pour y avoir fait exploser une fontaine.

Chessie renonça ensuite à la Suisse au profit de Londres, la ville de sa mère, et s'inscrivit à l'école Central Saint Martins, où étudieraient plus tard Stella McCartney, John Galliano et Alexander McQueen. Elle ne tarda pas à devenir la Paris Hilton de sa génération, célèbre pour laisser entrevoir certaines parties de son anatomie dans des discothèques où abondait la drogue comme le Blitz de Covent Garden où elle connut son petit ami, Steve Strange, un pilier de la boîte fréquentée par Boy George, David Bowie, Pete Townshend et le prince Andrew, le seul du lot qu'on eût volontiers invité à la Villa Favorita. Chessie, Steve, le prince Andrew et sa petite amie Koo Stark, actrice de films érotiques principalement, se réfugiaient le week-end à Daylesford où une meute de Rottweiler les protégeait des incursions des paparazzi. Il leur arrivait aussi de s'envoler pour l'Inde avec Ringo Starr et Barbara Bach, le temps d'y jouer au polo à dos d'éléphant.

Steve Strange n'était pas vraiment un partenaire de choix. Il ne dissimulait pas sa bisexualité, en accord avec l'androgynie de l'époque. Il consommait en outre de l'héroïne, comme le voulait l'époque, là encore. De toute façon, Chessie, pas plus que Heini, n'était du genre à juger autrui. Après tout, imagine-t-on plus déviante que Nina Dyer, dont les déviances servaient d'ailleurs d'aphrodisiaques au baron ? Mordue par le virus de la comédie qui avait déjà contaminé sa mère, Chessie noua plus tard une liaison avec Michael Douglas. Mais, en dernier ressort, son cœur appartenait à son cher papa, et à l'art, plus exactement à l'art contemporain, qu'elle se fit fort de promouvoir. Bien que de sept ans ma cadette, c'était elle qui, dans tout l'entourage Thyssen, s'approchait le plus d'une représentante de ma génération. Elle pressentit que, sous le vernis des conventions, je cachais en moi un glam rocker et peu de temps s'écoula avant que nous ne voyagions ensemble. Nous sommes restés longtemps proches. Je ne connais personne de plus pétulant.

Chessie et Tita n'étaient pas les meilleures amies du monde. La fille du baron n'était pas très aimée non plus de Denise, ni de son frère Roberto : ils partageaient un certain goût pour la nouveauté en matière d'art mais c'est tout.

Une fois les Shorto évincés, quand, à partir de 1985, Tita devint la baronne en bonne et due forme, les déplacements et les achats d'œuvres passèrent à la vitesse supérieure, au point que le comptable du baron, Riccardo Guscetti, bientôt assailli de toutes parts, frôla plus d'une fois la crise cardiaque en découvrant le montant des factures à régler. L'idée d'un baron insolvable semblait absurde et pourtant les registres ne mentaient pas. Heini cumulait les arriérés de paiements, or jouer au plus fin avec ses créditeurs n'était pas digne d'un baron. Guscetti lui conseilla de vendre bon nombre de ses toiles mineures mais Heini aimait chacune d'elles, sans doute plus que ses propres enfants : il ne supporterait pas de s'en séparer. Après tout, sur le papier, il était milliardaire. Pourquoi se soucier d'une vétille comme les liquidités ?

Le baron eut bien quelques velléités d'épargne mais il épargnait comme un prince et non un simple mortel. J'en veux pour exemple les enchères conjointes que nous plaçâmes par téléphone depuis l'hôtel Okura de Tokyo sur un tableau de Gauguin lors de son adjudication par Sotheby's à New York. Heini et Tita, en peignoir, prenaient leur petit déjeuner dans leur chambre tandis que notre partenaire, Jaime Ortiz-Patiño, nous appelait pour sa part de Sotogrande, en Espagne. Petit-fils du Roi de l'étain bolivien, plus riche que le roi Soleil, Jaime, promoteur de terrains de golf, collectionnait tout ce qui touchait à ce sport et au bridge. Et bien sûr des tableaux. Ni lui ni Heini n'étaient réputés pour leur frugalité. Norton Simon venait d'établir un précédent aux enchères conjointes en s'associant au Getty Trust pour acquérir un pastel de Degas de la formidable collection du roi de sucre de New York : Havemeyer. Heini et Jaime optèrent pour l'amour, pas la guerre : plutôt que de faire monter le prix de la toile, ils se la « prêteraient » tous les deux ans et demi. De fait, elle nous coûta seulement quatre millions et demi de dollars ; de quoi arroser notre petit déjeuner de champagne ! Cinq ans plus tard, Jaime résolut de vendre sa part et Heini s'accapara l'œuvre pour 22 millions. Mais comme il en obtint 11 en tant que copropriétaire et ne l'avait payée que 2,25 millions, il fit là une très belle affaire.

Il eût cependant fallu des centaines d'alliances de ce genre pour équilibrer les livres de comptes de Riccardo Guscetti. Se sentant malgré tout en veine, Heini commanda un autre portrait à Lucian Freud. Tita déclara qu'il avait donné au baron vingt ans de plus que son âge. Pour enfoncer son propos, la baronne évoqua l'anecdote du portrait de Winston Churchill commandé par le Parlement à Graham Sutherland. L'artiste voulait peindre un Churchill plus proche du réel. Mais comme celui-ci aimait mieux sa légende, le résultat lui déplut. Il jugea le tableau « malveillant ». Et de fait il déplut encore plus à son épouse Clementine.

Au Parlement, Churchill dénigra l'œuvre par une louange des plus mesurées, la qualifiant de « remarquable exemple d'art moderne ». Au lieu d'être exposée au Parlement comme prévu, la toile revint entre les mains de Clementine, qui la brûla. Tita menaça de suivre son criminel exemple avec le tableau de Freud.

Ce qui ne l'empêcha pas de commander un autre portrait à un peintre espagnol du nom de Macaron. Le tableau de Freud, en dépit des doigts exagérément allongés de Heini pareils à des serres d'aigle, me plut énormément. Ne le brûlez pas ! suppliai-je Heini, lui proposant de l'en débarrasser, quitte à le lui racheter. Il n'y consentit pas.

En revanche, il me prêta la toile, que j'accrochai pour commencer dans notre maison en bord du lac, puis à notre nouveau domicile, dans la campagne genevoise. Chaque année, Sotheby's procédait à une estimation de la collection du baron et donc du Freud, dont la valeur ne cessait d'augmenter. Quand celle-ci dépassa les 500 000 dollars, j'estimai plus prudent de l'installer dans mon bureau de Genève équipé de nombreux dispositifs de sécurité, plutôt que dans notre hameau isolé. Au cours de ma vie, j'ai sans doute passé plus de temps à observer cette toile au mur de mon espace de travail que n'importe quelle autre. J'en vins d'ailleurs à m'y attacher. Malheureusement pour moi, le prix du portrait que Tita avait voulu incendier finit par atteindre le million de dollars. « J'ai l'impression qu'il commence à me plaire », déclara Tita, un sourire narquois aux lèvres. Elle entreprit dès lors de le soustraire à ma garde, le plus courtoisement du monde, bien entendu. Malgré tout, Lucian Freud et Tita ne devinrent jamais bons amis. Si elle révisa son opinion sur lui, il ne modifia pas la sienne.

L'un des nouveaux amis que Heini appréciait le plus à l'époque où il m'employait n'était autre qu'Alfred Taubman, le magnat de l'immobilier de Detroit. Ils formaient un drôle de tandem, le baron du vieux continent et le roi des centres commerciaux du nouveau monde. À l'instar de Peter Wilson, Heini Thyssen s'épanouissait au contact vivifiant de la nouveauté. Nous organisâmes une immense fête à la Villa Favorita, où l'on dansa le *Square dance*, en l'honneur d'Henry Ford, lui aussi originaire de Detroit, de « Big Al » comme on surnommait l'imposant Taubman, et de son épouse Judy, une ancienne Miss Israël dont la parfaite connaissance d'une pléthore de langues étrangères en eût fait une excellente interprète aux Nations unies. Judy avait jadis présenté des bijoux lors d'adjudications chez Christie's ; dans le jargon du métier, elle fut ce qu'on appelle une « show girl » (à ne pas confondre avec celles de Las Vegas). Une célèbre photo la montre d'ailleurs avec un collier de diamants. Elle ne tarderait pas à prendre la direction des éternels rivaux de Christie's : en 1982, Al Taubman, tel un chevalier à la blanche armure, sauva Sotheby's d'une tentative de rachat menée par deux investisseurs new-yorkais, Marshall Cogan et Stephen Swid, qui se jetèrent sur la maison de vente en désarroi à la veille du décès subit de Peter Wilson à Paris, des suites de son diabète, en 1984. Wilson n'avait alors que soixante et onze ans. Moi-même choqué par sa disparition, j'imagine sans peine à quel point la maison dut se retrouver sens dessus dessous.

Je n'avais plus beaucoup revu Wilson après mon embauche par Heini, mon nouveau poste s'avérant la plus jalouse des maîtresses. Il demeurait cependant présent dans mon esprit, chaque fois qu'il me fallait prendre une décision. Que ferait-il à ma place ? Comment gérerait-il la situation ? Voilà les questions qui me guidaient. J'eus du mal à admettre que Peter prenne sa retraite en 1980 à soixante-sept ans. Peter, c'était Sotheby's. Du moins en incarnait-il la version moderne. Mais il aimait l'art plus encore que la maison de vente et se réjouit de s'occuper dorénavant de ses jardins, de ses tableaux et de ses antiquités au château de Clavary, dans le sud de la France. Cela dit, il ne s'éloignait jamais beaucoup de son téléphone. Comme moi, Sotheby's s'en remettait à sa sagacité à tout point de vue, y compris lors du rachat par Taubman à la veille de sa mort.

J'allai à Londres adresser un ultime adieu à Peter lors de ses funérailles. À l'église Saint-George, à deux pas de Bond Street, le gratin de l'aristocratie et du milieu de l'art vint ce jour-là entonner des hymnes et rendre hommage au responsable de la transformation de Sotheby's – et, accessoirement, de la mienne. Je reconnus parmi l'assemblée les mêmes têtes qu'on retrouvait aux ventes de premier plan chez Sotheby's. Wilson avait nommé à sa succession son cousin David Westmoreland, un lord encore plus de la vieille école que lui et qui, à en juger par son apparence, ne se livrait pas aux excentricités de son proche parent.

Un autre aristocrate présida le service funèbre : Lord Jellicoe, le fils d'un célèbre amiral héros de guerre qui fut le dernier Premier lord de l'Amirauté britannique (c'est fou ce que Sotheby's raffolait des amiraux). Lord Jellicoe illustrait à sa manière le crépuscule de l'empire : dans les années 1970, il dut renoncer à son éminente position à la chambre des Lords quand on découvrit qu'avec son collègue Lord Lambton il avait recouru aux services de la célèbre pourvoyeuse de call girls Norma Levy. Aucun scandale de cet ordre ne secoua à ce point l'Angleterre depuis l'affaire Profumo.

Sotheby's semblait parti pour suivre le même chemin de décadence. Il ne faut dès lors pas s'étonner de son rachat par le lord des centres commerciaux.

À en croire la rumeur, Taubman voulait contrôler Sotheby's pour se venger du snobisme des Anglais qui le traitaient sans ménagement lors des ventes aux enchères. Il n'eut en tout cas à se plaindre d'aucune forme de snobisme de la part de Heini. Le seul à plaindre, au final, ce fut moi, incapable de dénicher en Europe un authentique orchestre de *square dance* capable de jouer la musique country fil conducteur de la soirée. Heini avait beau apprécier le Dr Suscz et ses violonistes tziganes, cette fois, ils ne feraient pas l'affaire. Je prouvai que je ne manquais pas de ressources (et sauvai mon poste) en contactant une base de l'armée des États-Unis à Heidelberg, en Allemagne : on m'y aiguilla vers un orchestre de *square dance* que je fis venir à Lugano à bord d'un avion de transport de troupe. Al, Judy, Heini et Tita enchaînèrent les figures de quadrille toute la soirée. Je m'attendais à ce que les deux reines de beauté se découvrent des atomes crochus mais les penchants intellectuels de Judy et l'attachement de Tita aux plaisirs terrestres s'accordaient comme le feu et l'eau.

Dès qu'il se fut emparé de Sotheby's, Big Al nomma Heini au conseil d'administration, qui comprenait le capitaine d'industrie automobile de Detroit Max Fisher, son homologue de Turin Gianni Agnelli, le vicomte Petersham du *Financial Times*, la duchesse de Badajoz (sœur du roi d'Espagne), Ann Getty (l'une et l'autre marraines de Borja) et Seiji Tsutsumi, propriétaire de la chaîne de grands magasins Seibu à l'origine des expositions ayant alimenté la vogue des impressionnistes au Japon dans les années 1980. Lors des réunions semestrielles du conseil d'administration, dans un cadre à chaque fois splendide, tel le salon de la collection Frick, où j'accompagnai le baron à un dîner, j'entendis rarement Big Al parler d'art. Il ne sortait de son apathie que lorsqu'il était question de placement.

Pas dans le sens financier du terme mais dans un contexte de placement de marchandises et d'emplacement idoine, comme dans un centre commercial. Nul ne dominait le sujet mieux que lui. Il en était l'Einstein : le magicien du flux de clients et du débit de marchandises. Heini songeait à bâtir à la Villa Favorita un musée assez vaste pour héberger sa collection en expansion constante. Il me confia l'organisation d'un concours entre architectes de renom. Captivé par le défi de créer un écrin de présentation digne des œuvres du baron en s'appuyant sur les préceptes en vigueur dans les centres commerciaux, Al Taubman prit plus d'une fois plaisir à esquisser l'espace de ses rêves au crayon sur un bout de papier.

Ce fut au cœur de cette amitié naissante entre Al et Heini que Sotheby's me plaça dans une position ô combien délicate en me proposant de « revenir au bercail ». M'approcha d'abord Michael Ainslie, le P-DG d'Al, un aimable natif du Tennessee à l'accent traînant du sud, diplômé de Harvard, rappelant George Bush senior. Ancien promoteur immobilier, il avait présidé le National Trust for Historic Preservation. Ce n'était donc pas qu'un homme de chiffres mais aussi de culture. Son charme incontestable démentait le stéréotype européen de l'homme d'affaires yankee, sorte de cow-boy parvenu ; un cliché dont devait également se débarrasser Al Taubman. Mais tout le charme du monde n'aurait pas réussi à me détacher aussi promptement du baron.

Ainslie insista. Comme Sotheby's avait assuré ma formation et m'avait mis le pied à l'étrier et que, sans eux, je n'aurais pas connu le baron, c'eût été ingrat de ma part de les envoyer promener. Et c'eût été impoli de refuser l'invitation d'Ainslie à New York, le temps d'écouter ses arguments. Je m'y rendis donc, quoique pas en Concorde, un moyen de transport plus digne de Heini. Chez Sotheby's, alors en pleine période de vaches maigres, on ne menait pas grand train. On me logea toutefois au Carlyle et je fus invité à dîner chez la nouvelle directrice financière de la maison, Dede Brooks, dans l'Upper East Side. L'ambiance résolument américaine du repas centré sur l'ordre du jour, ajouté au QG moderne flambant neuf mais à bas coût de la maison (surnommé par dérision « le palais du peuple ») sur les terres encore inexplorées de York avenue, me fit mesurer l'étendue des changements survenus depuis mon départ.

Véritable pile électrique, grande et athlétique, Dede Brooks semblait bien sous tous rapports. Si l'on devait un jour réaliser un film sur sa vie, il faudrait confier son rôle à Helen Mirren. Dede sortait du même moule – de la même école, en l'occurrence – que George Bush (Yale), même si elle s'y distingua peut-être moins que lui sur les terrains de sport. Son mari, lui aussi sportif et présentant on ne peut mieux, travaillait, si je me souviens bien, dans la finance (mais de qui ne pouvait-on en dire autant dans l'Upper East Side ?) Dominant l'assemblée, elle me bombarda de questions, dont je ne me rappelle pas une seule.

Assista également au dîner Robert Woolley, chargé d'apporter une touche de légèreté à nos discussions d'affaires. Ce commissaire-priseur de Sotheby's était connu pour se promener aux soirées qu'il donnait chez lui avec un perroquet sur l'épaule, tel le pirate Long John Silver. Woolley était anglais, de même que le couple, également présent ce soir-là, formé par David Nash, à la tête du département des impressionnistes, et Lucy Mitchell-Inness, responsable de l'art contemporain. Je suppose qu'on les avait conviés pour me mettre à l'aise, moi, l'Européen. Il ne m'apparut pas moins évident que le centre de gravité de Sotheby's s'était déplacé de l'autre côté de l'Atlantique.

Sotheby's restait toutefois Sotheby's et, plus Michael Ainslie me courut après, plus son offre me parut difficile à repousser. Ce qui me manquait vraiment, c'étaient les ventes aux enchères, or le poste qu'Ainslie m'offrait me permettrait de manier le marteau, chose impossible au service du baron. De nouveau en proie à une indécision à la Hamlet, je songeai que la personne la plus indiquée vers laquelle me tourner, histoire de jouer franc jeu et de préserver notre entente (il me semblait désormais faire moi-même partie de sa grande et impossible famille), c'était encore Heini. Plus aimable que jamais, il m'enjoignit de suivre la voie la plus propice à ma carrière, quelle qu'elle fût. Jamais il ne me mettrait de bâtons dans les roues face à une occasion en or. Ma principale conseillère, la plus avisée, Isabel, qui m'avait incité à faire preuve d'audace en quittant Sotheby's, me poussa tout aussi hardiment à y revenir.

Lorsqu'il vint à Lausanne s'entretenir avec moi, Michael Ainslie se montra des plus généreux : il m'offrit de réintégrer Sotheby's à la direction de la branche suisse (Jurg Wille ayant pris sa retraite) et en tant que DG Europe en poste à Genève. De tels titres en imposaient certes plus que les tâches qu'ils impliquaient mais n'étaient pas à dédaigner dans notre commerce d'images. Ainslie consentit en outre à ce que je continue à travailler pour le baron une journée par semaine. Si j'allais ainsi obtenir le beurre et l'argent du beurre, Sotheby's comptait bien faire le sien grâce à moi.

Nos négociations butèrent sur un seul point : je réclamai un téléphone portable. En 1986, ces appareils évoquaient encore James Bond, pas Steve Jobs : seuls en utilisaient les représentants des forces de l'ordre et peut-être quelques agents secrets. Chez Sotheby's, où l'on se serrait la ceinture, l'heure n'était pas aux gadgets. J'essayai d'expliquer que je n'exigeais rien de comparable à un voyage en Concorde : un portable faciliterait après tout la communication avec quelqu'un qui, comme moi, passerait le plus clair de son temps sur les routes. J'évoquai le film *Mardi, c'est donc la Belgique*, histoire d'illustrer le genre de cible mouvante que j'allais constituer. Ainslie finit par céder et me voilà lesté de ce colossal exemple de technologie dernier cri que je transbahutai d'un bout à l'autre du continent dans une énorme valise digne d'un VRP.

Je m'apprêtais à sceller mon sort avec Sotheby's quand la fortune me réserva un mauvais coup. Heini et Tita venaient de se rendre à un gala du conseil d'administration de Sotheby's à New York. Hélas, la soirée n'eut pour eux rien d'un gala. Heini me réveilla au beau milieu de la nuit à Lugano ivre de rage, se plaignant qu'on leur avait réservé, à Tita et lui, les pires places au dîner, à côté des cuisines dont les portes n'arrêtaient pas de claquer. Il comptait quitter le conseil d'administration et ne plus rien avoir à faire avec Sotheby's jusqu'à la fin de ses jours ou ceux de sa fondation. En somme, voilà Sotheby's maudite pour l'éternité. Par conséquent, moi non plus je ne devais plus m'approcher de la maison. En voilà autant pour ma brillante carrière de commissaire-priseur.

Je passai le reste de la nuit à préparer mon discours contrit à Michael Ainslie sur l'air de « je le regrette sincèrement ». Mais avant que je ne l'appelle, je reçus un coup de fil de Heini, qui ne fit aucune allusion à l'épisode de la veille. Comme s'il ne s'agissait que d'un mauvais rêve. L'incident me rappela (mais à l'envers) les *Lumières de la ville* de Chaplin, quand le vagabond se lie avec un millionnaire soûl qui l'apprécie beaucoup en état d'ébriété mais nie le connaître une fois dégrisé. Au final, j'empaquetai mon Lucian Freud prêté par le baron et préparai à la fois mon installation à Genève et mon retour chez Sotheby's.

Je n'avais pourtant pas besoin de son portrait pour garder le baron présent à l'esprit. Mes tentatives de trouver un architecte en mesure de réaménager la Villa Favorita pour y abriter l'énorme quantité d'œuvres acquises en l'espace des sept dernières années s'étaient heurtées au mur infranchissable de la paperasserie et de la frugalité suisses. Heini estimait qu'au vu de la quantité de touristes attirés par sa collection à Lugano, la Confédération méritait de financer l'extension de son domaine. La Suisse refusa. Ne se laissant pas démonter par cette rebuffade, Heini fit savoir qu'il présenterait sa collection dans le pays qui lui témoignerait la considération dont lui avait manqué la Suisse. Commença dès lors une redoutable compétition internationale digne de Machiavel, Richelieu et Metternich réunis. Le plus gros coup de l'histoire du baron, et le plus gros transfert d'œuvres de l'histoire tout court, nous guettaient au tournant.

15

SI J'AVAIS UN MARTEAU

Mon retour chez Sotheby's à Genève ne souleva pas moins de difficultés que mon arrivée à la Villa Favorita. De même que mon prédécesseur, Sandor Berkes, ne s'était pas précisément félicité de ma présence, mon ancien chef, l'ex-para et commissaire-priseur Nicholas Rayner, ne bondit pas de joie en me retrouvant, surtout que j'étais désormais son supérieur. Il commença par m'annoncer qu'à son grand regret, il n'y avait pas de place disponible pour moi au QG de Sotheby's. Il me proposa fort aimablement d'installer mon bureau dans l'annexe à l'autre bout de la ville, autant dire en Sibérie. Je refusai avec non moins d'amabilité. Nous finîmes par trouver une solution pour le plus grand bien de Big Al et dans l'esprit même de Peter Wilson.

Ce fut en m'inspirant du style de Rayner que je parvins à maturité en tant que commissaire-priseur. Peter Wilson m'avait donné lors de mon premier passage chez Sotheby's un savoureux avant-goût des enchères qui m'attiraient plus que tout. Vu qu'à Genève, on adjugeait surtout des bijoux, j'entrepris d'abord de me faire la main à Monaco avec des livres rares. La loi monégasque n'autorisait que les sujets du royaume à manier le marteau. Je dus donc manipuler comme ma marionnette l'éternelle Mme Maquet en lui guidant le bras – de quoi raidir définitivement ma façon de procéder.

Ce qui me raidit, moi (et mon ego par la même occasion), ce fut la note que m'attribua Peter Batkin, chargé chez Sotheby's d'évaluer les commissaires-priseurs à la manière du guide Michelin en prenant en compte tout un ensemble de critères : élégance, rythme et maîtrise globale du processus. Je croyais m'en tirer plutôt bien après mes sept années loin de l'estrade. Batkin ne se montra pas de cet avis. « Il faut qu'on parle », m'annonça-t-il un beau jour, d'un ton soucieux. Il me prit à part, le temps de me communiquer mes affligeants résultats dans toutes les catégories. Je me sentis au plus mal : un échec abyssal.

Je ne me décourageai pas pour autant mais persévérai en m'inspirant des grands maîtres ès adjudications et en songeant à la façon dont eux s'y prenaient. Ma principale référence en la matière restait bien entendu Peter Wilson, détenteur de tant d'autorité et de force de persuasion qu'un simple murmure de sa part du haut de l'estrade incitait l'assistance tout entière suspendue à ses lèvres, à tendre l'oreille. Je pris aussi modèle sur John Marion qui, à New York, mettait alors ses pas dans ceux (de géant) de son père Lou Marion. Le voir à l'œuvre, c'était un peu comme d'admirer John Wayne en selle : il dominait la situation avec un mélange d'assurance et de désinvolture digne de l'Ouest sauvage. Des années plus tard, je me rendis à Dallas à l'occasion d'une adjudication pour le Bal des Beaux-Arts. Partageant en alternance l'estrade avec un commissaire-priseur haut en couleur, spécialiste du bétail, je m'efforçai alors de retrouver l'esprit de John Marion.

Mon troisième modèle ne fut autre que Nicholas Rayner lui-même : un comédien né, le Laurence Olivier des maisons de vente, capable d'imprimer une nouvelle inflexion à sa voix au beau milieu d'une adjudication et de créer du même coup un suspense proprement hitchcockien. Il organisait des enchères spectaculaires. Pas besoin d'y participer pour les apprécier. Je compris en l'observant que je devais faire preuve de plus de vivacité – il n'y a pas d'autre mot – et m'attelai dès lors à la tâche. Rayner était tout bonnement génial, or comme j'ambitionnais de l'égaler je m'ingéniai à en faire mon bon génie.

Mon premier coup d'éclat à Genève, ou plutôt *notre* premier coup d'éclat (à Rayner et moi) en avril 1987 ne fut autre que la vente des bijoux de la duchesse de Windsor. À sa mort en avril à Paris, un an plus tôt, elle avait légué ses trésors à l'institut Pasteur. Il revenait à présent à son exécutrice testamentaire Me Suzanne Blum, une dame de fer pas du genre à plaisanter, de les convertir en espèces sonnantes. Nicholas Rayner déploya tout son considérable charme dans le but de s'en charger.

Par chance, mon adversaire si plein de morgue, Géza von Habsburg, avait alors quitté Christie's, privant nos rivaux de leur aristocratique atout. Chez la concurrence, c'était à présent à Hans Nadelhoffer, le spécialiste de Cartier (que le sida emporterait hélas l'année suivante), d'assurer le spectacle. En ce temps-là, on ne sortait pas encore l'artillerie lourde des pseudo-catalogues et tout le tralala lors des présentations, comme dans les années 1990. On se contentait encore d'un déjeuner, or nul n'en donnait de plus réussis que Nicholas Rayner. Je fis pour ma part office de dessert, et Me Blum, toujours impassible, par reconnaissance, se tourna vers nous.

Une fois la vente en poche il nous parut bon de ressusciter de notre mieux le talent de Peter Wilson pour les relations publiques. Notre réussite dépassa nos plus folles espérances. Nous mîmes l'accent sur l'aspect romanesque de la collection : l'homme qui avait renoncé au trône d'Angleterre pour son grand amour lui avait exprimé son attachement par le truchement de bijoux, l'assortiment de joyaux le plus dispendieux de tous les temps. Les moindres journaux de la planète brodèrent à l'envi sur ce thème, laissant de côté l'absence nettement moins romanesque d'ébats charnels au sein du couple, l'homosexualité du duc, ses sympathies pour Hitler, et les calculs égoïstes de la duchesse, pour se concentrer sur leur passion pleine de panache.

Nous mîmes en avant les saphirs, les pierres préférées de la duchesse, de la couleur de ses yeux, ses broches à l'effigie d'animaux, en particulier les panthères de Cartier, et le diamant de Golconde de trente et un carats ayant jadis appartenu à Mme Evalyn Walsh MacLean de Washington, la propriétaire du diamant Hope. Nous avions plus d'anecdotes à raconter qu'il n'y avait de magazines pour les relayer. En mars, en prélude à la vente, nous présentâmes dans les locaux de Sotheby's de York avenue, à New York, la centaine de pièces de la collection. La foule accourut. Voilà désormais tous les regards braqués sur nous.

Comme de juste survinrent quelques coups de théâtre. Nous nous attendions à un triomphe mais émaillé de péripéties. Les salons de l'hôtel Beau-Rivage jouxtant nos locaux de Genève n'étant pas de taille à accueillir la considérable assistance sur laquelle nous tablions, nous sollicitâmes auprès des autorités municipales la permission de dresser un immense chapiteau au bord du lac. Michael Ainslie, se méfiant des risques de coupure de courant, due ou non à la malveillance, insista pour installer un générateur de secours, ce dont je m'occupai. Il fallait beaucoup de jus aux équipes télé du monde entier. Le moment venu, un millier d'enchérisseurs se mêlèrent à trois cents journalistes sous notre dôme de fortune et six cents Américains eurent le privilège de prendre part aux enchères en direct de York Avenue via un circuit fermé de télévision. On se serait pour un peu cru à un combat de boxe dans la catégorie poids lourds. Mais avant même le premier coup de cloche la victoire de Sotheby's lui était déjà garantie.

Je me réjouis de me retrouver placé auprès de Lord Gowrie, le ministre des Arts de Margaret Thatcher, nouveau président de Sotheby's Europe, et à ce titre mon supérieur direct. Originaire de Dublin, Gowrie avait quelque chose d'un poète : il avait enseigné la littérature à Harvard avant que le poète Robert Lowell ne l'engage comme assistant. Il n'était pas du genre à aller droit au but comme Dede Brooks, encore que Big Al nous eût à tous bien mis en tête que l'important, c'était de gagner. Alors que rien n'aurait pu mieux se passer, tout d'un coup, comme dans le cauchemar de Michael Ainslie, survint une coupure d'électricité. Après ce qui parut une éternité (en réalité quelques secondes) notre générateur prit le relais et le spectacle put continuer. La police nous informa le lendemain que les lignes électriques avaient été sectionnées à la hache mais impossible d'imputer le crime à qui que ce soit de chez Christie's. Pour le coup, c'eût été une affaire croustillante.

Ce que l'histoire en tout cas retint de la vente fut l'initiative prise par la plus grande accumulatrice de bijoux de Hollywood, Elizabeth Taylor, de décrocher son téléphone auprès de sa piscine de Bel-Air pour enchérir sur (et acquérir) les plumes du Prince de Galles, une broche en diamants à l'image du blason du prince ; le genre de pièce digne des joyaux de la couronne d'une autre Elizabeth, la reine d'Angleterre, pas de Hollywood. « ET » intéressait plus les médias qu'Elizabeth II, ne serait-ce qu'en raison de la dimension féministe de son geste. C'était bien la première fois qu'elle s'achetait elle-même un bijou. Il lui en coûta près de 600 000 dollars. Elle n'avait pas besoin de Nicky Hilton, Mike Todd, Eddie Fisher ou Richard Burton pour lui offrir des parures. Son acquisition marqua un grand pas pour les femmes. Et ce grand pas, elle le réalisa chez Sotheby's. Chaque fois que je vois la photo par Helmut Newton d'une Elizabeth Taylor resplendissante avec ces « plumes » auprès de la piscine d'où elle lança son offre, je me rappelle notre grand soir sous le chapiteau.

La vente ne rapporta pas seulement en termes de publicité. Beaucoup de pièces s'arrachèrent à plus de dix fois leur prix d'estimation. Nous empochâmes un montant brut de plus de 50 millions de dollars, un record pour la Suisse et en matière de bijoux. Là-dessus, je pris le chemin de Moscou et de mon prochain triomphe. Au service, un jour par semaine, du baron Thyssen, je l'avais accompagné en Russie, début 1988, à l'occasion d'un déjeuner avec Mme Gorbatchev. Mais à l'aéroport : impossible de mettre la main sur mon passeport, oublié à la réception de mon hôtel. Heini Thyssen n'attendait pas. Il me laissa sur le tarmac. Une fois mes documents récupérés, j'embarquerais à bord d'un vol commercial. Le fonctionnaire du ministère de la Culture qui nous escortait eut la gentillesse de me reconduire en ville. En chemin, je lui confiai que la perspective d'une vente aux enchères d'œuvres d'art à Moscou me semblait des plus exaltantes ; la dernière remontant à l'ère pré-Lénine. À ma grande surprise, mon idée retint l'attention de mon interlocuteur. Il ne soupçonnait évidemment pas quel vent de folie m'emportait alors.

Creusons la piste, conclut-il. À l'occasion d'une précédente visite à Moscou, je m'étais rendu avec mon ami Paul Jolles, l'ex-président de Nestlé, toujours par monts et par vaux à l'affût d'œuvres, dans les ateliers clandestins d'artistes russes « non officiels » : Erik Boulatov, Ilia Kabakov, Oleg Vassiliev, dont la renommée s'étendrait plus tard à la planète entière. Ils se terraient alors dans de rustiques habitations, pour la plupart décrépites, des faubourgs de Moscou ; des bidonvilles en expansion rappelant Bombay ou Calcutta, et malgré tout les seuls foyers de création artistique dignes de ce nom en Union soviétique. L'art « officiel », celui qui ouvrait les portes du Syndicat des artistes, relevait des relations publiques au bénéfice du Parti : bustes de Lénine, portraits de Staline, représentations de travailleurs joyeux et d'agriculteurs épanouis. De simples leurres, tout comme la puissance de l'URSS, que l'avenir ne tarderait d'ailleurs plus à dénoncer. Les artistes officiels n'en étaient pas moins les seuls à obtenir du matériel, de la peinture, des pinceaux, des toiles, et une rétribution. Les autres ne recevaient rien ou, au pire, une balle dans la peau. À un moment, ils montèrent une exposition en forêt. Le Parti et le KGB en eurent vent et rasèrent le terrain. Ces artistes n'avaient pour ainsi dire pas d'existence légale au sein du régime stalinien.

Mon projet de vente aux enchères les sortirait du placard pour les introduire dans le monde des collectionneurs. J'avais vu leurs œuvres, d'excellente qualité. Elles trouveraient à n'en pas douter preneur auprès des amateurs d'art étrangers à tout parti pris idéologique. Voilà pourquoi, lorsqu'au cours du long trajet vers mon hôtel je fis un peu étourdiment part de mon idée à mon accompagnateur du ministère, je m'attendis à ce qu'il me descende en flammes, voire à ce qu'il me descende tout court. Lorsqu'il me répondit malgré tout « creusons la piste », je pris conscience que les temps changeaient pour de bon en Russie. La Perestroïka et la glasnost ne relevaient pas que de la propagande mais reflétaient un réel dégel de l'iceberg soviétique.

À New York, je tentai de rallier à ma cause ma hiérarchie, quoique sans grand espoir, vu les difficultés logistiques qui s'annonçaient et le peu de profits à escompter. En ce temps-là, on n'entendait pas encore parler des oligarques ni des fortunes privées. Qui en Russie songerait à enchérir sur des œuvres d'artistes non officiels ? Il n'y avait pas d'argent dans le pays. Al Taubman, dans les veines de qui coulait du sang russe, et notre P-DG Michael Ainslie, le brave gars du Tennessee qui n'en avait pas une goutte, ne m'en encouragèrent pas moins. Ils donnèrent leur feu vert à mon projet chez les rouges. Armé de son MBA de Harvard, Michael pressentit les formidables bénéfices en termes de publicité que vaudrait à Sotheby's son positionnement inédit : « première en Russie, première dans le reste du monde ! » De quoi enfoncer Christie's une fois pour toutes.

L'événement fut digne d'une production de Cecil B. DeMille. Nous y inclûmes les œuvres de descendants de l'avant-garde russe, Rodtchenko, Stepanova, Oudaltsova et d'autres encore, de manière à replacer dans leur contexte historique les artistes de la nouvelle génération, comme Ilia Kabakov, un Juif opprimé contraint de gagner son pain en illustrant des livres « officiels » pour la jeunesse. Nous montrâmes en « avant-première » les pièces à New York et Londres et fîmes venir à Moscou à bord de vols charters les collectionneurs dont seuls les considérables moyens financiers permettraient aux enchères de décoller. Nous réunîmes soixante-quinze grosses fortunes d'Europe et d'Amérique et plus de journalistes qu'à un mariage, ou même un divorce, à Hollywood. On exposa les œuvres dans l'immense complexe hôtelier « Sovintsentr » à l'entrée interdite à la plupart des citoyens soviétiques.

Je me chargeai moi-même de la vente au Sovintsentr non sans une certaine nervosité. Forcément ! Trois mille personnes se pressaient dans la salle. Je m'apprêtais à monter sur l'estrade quand j'appris que les liaisons téléphoniques avec les enchérisseurs ne fonctionnaient pas. Mes collègues se démenaient comme des fous, le combiné à la main, sans résultat. Je me crus en route vers le billot. Le couperet menaçait de s'abattre sur ma nuque lorsque la joie éclaira les mines de mes collègues au téléphone. Les communications venaient enfin de se rétablir, un quart de seconde avant le début de l'adjudication. Miracle à Moscou ! Heureusement, il y avait de la vodka pour donner du courage au besoin et, bien que je reste en principe d'une sobriété à toute épreuve dans ce genre d'occasion, il me parut bon, à Moscou, d'imiter les Moscovites. D'ordinaire, les artistes n'assistent pas aux ventes, par crainte de mauvais résultats. Mais les nôtres comptaient sur celle-là pour sortir de leur anonymat. À chaque œuvre trouvant preneur, ils bondissaient de joie en se donnant l'accolade, dans le plus pur style socialiste. Tout le monde y gagnait ! Ce fut la seule adjudication de ma carrière où un tonnerre d'applaudissements retentit au moindre coup de marteau. De quoi rendre l'ambiance euphorique. Je n'ai depuis plus rien vécu de comparable.

Sur mon estrade, je me sentais un peu dans la peau de Lénine, redistribuant les richesses à mon échelle ; un sentiment d'autant plus prégnant que la vente d'œuvres d'art provoque immanquablement en moi des pics d'adrénaline. Cela me ravissait de voir sourire ces Russes aux mines aussi austères que l'hiver dans leur pays. Surtout, cela me ravissait de procéder moi-même à l'adjudication. Je me distanciai pour le coup de l'ombre de Nicholas Rayner en mêlant au meilleur de son style flamboyant une touche d'irrévérence façon cow-boy à la John Marion et autant de flegme britannique à la Peter Wilson que possible pour le pauvre prétendant suisse au trône de Sotheby's que j'étais alors.

Pour la première fois de leur rude existence, les artistes russes dont j'adjugeai les créations allaient empocher grâce à elles de l'argent, et bien plus qu'ils n'en avaient jamais rêvé. Grisha Bruskine en perdit ses lunettes. Je le surpris, à l'issue de la vente, en train de les chercher à quatre pattes par terre. « Ne fais pas l'imbécile, Grisha. Arrête l'exhortait sa femme. Tu n'as qu'à t'en acheter d'autres. Tu es riche, maintenant. » L'une de ses œuvres venait d'atteindre 400 000 dollars alors que son prix d'estimation, optimiste qui plus est, ne dépassait pas les 12 000. De quoi donner un avant-goût des orgies des décennies à venir. « Arrête, Grisha. Relève-toi. Tu es riche », n'arrêtait pas de lui répéter sa femme. Grisha n'en continua pas moins à chercher ses lunettes à tâtons : la réalité lui semblait trop belle pour être vraie.

Grisha Bruskine ne fut pas le seul artiste non officiel à devenir ce soir-là une vedette. Il en alla de même d'Igor Kopystiansky. Il avait tenté peu auparavant d'échanger une de ses toiles contre un appareil photo Nikon dernier cri pendant telle une inestimable icône au cou d'un collectionneur américain en visite dans son atelier. Cet appareil devait valoir à peu près 2 500 cents dollars, une coquette somme aux yeux de l'artiste. Le collectionneur refusa. Aux enchères, la toile que Kopystiansky avait cherché à lui fourguer partit à près de 75 000 dollars. Et qui l'acheta ? Elton John. À Moscou, ce soir-là, il n'y eut sans doute pas de vodka assez forte pour noyer les regrets du propriétaire du Nikon.

La répugnance de Grisha Bruskine à se relever et considérer comme perdues ses lunettes ne tarda toutefois pas à se justifier. La totalité de ce que rapporta la vente, près de 2 millions de dollars, revint au ministère de la Culture, chargé de redistribuer la somme aux artistes, qui n'en virent pas la couleur. Qui s'enrichissait alors en Russie ? Des courriers de protestation ne tardèrent cependant pas à pleuvoir et le coup d'éclat de Sotheby's menaça de lui porter le coup de grâce. Il ne fallut ni plus ni moins que Margaret Thatcher pour sauver la situation. Lord Gowrie, son ex-ministre des Arts, alla se plaindre que les Russes ne tenaient pas leur parole. Gorbatchev devait alors s'entretenir à Londres avec Mme le Premier ministre. Elle fit savoir que l'attitude des Russes ne trouvait pas grâce à ses yeux. La veille de la venue de Gorbatchev, on informa Sotheby's que chaque artiste avait bien reçu son dû. L'argent mis à part, la vente marqua un tournant dans l'histoire culturelle de la Russie. Peu après, le despotique syndicat des artistes s'effondra en même temps que le communisme, et les « non officiels » purent enfin s'acheter du matériel, voyager et, pour certains d'entre eux, accéder au statut de vedette.

La vente révolutionna la scène artistique russe mais aussi ma carrière. J'y acquis ma réputation et mes prestations, une sorte d'aura. Le monde s'apprêtait à basculer sous le signe de la publicité. Il semble d'ailleurs bien parti pour continuer sur sa lancée, n'en déplaise aux Kardashian, or je me trouvais au bon endroit muni du bon instrument. Mon marteau devint mon passeport, le moteur de ma carrière. Je me chargeai après cela de plusieurs ventes à retentissement pour le compte de Swatch, le nouveau fabricant suisse de montres à bas prix hautes en couleur. Les coloris attractifs et la pléthore de modèles existants de Swatch (qui signifie « *second watch* » ou « montre de rechange ») convertirent celles-ci en objets de collection très tôt dans l'histoire de l'entreprise, fondée en 1983.

Quand, peu après mon retour dans le giron de Sotheby's, je soumis à ma hiérarchie l'idée paradoxalement chic de vendre quelques-unes de ces montres du peuple, je semai la consternation parmi les experts en horlogerie de Londres : la maison y perdrait son honneur et sa dignité ! J'insistai et finis par obtenir gain de cause. En 1986, le grand joaillier Gianni Bulgari emporta toutes les Swatch aux enchères à cinq fois leur prix de départ. Un journaliste lui demanda s'il avait perdu la tête. Bulgari lui conseilla de revenir lui poser la question quelques années plus tard.

Bulgari n'était pas fou. Ma vente suivante de Swatch (et rien que de Swatch) eut lieu dans une boîte de Milan pleine à craquer de mannequins. La totalité des bénéfices en revint à la Croix Rouge – la garantie d'une excellente publicité. Ce fut le point de départ de la vogue mondiale des Swatch qui, comme tant d'autres tendances, vit le jour en Italie. Je me félicitai d'y avoir contribué en conférant à une montre bon marché un statut d'œuvre pop art à laquelle tant de collectionneurs voueraient un véritable culte. Ainsi se transforma la petite start-up suisse en grosse entreprise aux milliards de dollars de chiffre d'affaires.

Comme toutes les modes, celle des Swatch s'atténua, mais un temps seulement. Je lui donnai une nouvelle impulsion chez Phillips en 2011 en organisant à l'hôtel *Four Seasons* de Hong Kong une vente de Swatch pour les collectionneurs du continent. À cette occasion, la compagnie m'invita à créer mon propre modèle aux aiguilles en forme de marteaux. La pièce de résistance, unique, que j'adjugeai comme lot n° 8, le chiffre porte-bonheur des Chinois, atteignit la somme vertigineuse de 6,5 millions de dollars. Même Cartier, le roi des montres, dut s'avouer impressionné.

Bien que de plus en plus connu pour ma capacité à rapprocher culture populaire et culture classique, je ne me permettais pas de perdre de vue les valeurs sûres grâce auxquelles Sotheby's faisait son beurre. Quoi qu'il en soit, j'avais bien choisi mon heure : je revins chez Sotheby's alors que le marché de l'art suivait plus que jamais la tendance à la hausse des années 1980 sous l'impulsion des Japonais ; ceux qui, dans le milieu, dépensaient encore avec le plus de libéralité. Initialement mordus d'impressionnistes et de post-impressionnistes, ils semblaient depuis peu tout acheter, aussi bien des gratte-ciel à Manhattan que des studios de cinéma à Hollywood. Le séjour prolongé de mes parents et mes études d'art au Japon me rendirent service en me parant d'un vernis de multiculturalité. J'eus le plaisir et l'honneur de conduire la première vente aux enchères d'estampes japonaises à Tokyo au côté de Kazuko Shiomi, l'impressionnante Japonaise à la tête de la filiale de Sotheby's dans la capitale nippone. Nous formions ensemble un tandem compétitif prenant les enchères, moi en anglais, elle en japonais. Mes tentatives de pratiquer cette langue apprise à l'époque de mes études reçurent en tout cas un accueil flatteur et bienveillant.

Ce fut encore l'histoire d'amour entre les Japonais et la peinture européenne qui alimenta le plus le marché de l'art jusqu'à son effondrement au début des années 1990. La passion de Van Gogh pour les estampes japonaises se vit payée de retour, un siècle plus tard, quand les Japonais se prirent à leur tour de passion pour le maître. Et peu importe qu'un tel engouement dût mal finir : je me rendis avant cela en avion partout où existaient des succursales de Sotheby's pour y conduire des adjudications sans pareilles. Je parvins à me doter sur l'estrade d'une identité bien à moi, qui m'aida par la suite à m'imposer au sein de la maison de vente. En 1992, je pris la relève de Lord Gowrie comme président de Sotheby's Europe et remplaçai John Marion comme principal commissaire-priseur de la maison. Marion venait de se retirer des affaires pour jouir de son brillant et récent mariage. Il redora encore l'image que je me forgeais de lui, d'un cowboy à la John Wayne, en épousant une débutante de Fort Worth, élevée dans un ranch, philanthrope et collectionneuse d'art : Anne Burnett Windfohr. La preuve vivante qu'il existait une vie après Sotheby's.

J'aurais aimé me féliciter de mon brillant mariage, mais il fit hélas les frais de ma désormais brillante carrière. Mon nouveau poste me contraignit à m'installer à Londres, le QG de Sotheby's en Europe. Je passais en outre une semaine chaque mois à New York (où résidait Big Al), le centre névralgique de l'entreprise. Isabel ne me suivit pas. J'assume l'entière responsabilité de mes absences à n'en plus finir. Je m'en voulais affreusement d'avoir arraché Isabel à une carrière des plus prometteuses pour l'enfermer dans une cage dorée, responsable de l'échec de notre couple. Isabel reprit des études, cette fois de psychologie – elle aurait pu donner des cours rien que sur celle du baron –, puis se lança dans un nouveau travail auprès d'aveugles. Plus rien ne semblait hélas en mesure de sauver notre relation. Élevé par des parents absents, je me consolai des reproches dont je m'accablais en songeant qu'en dépit du peu de temps que je passais à Genève, où demeurait ma famille, je voyais malgré tous mes enfants plus qu'à leur âge je ne fréquentais moi-même mes géniteurs établis à Tokyo. Nos quatre fantastiques enfants s'en sortaient à merveille, à l'école et ailleurs. Leur résilience ne me fascina pas moins que la mienne.

J'avais pour homologue à New York celle qui m'avait convié à dîner à la veille de mon recrutement : Dede Brooks. Elle dirigeait la branche nord-américaine de la maison de vente, la « moitié d'orange » de Sotheby's Europe. Pur produit d'Oyster Bay, de l'école de Miss Porter, de Smith College et de Yale, Dede, la WASP de Wall Street dans toute sa splendeur, ne semblait pas la mieux désignée pour faire des affaires dans le milieu de l'art. Elle n'y connaissait en effet pas grand-chose de plus que ce qu'elle avait appris à la fac, dans des modules où les étudiants qui veillaient à peaufiner leur CV obtenaient plus facilement d'excellentes notes qu'en maths ou en sciences dures. Dès sa sortie de Yale, Dede entama une carrière à la Citibank, comme responsable des prêts. Puis elle débuta chez Sotheby's, au département financier.

Dede sut mieux que personne faire entrer Sotheby's dans l'ère de Wall Street et « monétiser » l'art, plus susceptible dorénavant de prendre de la valeur que des actions ou des obligations. Elle contribua à la métamorphose de la maison de vente en institution financière à part entière. Sotheby's en avait parcouru, du chemin, depuis sa fondation au XVIIIe siècle, à l'époque où elle servait avant tout à liquider en vitesse un patrimoine pour cause de dettes ou de décès ; une sorte de mont-de-piété de la bonne société. L'aura de distinction de Dede et son assurance de membre de plein droit de l'establishment retinrent l'attention de Taubman. Attiré par son opposée, Big Al plaça la grande Dede (elle dépassait le mètre quatre-vingts) directement à la tête de son nouveau joujou.

Il faut reconnaître que Dede Brooks avait beaucoup d'autorité, plus que bien des hommes chez Sotheby's. Je m'en rendis assez vite compte, lors d'un séminaire d'entreprise organisé par Taubman au Mayflower Grace, un Relais & Châteaux du Connecticut, propriété de Bob Mnuchin, un associé de Goldman Sachs qui multiplia dans le monde de l'art sa fortune de Wall Street ; d'où sa propension à badiner avec des babioles comme le Mayflower. Les séminaires d'entreprise nous imposaient des « jeux » conçus par quelque fou furieux de la Harvard Business School censés mettre en lumière nos forces et nos faiblesses. L'un d'eux consistait en un bras de fer. Nous disposerions de cinq minutes pour nous mesurer et chaque victoire nous valait un dollar. Par pur sadisme, le coach (je ne me rappelle plus qui, sans doute le titulaire d'un MBA quelconque) m'attribua Dede comme adversaire. Je suis tout sauf sportif : plus jeune, on me choisissait systématiquement en dernier dans les équipes à former. Autant m'attendre à une humiliation. Et face à une femme en plus !

Je fis de mon mieux, donnant le meilleur de moi-même. Dede avait l'air d'un Samson ou d'un Goliath : si forte et en même temps si décidée ! Et à l'évidence résolue à l'emporter. Me voilà quant à moi dans la peau d'un David aspirant à vaincre le géant. Dieu sait comment je tins bon. Les cinq minutes me parurent une éternité. Elles s'écoulèrent sans qu'aucun de nous ne prenne le dessus. Tous deux rouge tomate, nous parvînmes à un match nul. Voilà mon honneur sauf ! Et celui de l'Europe du même coup. Ce fut du moins ce que je crus. Le coach fronça les sourcils et nous passa un savon, nous traitant de perdants incapables de se concerter dans l'intérêt de l'entreprise. Il eût été plus malin de notre part de coopérer en nous accordant tour à tour la victoire pour amasser les dollars. En voulant à tout prix gagner, nous avions en réalité perdu. Exit l'ego et par ici l'argent. Quelle leçon.

J'étais plus un artiste qu'un homme d'affaires. Je ne m'épanouissais nulle part autant que sur l'estrade, lors d'une vente, ou sur le terrain, quand j'en préparais une ou que je courtisais d'éventuels clients. Je n'aurais pas voulu du poste de Dede. Mais elle convoitait le mien. Elle adorait jouer au commissaire-priseur. À vrai dire, elle adorait l'idée de tout prendre en charge chez Sotheby's. Son ambition ne connaissait pas de limites, un peu à l'image d'un chef d'orchestre qui se mettrait en tête d'interpréter le solo de piano, de tenir le premier violon, et de jouer de la trompette, par-dessus le marché.

L'avidité de Dede, sa volonté de tout accaparer provoquèrent de nombreux départs, dont celui de mon prédécesseur John Marion. John ne fut pas le seul cadre dirigeant à se sentir à l'étroit chez Sotheby's, en présence de Dede. Michael Ainslie, à l'origine de mon recrutement, s'en alla en 1993, et Dede lui succéda dans son fauteuil de P-DG. Un matelas de billets amortit la sortie d'Ainslie. Big Al avait fait coter Sotheby's en bourse en 1988, à l'époque où le marché de l'art battait son plein. Flairant peut-être l'effondrement du marché japonais, Ainslie revendit ses parts en 1990, ce qui ne lui valut pas précisément l'affection d'Al ni de Judy, connus pour rappeler à qui voulait l'entendre qu'ils avaient largement contribué à l'enrichissement du personnel. Ils visaient bien sûr Ainslie, locataire d'une maison à Southampton un peu trop proche du fief des Taubman de Long Island au goût de Judy. On n'enregistra cependant pas de plaintes au sujet de Dede. Son côté « pile électrique » plaisait au paisible Big Al. Ses agressives manœuvres en quête de profit permettaient peut-être à Taubman de se défouler par procuration en suivant son penchant à se laisser porter par le courant. Du moment que celui-ci charriait des liquidités. Al Taubman passa un temps fou à Londres à réaménager de fond en comble le dédale des locaux de Bond Street : un siècle après sa fondation, on pourrait enfin s'aventurer chez Sotheby's sans forcément s'y perdre.

Dede fit ses débuts dans les enchères en se chargeant en 1996 de la vente Jackie Onassis, qui valut à Sotheby's une publicité sans précédent. Tout le monde s'arracha les moindres possessions de Jackie, aussi bien un fauteuil à bascule qu'un mètre enrouleur ou une cave à cigares, offerte à JFK par le comédien Milton Berle et où l'on pouvait lire « Bonne santé, bonne fumée ». Dede me laissa prendre part au spectacle en me confiant quelques lots au cours des quatre jours d'avril que dura l'adjudication, même si, à l'instar d'Armand Hammer, elle maîtrisait mieux que toute vedette de Hollywood l'art d'accaparer les feux de la rampe. Je ne m'en donnai pas moins du bon temps. L'ambiance n'aurait pas atteint une telle frénésie à une vente de babioles ayant appartenu à Elvis. N'importe qui y convoitait n'importe quoi, y compris ce qui ne valait rien. J'adjugeai pour une petite fortune un vase en céramique ayant contenu les fleurs au chevet du lit de mort de Jackie. Puis on me présenta Maria Shriver, dont je baisai la main.

— Vous devez être européen, grommela Arnold Schwarzenegger. Il n'y a que les Européens pour faire ça.

— Mais vous aussi êtes européen, lui rétorquai-je. Vous devez le savoir mieux que moi.

— Bien sûr que je le sais ! rugit Terminator. Seulement, moi, les dames, ce n'est pas la main que je leur embrasse : je les attrape par les cheveux et leur donne un baiser à pleine bouche.

Cela me soulagea qu'il n'estime pas utile de m'exposer sa technique.

À Londres, Dede, amenée à passer autant de temps dans la capitale anglaise que moi à New York, devint ma colocataire. L'un de nos comptables aux vues étroites estima plus économique de nous attribuer un appartement pour deux. Il nous en dénicha un tout près de Bond Street sous-loué au marchand genevois Jan Krugier. On imagine difficilement plus mal assortis que Dede et moi : littéralement le jour et la nuit. Je sortais tard et m'endormais en rentrant d'un dîner avec des clients au Harry's Bar ou d'une virée sur la piste de danse d'Annabel's quand, en général à 5 h 30 du matin, Dede se levait en pleine forme pour courir à Hyde Park.

Sans doute incarnais-je le grain de fantaisie dont elle manquait complètement. Son efficacité ne laissait quand même pas de m'impressionner. Il me fallait plus de temps pour enfiler mon smoking avant un dîner habillé chez Sotheby's qu'à elle pour se pomponner. Souvent, elle procédait à une adjudication au siège en tenue de ville, un simple rang de perles autour du cou, puis, se rappelant à la dernière minute un dîner de gala, se précipitait chez nous et en ressortait même pas un quart d'heure plus tard, la plus belle pour aller danser.

Dieu sait pourquoi, je ne me sentais pas libre d'être moi-même en sa présence. Il me semblait livrer une compétition permanente avec elle pour utiliser la cuisine, la salle de bains ou disposer d'un peu de calme. Au bout de six semaines, je lui fis part de ma frustration : il fallait que je trouve un logement rien que pour moi. Elle en parut terriblement blessée. Comme s'il s'agissait d'une rupture. Ma plus jeune fille se prénomme Diane Delphine. Aucune femme ne compte plus à mes yeux que cette autre « DD » et sa demi-sœur aînée Loyse. Dede aussi aspirait à compter le plus, à mes yeux comme à ceux de n'importe qui d'autre. Sa volonté d'occuper partout la première place explique sa rage de vaincre, son incroyable réussite mais aussi sa consternante chute digne d'Icare. Malgré l'échec de notre cohabitation, je conçois sans peine ce que tant de gens lui trouvaient d'éminemment séduisant. Tout lui souriait : elle avait de l'énergie à revendre, du charisme aussi. Et du pouvoir. Elle me rappelle l'étonnante réponse de Helmut Newton à ma question sur la femme la plus « sexy » qu'il eût photographiée, lui, l'abonné aux grandes blondes. « Margaret Thatcher », me répliqua-t-il du tac au tac. Dede Brooks aussi se posait là comme grande blonde.

Une fois abandonné le domicile que je partageais avec Dede, je repris l'habitude de me loger à un pâté de maisons de mon bureau, à l'hôtel *Westbury* à peu près aussi impersonnel qu'un Holiday Inn. Quand je me présentais à la réception, l'employé, jamais deux fois le même, me demandait immanquablement d'un ton guilleret : « C'est votre premier séjour chez nous ? » À l'évidence, le personnel changeait toutes les semaines, me rappelant à son insu l'importance de la continuité au sein de toute entreprise. Voilà pourquoi j'aimais tant fréquenter les établissements de Mayfair appartenant au magnat du luxe Mark Birley : *Annabel's*, le *Harry's Bar* et *Mark's*, où les serveurs semblaient les mêmes depuis l'époque de Bertie Wooster et de son valet de chambre Jeeves. Je finis par me trouver un toit à Mayfair, dans Dunraven Street, une confortable garçonnière que je sous-louai à Robert Louis-Dreyfuss, l'ex-P-DG de l'agence de publicité Saatchi & Saatchi. Le week-end, je retournais en avion à Genève, passer du temps avec ma famille, ou ce qu'il en restait.

Je craignais souvent que Sotheby's ne survive pas à l'autocratie de Dede Brooks, brillante mais aussi quelque peu tyrannique. Dede, elle, se souciait surtout de battre Christie's à plates coutures. Presque tout mon temps au service de Sotheby's, je le consacrai à la lutte contre Christie's. Lors de mon premier passage à la maison de vente, la concurrence se réduisait encore à une arrière-pensée désagréable, loin de tourner comme à présent à l'obsession. Au lendemain de la dégringolade du marché de l'art après celle de l'immobilier japonais en 1990, Christie's fit un considérable effort pour ne plus se contenter du rôle d'Avis des maisons de vente (« décidés à faire mille fois plus ») et prendre plutôt notre place, celle de Hertz. Ce fut mission accomplie en 1994 : pour la première fois depuis 1954, Christie's vendit plus que nous. Et il en irait ainsi jusqu'au tournant du siècle nouveau. À l'époque où le grand public se focalisait de plus en plus sur les enchères record, la rivalité entre Sotheby's et Christie's en vint à occuper la une des journaux au même titre que celles, déjà emblématiques, entre Harvard et Yale, Oxford et Cambridge, NBC et CBS, ou encore Ford et General Motors. Des années plus tard, lorsque je tentai avec Phillips de convertir en triumvirat le duopole, un journaliste affirma que si Sotheby's était Coca Cola, et Christie's Pepsi, alors Phillips faisait figure de Red Bull.

Son réveil en beauté, Christie's le dut en grande partie à son nouveau P-DG Christopher Davidge, l'antithèse des hommes de la vieille école que représentait si bien Peter Wilson. Son sort, qu'il estimait injuste, avait alimenté sa rage et son ambition. Davidge venait d'une famille depuis longtemps au service de Christie's mais à des postes assez humbles. Son grand-père y avait été caissier, son père portier et sa mère secrétaire. Après une enfance dans des HLM du nord de Londres, Davidge quitta l'école à seize ans. Il fit son trou au service imprimerie, pas vraiment reluisant, dont sortaient les catalogues de la maison. Doté d'une grande force de volonté plus que de l'élégance et du raffinement qui caractérisaient jusque-là Christie's mais l'empêchaient de décoller de son éternelle seconde place, Davidge se retrouva bientôt promu à Hong Kong. Il s'y distingua tant et si bien qu'il prit rapidement la tête de la branche asiatique de Christie's. Il en remontra du même coup à Sotheby's sur un marché de plus en plus charnière en lui laissant pressentir sa vulnérabilité en Occident aussi.

Davidge devint en 1985 le grand patron de Christie's au siège de King Street, dans le quartier de St. James's. Les pontes de la maison se moquaient de son brushing d'un blond trop pâle pour sembler naturel, de ses chemises à rayures de dandy, de ses cravates voyantes, et de l'aveu au *Financial Times* que son plus grand luxe consistait à se payer du papier toilette parfumé à motifs. Chez Christie's, on le surnommait « le majordome ». Davidge était aussi différent de son homologue Dede Brooks que des types à la Peter Wilson qu'on croisait en principe dans les maisons de vente. Elle était américaine jusqu'au bout des ongles alors que lui ressemblait au personnage de Michael Caine dans *Alfie, le dragueur*.

Je me rappelle avoir surpris Davidge lors d'un déjeuner d'affaires au *Wilton's*, le restaurant victorien à la spécialité de poisson de Jermyn Street cher aux habitués des maisons de vente. Davidge y tranchait sur le reste de la clientèle ; trop bien coiffé, pas comme les gentlemen anglais dont les cheveux ne semblent pas avoir fait l'objet d'une coupe à proprement parler. Il portait un magnifique costume, mais sans un pli, comme s'il l'étrennait ce jour-là. C'était tout juste si l'on ne voyait pas ses muscles saillir sous sa veste sur mesure. De petite taille mais de carrure athlétique, il devait passer des heures à soulever des haltères. Pour faire court, aussi court qu'il était sur pattes (d'où ses complexes à la Napoléon) : il sentait l'effort ; une terrible faute de goût dans la bonne société anglaise.

Dede Brooks ne ménageait pas non plus ses efforts mais en affaires seulement, pas en société, où elle évoluait avec cette assurance qui caractérise les Américains bien nés. On les imaginait mal déjeuner ensemble, et encore moins s'entendre en secret comme on les en accuserait pourtant ; ce qui manqua de peu couler leurs maisons respectives et faire sombrer avec elles tout le négoce des adjudications.

16

Rivalités

À côté de l'improbable tandem formé par Dede Brooks et Christopher Davidge entre Londres et New York, je disposais en Europe d'un adversaire en la personne de François Curiel, maître ès joaillerie et digne successeur de Hans Nadelhoffer à Genève. À la tête de la branche européenne de Christie's, ce passionné d'allure soignée, parisien de naissance et fils d'un négociant en bijoux, y avait débuté par un stage à Londres en 1969 avant que l'expansion de la maison, sur les brisées de sa rivale, ne l'amène à fonder des annexes à Madrid en 1972 et New York en 1977. À compter de son retour à Genève en 1989, il rivalisa en toute amitié avec moi dans notre quête sans fin de collections à vendre.

Telle était en effet ma mission (dixit Dede Brooks) : « rapporter de quoi se mettre sous la dent ». Bien sûr, c'était aussi celle de Curiel, aux ordres de Lord Carrington, le nouveau patron de Christie's, un ancien d'Eton dans le genre de Peter Wilson, parfaitement versé, en tant que secrétaire général de l'OTAN, dans l'art de la guerre. Or, quoi de plus croustillant à se mettre sous la dent que la collection objet de ma première confrontation avec Curiel ? Elle appartenait à Albina du Boisrouvray – un nom dont on a plein la bouche porté par une femme qui en mettait plein la vue. Fille d'un comte français, et petite-fille du roi de l'étain bolivien Simón Patiño, c'était la cousine du bon ami de Heini, Jaime Ortiz-Patiño, son partenaire en enchères sur le fameux Gauguin.

Albina se présenta une première fois à mon bureau de l'hôtel *Beau-Rivage* en amenant avec elle un chat dans un panier. Superbe ex-mannequin d'une quarantaine d'années aux extravagantes tenues pleines de panache, elle avait successivement épousé un pilote sauveteur suisse et un producteur de cinéma français. Elle vint me trouver encore sous le choc du décès de son fils de vingt-quatre ans, François-Xavier Bagnoud, lors d'un accident d'hélicoptère lié au Paris-Dakar. Aspirant à changer de vie du tout au tout, elle venait de liquider sa maison de production parisienne et souhaitait en faire autant de sa collection de pièces d'orfèvrerie précolombienne et de toiles impressionnistes et de maîtres anciens afin de créer une fondation en mémoire de son fils. Elle me confia qu'elle comptait aussi s'entretenir avec François Curiel et se déciderait entre nous deux au mois de mars suivant. Nous étions alors en octobre 1988.

De tous les trésors d'Albina, c'étaient encore ses bijoux qui valaient le plus : elle en détenait, disait-on, le plus bel ensemble au monde après ceux de la duchesse de Windsor. Malgré notre récent triomphe lors de la vente Windsor, Curiel (et Christie's) gardaient l'avantage au rayon bijoux. En un sens, nous faisions encore figure de nouveau venus sur le marché. Pas de parvenus, heureusement : pour cela il nous aurait d'abord fallu « parvenir ». Je ne pouvais compter que sur un avantage. Et encore ! Je venais de Bâle où Albina détenait le grand hôtel *Les Trois Rois*, point de chute des artistes. Moi-même passionné d'art, je connaissais sur le bout des doigts toutes les anecdotes relatives à l'établissement, où Picasso passa une nuit après que Paul Klee lui eut posé un lapin. Je conservais en outre de vieux prospectus de l'hôtel que je me mis en tête de lui offrir. Mon geste l'incita à s'ouvrir à moi. Elle me confia que les bijoux dont elle s'apprêtait à se dessaisir ne signifiaient rien à ses yeux : son père dont elle avait hérité n'en couvrait sa mère que pour compenser sa propre froideur qu'il se reprochait d'ailleurs. Albina avait en tant que pauvre petite fille riche beaucoup de récits poignants à partager, or je disposais de tout le temps au monde pour l'écouter. Pourvu que le souci constant d'efficacité de Curiel ne lui laisse pas le loisir d'en faire autant !

Certains détails a priori de peu de poids finissent malgré tout par incliner la balance. En mars, Albina m'annonça par téléphone qu'elle avait choisi Sotheby's et m'invitait chez elle à Zermatt pour ratifier notre accord, deux semaines plus tard. Je ne sabrai malgré tout pas le champagne. Une quinzaine, dans le contexte d'une âpre lutte entre maisons de vente, équivaut à une éternité. De même que Peter Wilson avait soufflé la vente Rosemarie Kanzler à Christie's en rusant de psychologie avec le mari de l'intéressée, Curiel ne s'avouerait pas vaincu de sitôt : il remuerait ciel et terre pour qu'Albina revienne sur sa décision. Heureusement, elle tint bon.

À mon arrivée à Zermatt s'accumulaient dans le chalet d'Albina plus de compositions florales que dans un salon funéraire, dont plusieurs immenses bouquets expédiés par Lord Carrington, le président de Christie's. Grande amatrice de fleurs, Albina s'était plu à les exposer en bonne place. À leur vue, mon cœur se serra. Je crus qu'elle s'apprêtait à me renvoyer après un simple : « j'ai changé d'avis. » Mais non. Elle affirma que toutes les fleurs d'un printemps anglais ne la feraient pas revenir sur sa parole ; ce qui me toucha. L'adjudication à New York rapporta au final plus de cent millions de dollars et pulvérisa plus d'un record des années 1980. Surtout, elle déboucha sur l'un des dons les plus généreux jamais consentis à Harvard, en mémoire du défunt fils d'Albina.

Mais nous venions là de disputer contre Christie's une simple manche. Le match, lui, ne finirait jamais, opposant toujours les mêmes adversaires, à l'instar d'une campagne politique à rallonge. J'ai lu un jour dans *Variety* que le magnat de Hollywood Joel Silver eût été prêt à se donner à lui-même un coup de poignard dans le dos pour décrocher un contrat. Une parfaite illustration de ce précepte me vient à l'esprit : le prince Dimitri de Yougoslavie, homosexuel notoire, comptait parmi les principaux « rabatteurs » de Sotheby's. Sa spécialité : séduire, si ce n'est des veuves joyeuses, du moins des divorcées bardées de bijoux. Vers le milieu des années 1990, il fit la conquête de Mouna Ayoub, VIP libanaise séparée depuis peu du milliardaire saoudien Nasser al-Rashid et qui aspirait à convertir en espèces sonnantes 8 à 10 millions de dollars de bijoux. La vente était pour ainsi dire dans le sac de Sotheby's, et les bijoux, dans ses coffres.

À notre grande déconvenue, il nous vint hélas aux oreilles que François Curiel entretenait une liaison avec Mouna. Comment expliquer sinon sa décision de récupérer ses joyaux pour les confier, eux et leur adjudication, à nos rivaux de Christie's ?

Ce fut Curiel lui-même qui les écoula. La vente, spectaculaire, rapporta 12 millions de dollars. Mouna nia plus tard qu'il y ait eu quoi que ce soit entre eux avant les enchères. À l'entendre, son revirement ne provenait que de l'impression plus favorable produite par Christie's. Curiel, toujours selon elle, n'était pas son genre. Il portait en effet des lunettes, aux fines montures, or Mouna n'était pas séduite par les hommes à besicles, aussi chic fussent-ils. Ce ne fut qu'une fois éblouie par le talent de Curiel sur l'estrade (et les 12 millions de dollars qui en attestaient) qu'elle entrevit enfin son côté séducteur, notamment lors du dîner concluant la vente où, comme par hasard, il ôta ses lunettes. À ce moment-là seulement, insista-t-elle, son physique avantageux la frappa et leur liaison débuta. Bien sûr, personne chez Sotheby's n'en crut un traître mot. Avec l'argent de ses bijoux, Mouna acheta, pour Curiel et elle, un yacht, le *Phocéa*, l'un des plus grands bateaux de course du monde, jusque-là propriété de Bernard Tapie.

Incapable de me faire un nom comme Don Juan des maisons de vente, j'estimais préférable de m'imposer comme commissaire-priseur. Je trimais dur, surenchérissant, si je puis dire, sur mon propre style pour me maintenir à la hauteur du spectacle indissociable de l'envol du marché depuis la fin des années 1990. Une embellie apparut au cours de la décennie suivante, mais graduelle, pas comme celle qui survint peu après l'effondrement des cours en 2008. Pendant des années, les acheteurs firent mine de se tourner les pouces. À l'exception des Nahmad qui se délectaient comme des vampires des saignées du marché.

Quoi qu'il en soit, je modifiai les règles du jeu en procédant désormais aux ventes debout afin de leur donner un peu plus de vie. Les as du marteau à la Peter Wilson restaient certes assis, mais je vis là un moyen de rendre mon numéro plus spectaculaire et palpitant dans l'intérêt de tous. Je fis d'abord pression sur Lord Gowrie et Michael Ainslie pour qu'ils me laissent adjuger des toiles impressionnistes et de peintres modernes à Londres, puis sur Dede Brooks pour vendre aussi bien à New York qu'à Londres. Je devins ainsi le premier commissaire-priseur ayant un pied sur chaque continent.

Je perçai pour de bon à New York en 1994 suite au décès de Jean Stralem, la veuve d'un riche banquier de Wall Street, petite-fille de l'encore plus riche Philip Lehman de Lehman Brothers, ayant légué au Met la collection qui porte son nom. Parmi ses toiles impressionnistes et modernes se trouvait un pur chef-d'œuvre : le portrait de l'artiste Angel Fernández de Soto par Picasso, daté de sa période bleue (1903). Dede Brooks dut offrir des garanties exorbitantes pour arracher la vente à Christie's mais tel était le prix à payer pour s'octroyer une chance de sortir de la récession où l'on s'enlisait alors. Comme si l'on bradait de la haute couture pour inciter le chaland à se ruer sur du prêt-à-porter.

Je mourais d'envie de procéder à la vente mais Dede ne m'estimait pas forcément de taille à rivaliser avec le commissaire-priseur vedette de Christie's : Christopher

Burge. C'était une véritable star à New York. Contrairement à moi. Du moins à ce moment-là. Mais je ne doutais pas de tenir là l'occasion d'en devenir une. Je réussis à persuader Dede de m'accorder ma chance. Qui lui restait-il, de toute façon, depuis le départ de John Marion ? Dede n'eut alors plus qu'à rallier à ma cause les exécuteurs testamentaires de Stralem n'ayant jamais entendu parler de moi. Il faut le voir pour le croire, insista-t-elle, et de les faire conduire en Concorde à Londres, le temps qu'ils m'admirent à l'œuvre. Ils finirent par se laisser fléchir. Dede, en revanche, ne céderait plus : « Tu n'as pas intérêt à rater ton coup ! » me prévint-elle.

La vente (en mai 1995) commença très mal. Quelques œuvres partirent à leur prix d'estimation mais beaucoup ne l'atteignirent même pas. On se débattait encore contre cette maudite récession que même les impressionnistes peinaient à dépasser. Le Picasso de la période bleue correspondait au lot 14. Les Stralem l'avaient acheté 22 000 dollars à Knoedler en 1946. Les enchères démarrèrent tout doucement. Pas moins de six acheteurs s'intéressaient à l'œuvre ; certains physiquement présents dans l'assistance, d'autres au bout du fil. Je fis de mon mieux pour maintenir entre eux la tension et faire monter les prix.

À la fin, seuls demeurèrent en lice deux clients en ligne. La transaction se conclut en six minutes, qui me semblèrent une éternité. Dès que le suspense me parut sur le point de retomber, j'abattis mon marteau, adjugeant l'œuvre à 29,1 millions de dollars. Ce fut Andrew Lloyd Weber qui l'emporta depuis Londres. Je venais de la lui céder à près de trois fois son montant estimé (entre 8 et 12 millions de dollars). Aucune toile n'avait atteint un tel prix depuis le krach de 1990. Et il suffit que le Picasso trouve preneur pour que le reste aussi s'écoule ; la horde des acquéreurs potentiels s'en donnant dès lors à cœur joie. J'adjugeai *La Pose hindoue* de Matisse (peinte en 1923 à la manière d'une odalisque) à un montant record pour l'artiste : 18,9 millions de dollars. Au total, les quarante-six peintures qui partirent ce soir-là (seules deux restèrent sur le carreau) rapportèrent 65 millions de dollars ; soit bien plus que ce à quoi l'on s'attendait (de 37 à 50 millions). Voilà que le marché renaissait de ses cendres. Ce fut un grand soir pour Sotheby's, et pour moi.

On pourrait résumer mon travail chez Sotheby's par ce simple mot d'ordre : « Par ici la marchandise ! » Je devais comme qui dirait chausser mes bas de soie, le temps d'enjôler des comtesses hésitant à se dessaisir de leurs collections, et ensuite assurer le spectacle en engrangeant un maximum de profits. Mon poste comportait en plus d'une palpitante facette à la Sherlock Holmes un aspect altruiste. J'en veux pour illustration l'issue d'une de mes missions en 1995, à peu près à l'époque de la vente Stralem. Lors de mon retour chez Sotheby's, mon adjudication à Moscou m'ayant valu la réputation d'un expert au-delà du Rideau de fer, le petit-fils d'un grand collectionneur du XXe siècle me contacta : il souhaitait que je localise les biens de sa famille disparus en Russie et l'aide à les récupérer. Un chef-d'œuvre de Degas (sa *Place de la Concorde* de 1875) constituait le clou de la collection réunie par Otto Gerstenberg, le magnat allemand des assurances, grand amateur d'art jusqu'à l'avènement de Hitler.

Face à la menace imminente des hostilités, Gerstenberg (qui n'était pas juif) confia ses tableaux à la Galerie nationale de Berlin pour les abriter des bombardements et autres dégâts collatéraux des combats. Pressentant à son tour le pire, la galerie ne tarda pas à entreposer ses propres collections dans un bunker de haute sécurité près du zoo de Berlin. À l'issue des affrontements, son contenu, situé dans ce qui correspondait alors à la partie Est de Berlin, sous contrôle soviétique, disparut. Officiellement, un incendie le détruisit mais les héritiers de Gerstenberg, Dieter et Walter Scharf, hommes d'affaires de Hambourg et Munich, soupçonnaient les tableaux d'avoir réchappé à la guerre, et les Russes de se les être appropriés. À plus de soixante ans l'un et l'autre, ils s'adressèrent une première fois à moi en 1986 pour en avoir le cœur net. Ils me communiquèrent à cette occasion une longue liste d'œuvres de Goya, Renoir, Picasso, Degas, si alléchante qu'elle me précipita dans une véritable chasse au trésor.

Armé d'une liasse de vieux clichés en noir et blanc (de mauvaise qualité, mais je ne disposais de rien de mieux), je consultai les nouveaux amis que je comptais en Russie depuis l'échange de peintures avec le baron : Bioris Piotrovski de l'Ermitage et Mme Antonova du Pouchkine. Tous deux m'opposèrent une fin de non-recevoir. Ils prétendirent ne rien savoir parce qu'il n'y avait rien à savoir : de la collection Gerstenberg, entièrement détruite, ne subsistait selon eux pas une pièce. Ne m'avouant pas vaincu, je soumis ma liste au ministère de la Culture et fis preuve d'un entêtement qui porterait ses fruits. Peu après la mort de Boris Piotrovski en 1990, son fils Mikhaïl me contacta. « Surprise ! » s'exclama-t-il au bout du fil ; et de m'inviter à me rendre à Saint-Pétersbourg avec les Scharf.

S'attendant à vivre un grand moment, les Scharf emmenèrent en Russie leur famille mais aussi Alec Wildenstein, le fils playboy du grand marchand Daniel Wildenstein désireux de leur racheter une partie des toiles dans l'hypothèse de leur réapparition. La peinture retint toutefois moins son intérêt que les beautés de la Russie en chair et en os. Il fit tant et si bien la fête qu'un beau jour, au début des négocations, il s'écroula, le front sur la table, sous les effets combinés du caviar et de la vodka.

Notre itinéraire nous mena d'abord à Saint-Pétersbourg dans le bureau de Mikhaïl Piotrovski. Détail significatif : un portrait de Catherine la Grande remplaçait à présent celui de Lénine au-dessus de la table de travail de son père. Le communisme était mort ! Vive l'impératrice ! Mikhaïl nous fit visiter l'Ermitage avant de nous conduire dans un luxueux grand salon au centre duquel nous tournait le dos un chevalet. Mais une fois face à lui : le voilà ! Le Degas disparu ! Sur l'envers subsistait une étiquette avec l'adresse berlinoise de la grand-mère des Scharf. Les frères qui n'avaient pourtant pas la larme facile en pleurèrent malgré eux.

Mikhaïl nous amena dans une seconde salle au trésor renfermant d'autres toiles encore : de magnifiques aquarelles de Picasso d'une luminosité extraordinaire comme réalisées la veille. Leur fraîcheur s'expliquait par les quatre décennies qu'elles venaient de passer à l'abri du jour. Je me sentis ce jour-là dans la peau d'un Indiana Jones, un aventurier de l'art perdu. Où se trouvaient-elles jusque-là ? insistai-je. « Aucune idée. Nous venons tout juste de mettre la main dessus. Je suis nouveau ici », me répondit Mikhaïl, se retranchant derrière le décès de son père pour donner du poids à ses allégations. Au musée Pouchkine de Moscou, Mme Antonova fit preuve d'autant de réticence que Mikhaïl nous avait témoigné de bonne volonté. Une rumeur accusait celle qui avait été une jeune instructrice du Parti en poste en Allemagne d'avoir supervisé le transfert des œuvres à bord d'un convoi secret à destination de Moscou au moment de leur prétendue destruction. Elle ne consentit en tout cas à rien avouer même si, dans les entrailles du Pouchkine, venaient de ressurgir d'autres pièces de la collection Gerstenberg : des tableaux de Goya, de Daumier et j'en passe. Un autre cas d'*ars ex machina*.

Restait malgré tout le problème de la restitution de leur patrimoine aux Scharf. Les Russes se montrèrent inflexibles. Si les toiles avaient reparu dans une collection privée, passe encore, mais là, en tant que biens d'un musée… Les Russes se considéraient comme les propriétaires de droit des tableaux, le butin de guerre d'un peuple vainqueur amputé d'une centaine de millions d'habitants par la faute des nazis. Ils n'avaient rien volé à Gerstenberg ; c'étaient Hitler et Göring, les coupables et Staline n'avait pas à payer pour leurs crimes. Heureusement, les Scharf, magnanimes, se réjouirent avant tout de savoir les tableaux intacts.

Piotrovski entama des pourparlers étonnamment ouverts avec les Scharf. Par gratitude envers les Russes, qui avaient après tout veillé sur leur collection, ils proposèrent de leur en laisser la moitié assortie d'une part de leurs éventuels bénéfices en cas de vente. Depuis le temps que durait la Guerre froide, ces discussions pleines de bonne volonté inaugurèrent une nouvelle ère en matière de diplomatie culturelle. Hélas, à l'arrivée au pouvoir de Vladimir Poutine en 2000, la douma renoua avec sa ligne dure en promulguant une nouvelle loi qui déclara les œuvres en provenance de l'Allemagne nazie propriété exclusive de la Russie. Loin de toute passion égoïste pour la peinture, les Scharf se montrèrent là encore étonnamment compréhensifs.

À vrai dire, ils ne prenaient pas moins de plaisir que Heini à partager leurs tableaux. L'exposition au succès colossal de soixante-quinze toiles françaises de la collection Gerstenberg à l'Ermitage sous l'égide de Mikhaïl Piotrovski en 1995 leur tint lieu de consolation. « Trésors dévoilés », s'intitulait-elle. « Pillages démasqués », sous-titra une bonne part de la presse internationale, indignée par le refus des Russes de restituer à leurs légitimes propriétaires les œuvres estimées à une centaine de millions de dollars. Je me félicitai pour ma part de mon rôle dans la réapparition de ces peintures à l'origine d'un débat encore brûlant aujourd'hui. Bien que l'ascension de Poutine ait démenti les attentes éveillées par des personnalités aux positions modérées comme Piotrovski, l'espoir subsiste d'une restitution des tableaux confisqués n'appartenant pas à l'origine aux nazis mais à d'innocentes victimes juives des horreurs du régime hitlérien.

À l'automne 1992, alors que le marché de l'art s'enlisait, contrecoup de la crise japonaise, Dede Brooks convoqua neuf ou dix cadres européens de Sotheby's à une réunion à Bond Street afin de les sonder sur un projet d'augmentation de la commission de l'acheteur.

Il nous fallait en effet des rentrées d'argent ; or, depuis dix-sept ans, Sotheby's et Christie's empochaient 10 % du prix de tout ce qu'ils vendaient aux enchères. Dede nous demanda comment réagiraient selon nous nos clients dans le cas où nous prélèverions 15 % sur les premiers cinquante mille dollars et 10 % au-delà. Elle comptait poser la même question à nos collègues de New York.

Ce « nous » m'englobait moi, le comte Christoph Douglas, à la tête de la branche allemande de Sotheby's, et la princesse Laure de Beauvais-Craon, son homologue en France ; une sorte de version adulte de notre formation en art à la différence qu'on nous payait désormais. À la réunion prirent aussi part Henry Wyndham, le président de Sotheby's Royaume-Uni, et George Bailey, le DG de Sotheby's Europe. Les titres ronflants pullulaient dans la mesure où ils revenaient meilleur marché qu'un salaire ; l'argent n'abondant pas vraiment à l'époque. Conscients de la situation, nous applaudîmes tous à la perspective d'une augmentation des commissions.

En novembre 1992, Dede Brooks, tenant apparemment compte de notre avis, annonça officiellement l'augmentation des commissions. En décembre, soit à peine un mois plus tard, Christie's, comme il fallait s'y attendre, s'aligna sur nos tarifs. « Nous n'avons pas le choix », confia Christopher Davidge au *New York Times*, s'excusant par avance auprès de ses futurs clients de les frapper ainsi au portefeuille. « En dernière analyse, il nous a paru essentiel de rivaliser avec Sotheby's à égalité de chances. » Vingt ans plus tôt, les deux maisons concurrentes avaient presque en même temps imposé à l'ensemble de la planète les 10 % de commission de rigueur en Europe continentale. Cette fois, les marchands protestèrent haut et fort : un tel tarif allait les ruiner ! Ils invoquèrent le spectre d'une conspiration entre les deux maisons ennemies selon eux de mèche pour entourlouper « le négoce », autrement dit eux. La loi anglaise ne condamnant pas l'entente sur les prix, ils finirent toutefois par passer outre.

Dans le milieu des enchères, nul ne s'étonna de voir une fois de plus Christie's suivre l'exemple de Sotheby's. N'en avait-il pas toujours été ainsi ?

Malgré tout, nous avons tous été plus que surpris – franchement choqués – quand en 1998, il fut révélé que Dede et Davidge, en théorie ennemis jurés, avançaient main dans la main. Des avocats américains, invoquant la législation antitrust des États-Unis, en appelèrent à la justice fédérale : « D & D » s'étaient mis d'accord sur leur nouveau pourcentage de commission, sans parler d'une foule d'autres arrangements contraires à la libre concurrence. Ce n'était plus Helen Mirren qui aurait dû incarner Dede Brooks : Dede Brooks jouait si bien la comédie qu'elle aurait pu en remontrer à Helen Mirren elle-même. Quel incroyable numéro que le sien ! Elle avait sollicité notre opinion en dépit de son marché conclu depuis belle lurette avec Davidge. Au bout du compte, Sotheby's et Christie's y gagneraient des millions. Le conférence au sommet de Dede en 1992 ne fut qu'un grand coup de bluff.

Une petite augmentation du taux de commission n'allait en tout cas pas nous nuire, surtout au vu de la conjoncture peu reluisante : les moindres profits restaient les bienvenus, or l'élite indifférente aux prix ne reculerait devant rien pour s'approprier la beauté qui nous tenait lieu de fonds de commerce. Les deux maisons de vente se copiaient en tout : elles ouvraient des locaux dans les mêmes villes, courtisaient les mêmes clients, vendaient le même genre d'œuvres... C'était dans l'ordre des choses qu'elles prélèvent des commissions d'un même montant. Inutile d'invoquer une conspiration. Les États-Unis, où les lois sont draconiennes à l'encontre des trusts, refusèrent de détourner pudiquement le regard. Les dirigeants de Christie's, alimentée par des capitaux anglais, tombaient sous le coup du droit britannique plus souple. En revanche, Sotheby's appartenait à Big Al, un Américain pur jus ; d'où la législation plus stricte s'appliquant à la maison.

Quand le scandale éclata, jamais je n'aurais soupçonné la moindre connivence entre Dede Brooks et Christopher Davidge. Je me félicitai en tout cas qu'elle ne nous ait pas compromis en nous mettant dans la confidence comme Davidge s'y était risqué chez Christie's. Je ne saurais dire si Big Al et Big Tony (Sir Anthony Tennant, le président de Christie's) étaient ou non au courant.

Il me parut tout de même difficile d'admettre que Dede ne confiait pas toutes ses manigances à Taubman, la bonne fée qui s'était penchée sur elle en l'arrachant aux livres de compte de la Citibank pour lui confier le poste le plus glamour dont on pût rêver. En 2000, le FBI me mettrait sur le gril, des heures durant, et pour répondre succinctement à leurs questions à n'en plus finir : je ne me doutais de rien, trop occupé à trouver de quoi me mettre sous la dent pour cuisiner ma patronne sur ses intentions.

Le scandale de l'entente sur les prix, a priori conclue à l'époque où Sotheby's m'employait, n'éclata que longtemps après mon départ de la maison. À l'issue d'encore quelques adjudications du calibre de la vente Stralem, je parvins à la conclusion que j'avais assumé à peu près toutes les fonctions possibles chez Sotheby's à moins de me couler dans la peau de Dede Brooks. À ce moment-là, elle était toute puissante au sein de l'entreprise, où ne régnait pas précisément la bonne humeur. Nous restions à la traîne par rapport à Christie's. Notre marge de profit dépassait à peine un pour cent. Autant dire que Sotheby's n'incarnait pas tant l'avenir qu'une survivance du passé. Il me tardait de devenir mon propre patron plutôt que l'un des nombreux aspirants au pouvoir dans l'armée de généraux au service de Sotheby's. Certes enchanté par mon statut de commissaire-priseur vedette mais excédé par la bureaucratie tatillonne, je voulais à présent voyager léger. Dede Brooks tira la grimace. Al Taubman enragea. Dix ans s'écouleraient avant qu'il ne m'adresse de nouveau la parole, tant ma décision de m'en aller en 1997 le rendit furieux. Après lui avoir consacré onze années d'efforts acharnés, le moment me semblait toutefois venu de voler de mes propres ailes.

17

Cherchez les femmes

Il fallut bientôt me rendre à l'évidence : je ne parviendrais pas à l'indépendance professionnelle sans une associée. Ce serait Daniella Luxembourg avec qui je travaillais déjà chez Sotheby's alors qu'elle en dirigeait la filiale israélienne. Daniella était l'antithèse de Dede : une complète autodidacte aux origines aussi humbles qu'exotiques. Elles avaient toutefois en commun de l'énergie à revendre et une intelligence hors pair. Si j'incarnais la vivante image de la vieille Europe, pour ne pas dire plus, Daniella, elle, évoquait la quintessence d'un nouveau monde intrépide. À côté des comtesses et duchesses que je courtisais pour écouler leur collection, Daniella apportait un vent de fraîcheur venu de la Méditerranée.

« Intrépide » reste sans doute l'adjectif qui caractérise le mieux Daniella, née en Pologne au sein d'une famille décimée par le régime hitlérien. À leur libération des camps de concentration, ses parents émigrèrent en Israël, en 1950. Elle-même avait alors trois mois. Ils vécurent d'abord à Haïfa dans une baraque préfabriquée infestée d'amiante. Après Auschwitz, ça leur semblait le paradis. Fille d'un ingénieur et d'une professeur de littérature, la brillante Daniella étudia le français et l'histoire de l'art. Elle se battit en outre dans les rangs de l'armée israélienne ; une bonne préparation à la guerre de tranchées du monde de l'art. Elle entama sa carrière dans des musées israéliens, où la repéra le cousin et successeur de Peter Wilson, Lord Westmoreland. Dans son ambition de conquérir la planète, Sotheby's l'engagea pour ouvrir une succursale à Tel Aviv.

Daniella se montra à la hauteur, battant le rappel des classes aisées d'Israël en pleine émergence pour les convaincre d'investir dans l'art. Mais un différend l'opposa à Dede Brooks peu après sa promotion, dans nos locaux de Genève. Dede mit son veto à une vente d'œuvres d'art tout juste retrouvées, confisquées avant la guerre à des Juifs entre-temps décédés et que Daniella voulait effectuer au profit de la communauté juive autrichienne. Pour ne pas se « tacher les mains de sang », Dede en laissa l'initiative à Christie's. La vente rapporta au total un montant record de 10 millions de dollars. Daniella en conçut une telle frustration qu'elle se rangea de mon côté. En 1997, nous mîmes en commun nos carnets d'adresses bien garnis pour fonder notre propre maison à Genève : de Pury & Luxembourg.

Le jour de l'ouverture à Genève de notre QG provisoire, à peu près vide, Daniella et moi nous demandions si quelqu'un finirait par pousser notre porte. Quelle ne fut pas notre stupeur quand nous reçûmes notre premier coup de fil, de New York, de Ronald Lauder, sans doute le collectionneur le plus influent de la planète ! Ami de longue date de Daniella, Ronald vint droit au fait. « Dites à Krugier que je veux acheter son étude de Picasso », annonça-t-il.

Krugier, Jan de son prénom, comptait parmi les marchands d'art les plus en vue de Genève. C'était dans son appartement de Mayfair que ma cohabitation avec Dede Brooks avait tourné au désastre. L'étude de Picasso consistait en une maquette en métal d'un mètre vingt de haut, d'une sculpture en acier qui en mesurait en réalité plus de quinze, installée sur une place de Chicago, ville qui fascinait l'artiste bien qu'il n'y eût jamais mis les pieds. Ronald se disait prêt à payer 2,5 millions de dollars. Daniella n'eut pas plus tôt raccroché qu'elle contacta Krugier, scellant l'accord dans la foulée. Nous n'en revenions pas. Décrocher ainsi le gros lot du premier coup ! Décidément, quel merveilleux métier que celui de marchand ! En une journée à peine, nous étions arrivés à ce qui nous aurait pris une éternité chez Sotheby's. Hélas ! notre exultation ne dura pas. Trois jours plus tard, elle retomba comme un soufflé : nos discussions avec Lauder nous amenant à la conclusion que ce n'était pas le Picasso de Krugier qu'il convoitait mais un autre. Une fâcheuse méprise.

L'affaire prit des proportions quasi bibliques. *L'éternel donne, et l'éternel reprend.* Jan Krugier entra dans une rage formidable. Je nous croyais amis. Je le connaissais depuis des années. Il ne m'en accusa pas moins de manquer à ma parole : un marché reste un marché, qu'on prenne ou non le temps de le coucher sur le papier. Voyant rouge, Jan menaça de m'envoyer ses avocats. Notre réputation ne s'en relèverait pas. On reconnaissait Jan de loin, à son feutre et sa canne. Irait-il jusqu'à nous rouer de coups ?

Ronald Lauder, lui, compatit à la confusion dans laquelle il nous avait malgré lui plongés. Il nous proposa généreusement de fonder au nom de Jan une école juive en Pologne (Jan avait été interné à Auschwitz). Après la guerre, Krugier s'était rendu à Paris dans l'intention d'y devenir artiste. Ses meilleurs amis Giacometti et Matisse l'avaient convaincu de se consacrer plutôt au commerce. Il connaissait tellement de monde dans le milieu de l'art qu'il valait mieux ne pas se le mettre à dos. Ce que nous venions précisément de faire.

L'offre de Ronald tomba dans l'oreille d'un sourd. Nous allâmes personnellement trouver Jan, porteurs du rameau d'olivier. Il nous claqua la porte au nez et, des années durant, nous tourna le dos chaque fois que sa route croisait la nôtre. Il mourut en 2008. Quelle ironie du sort si Ronald Lauder avait alors racheté le Picasso à ses héritiers ! Même à dix fois le prix initialement convenu, je ne suis pas certain que Jan, où qu'il fût, nous aurait pardonné. Lors d'une adjudication chez Sotheby's, à Londres, ce Picasso atteignit un prix bien inférieur aux 2,5 millions que nous avions cru à tort empocher.

Malgré ce faux départ, notre nouveau négoce survécut et prospéra même. Nonobstant nos démêlés avec Jan, nous nous flattions d'un certain talent pour courtiser et choyer les particuliers de notre clientèle. Notre savoir-faire paya. Entre 1998 et 2000, de Pury & Luxembourg acquit un certain renom en Europe continentale : nous vendîmes quelques-unes des œuvres les plus sûres en termes d'investissement sur le marché ces années-là ; des Van Gogh, des Renoir, des Klimt, des Picasso, des Brancusi et d'autres encore. Nous fîmes tant parler de nous que nous attirâmes l'attention de Bernard Arnault, le grand patron de LVMH. Le magnat du luxe français ne supportait pas de rester à la traîne de son éternel rival François Pinault, qui avait acquis Christie's en 1998 contre 1,2 milliard de dollars. Leur antagonisme était aussi célèbre que celui qui dressait Sotheby's contre Christie's. Si Pinault possédait une maison de vente, alors il en fallait une à Arnault aussi. La logique eût voulu qu'il opte pour Sotheby's, mais Taubman refusait de céder ses parts. Arnault décida de créer son Sotheby's à lui, à partir d'une honorable institution dépourvue d'éclat : la galerie Phillips de Londres qui sentait alors la naphtaline. Créée en 1798 par Harry Phillips, l'employé de confiance du fondateur de Christie's, James Christie, la galerie se targuait d'avoir procédé à des enchères pour le compte de Napoléon Bonaparte, Beau Brummel et les héritiers de Marie-Antoinette après son passage sous le couperet de la guillotine. De l'eau avait entre-temps coulé sous les ponts. Nous entrâmes en scène, Daniella et moi, donnant à la galerie une nouvelle impulsion – et à la guerre des maisons de vente, jusque-là simple tournoi en lice, les dimensions d'une mêlée générale.

Je fis la connaissance de Bernard Arnault alors que je siégeais au conseil d'administration de Gucci ; il livrait à ce moment-là une bataille sans pitié contre Pinault pour prendre le contrôle de l'entreprise. Pinault finit par l'emporter dans la mesure où il acquit Gucci, mais Arnault empocha au passage plus de 700 millions de dollars. Il fit d'autant moins figure de mauvais perdant que les négociations aboutirent deux jours avant le rude coup porté au marché du luxe par les attentats du 11 Septembre. J'avais eu un aperçu du caractère passionné d'Arnault, fort différent de Pinault, quoique non moins entier. Élégant, intellectuel, distant, Arnault témoignait d'une politesse à toute épreuve. Pinault aspirait à tout contrôler. Chaleureux et enthousiaste, il partageait au fond la détermination sans faille d'Arnault.

L'habileté de LVMH à courtiser le milieu de l'art et intégrer la création contemporaine à ses campagnes publicitaires ne laissait pas de m'impressionner. À force de recourir à Richard Prince, Murakami, Kusama et d'autres encore, la marque Louis Vuitton rendit chic et *trendy* le rapprochement entre produits de luxe et œuvres d'art. En achetant Phillips les yeux fermés contre la somme dérisoire (à côté de ce qu'avait déboursé Pinault pour Christie's) de 121 millions de dollars, Arnault s'était doté d'une mission, artistique, qui plus est. Voilà le genre d'homme qui me plaisait.

Lorsqu'il me reçut dans son bureau au dernier étage de la boutique Dior de l'avenue Montaigne, Arnault fit montre de son goût impeccable et raffiné : on nous servit une nourriture et un vin dignes des temples de la gastronomie des alentours, cotés trois étoiles au Michelin. Arnault ne vivait que pour la culture, et ne parlait d'ailleurs que de ça. Marié à une pianiste de concert franco-canadienne, il savait lui aussi charmer les oreilles de ses auditeurs. Il toucha en moi la corde sensible en me pressant de m'associer avec lui. « Vous avez besoin, me dit-il, d'une scène dont vous ne disposez pas pour l'instant ». Il savait à quel point les adjudications faisaient mes délices et me manquaient. Il me parla sur les tons les plus à même d'emporter mon consentement. Lorsque je lui confiai que j'avais déjà une associée, il rétorqua :

« Ce sera aussi la mienne. » Notre entreprise, il la baptiserait Phillips, de Pury & Luxembourg. Daniella et moi détiendrions un quart des parts et LVMH le reste. On n'aurait pu rêver meilleur appui. Nous voilà dorénavant en mesure de rivaliser avec les géants. Nous allions jouer dans la cour des grands.

Arnault tablait sur une meilleure rentabilité de Phillips par rapport à Sotheby's et Christie's compte tenu de leurs coûts de fonctionnement et de leur hiérarchie pléthorique. Ce qui rognait le plus les profits du duopole ? Leur personnel et les catalogues. Ceux-ci revenaient jusqu'à 70 dollars par exemplaire, or il leur arrivait d'en tirer jusqu'à quinze mille. Les ventes se multipliant au fil de l'année, les frais ne tardaient pas à s'accumuler. Les employés aussi coûtaient très cher. Or personne n'en comptait autant que les deux leaders du secteur. Bon nombre de ces employés faisaient partie des meubles ou devaient leur poste à leur parentèle. En somme, les deux arches de Noé trimballaient beaucoup de lest. Certes, un perfectionniste comme Arnault ne lésinerait pas sur les catalogues, mais en ce qui concernait le lest, il comptait sur Daniella et moi pour ne pas faire preuve de plus de ménagement qu'Hercule nettoyant les écuries d'Augias.

Les projets même les mieux conçus peuvent capoter. Notre volonté de faire simple se heurta tout de suite à des problèmes complexes du fait des poches bien garnies de M. Arnault et de ses ambitions sans frein. En plus de notre QG londonien, LVMH s'adjugea un local de luxe à New York, au coin de la 5e avenue et de la 57e rue. Je m'installai au St. Regis, et Daniella dans une maison de l'East Side ayant appartenu à Pierre Matisse, marchand d'art, le fils du peintre

Henri. Ne restait plus qu'à préparer notre première vente prévue au printemps 2001. Il fallait frapper fort pour acquérir de la visibilité à New York. Or nous n'adjugerions ni plus ni moins que la collection de Heinz Berggruen, le célèbre marchand croisé lors de mes années d'apprentissage auprès d'Ebi Kornfeld à Berne et que j'appris par la suite à mieux connaître par le truchement de son ami Heini Thyssen.

Si la collection de Heini finit à Madrid, celle de Heinz aussi traversa bien des frontières. En tant que marchand d'art parmi les plus en vue du Paris de l'après-guerre, Heinz se laissa convaincre de transférer ses œuvres à Berlin ; la menace de l'Holocauste ayant auparavant contraint ce Juif à fuir la ville. Il accepta l'offre de la municipalité lui proposant de créer pour lui un musée et ce geste de réconciliation et de pardon le hissa au rang de star internationale. « Je ne suis ni français ni allemand, aimait-il à dire, mais européen. » Il appréciait en outre le vaste logement à l'étage de son musée cédé par les autorités berlinoises et qui lui permettait d'admirer chaque jour ses toiles. « J'ai la possibilité de les saluer, matin et soir, et dors sur mes deux oreilles en les sachant près de moi. »

Heinz comptait dans un premier temps se retirer à Genève et céder sa collection à la Suisse. En 1987, je pris les dispositions nécessaires à l'exposition de ses tableaux dans un musée de Genève. Hélas ! des douaniers sourcilleux, en proie à un excès de zèle, lui confisquèrent des œuvres mineures aux formulaires d'importation incomplets. Profondément offensé, Heinz revendit aussitôt son nouvel appartement genevois et quitta la Suisse pour faire de l'œil aux Anglais jusqu'à ce que les Allemands lui adressent leur fabuleuse offre. Voilà comment sa bureaucratie tatillonne priva la Confédération d'un des plus riches trésors artistiques de la planète.

Je me doutais bien qu'il ne faudrait ni plus ni moins qu'une proposition en or pour obtenir la vente des tableaux dont Heinz souhaitait se dessaisir. Heinz aimait l'argent. Par chance, M. Arnault en avait et se disait prêt à garantir à notre client des prix de réserve plus alléchants que Sotheby's et Christie's. À Hollywood, on parle dans ces cas-là d'acheter le tiroir-caisse. C'est ce que fit Disney en se lançant dans la production de films classiques (autres que des dessins animés) sous l'impulsion de Michael Eisner : la compagnie dépensa une fortune en publicité pour attirer les spectateurs en salle. Leurs premiers longs-métrages furent tous des succès mais ne rapportèrent pas un sou. Il fallait d'abord que le monde du cinéma les prenne au sérieux. Il en irait de même chez Phillips, de Pury & Luxembourg. Je mis en avant mon expérience et une bonne part des moyens financiers de LVMH pour appâter Heinz, certain que le jeu en vaudrait la chandelle. Bernard Arnault m'accompagna à Berlin où nous scellâmes notre accord avec Heinz au *Paris Bar*, un établissement qu'on croirait tout droit sorti de la comédie musicale *Cabaret* et du Berlin décadent de l'entre-deux-guerres.

Le jour de la vente, j'enfilai mon costume Caraceni porte-bonheur, ma chemise blanche et ma cravate noire de banquier suisse, croquai la pomme à laquelle se résume toute ma nourriture dans ces occasions-là, et montai sur la toute nouvelle estrade conçue spécialement à l'intention de Phillips avant d'y aller de tout mon cœur. J'adjugeai l'éblouissante

Montagne Sainte-Victoire de Cézanne pour 38 millions de dollars, et dans la foulée, quarante autres chefs-d'œuvre jusque-là propriété de Heinz. Je vendis aussi des tableaux étrangers à la collection Bergguen, dont deux Renoir d'Henry Kravis. La vente rapporta en tout 124 millions de dollars ; un montant inférieur à nos promesses à Heinz mais pas à dédaigner pour autant. Le monde entier garderait dorénavant un œil sur nous. Or tel était le but de l'opération. Phillips venait de prouver sa capacité à écouler des tableaux de la catégorie « poids lourds » ; celle des impressionnistes et de l'art moderne, dont la compagnie n'avait jusqu'alors aucune expérience.

Je me rappelle très bien dans quelles circonstances je fus averti de la tragédie du 11 Septembre, cette même année. Je traversais les Tuileries sur le chemin des locaux de LVMH, avenue Montaigne, lorsqu'un coup de téléphone m'annonça la chute de la première des tours jumelles. Au bureau de M. Arnault chez Dior, je regardai comme en transe, auprès de Daniella et lui, la seconde tour partir en flammes à la télévision, alors même que nos rêves pour Phillips s'envolaient en fumée, comme force nous fut bientôt de l'admettre. Il fallut annuler le dîner d'inauguration de l'exposition Dubuffet au centre Pompidou prévu ce soir-là par Arnault. Deux jours plus tard, les avocats de LVMH nous apportèrent de funestes nouvelles : le monde n'était plus le même. Mieux valait selon eux se désister.

L'effondrement des tours jumelles tint lieu de métaphore à celui de mon mariage. J'ai beau me targuer de savoir ce que je veux, professionnellement, à ce moment-là, j'hésitais autant à tirer un trait sur mon foyer que, du temps de Peter Wilson, à quitter Sotheby's pour le baron Thyssen et, plus tard, Thyssen pour le Sotheby's d'Al Taubman. Mon empressement à m'éloigner de la maison de vente sous le règne de Dede Brooks a fait figure d'exception. Renoncer à mon poste m'a moins coûté que de me séparer de ma femme, tant la crainte me paralysait alors de perdre l'affection de mes enfants, qui comptaient pour moi plus que tout.

Soucieux d'y voir un peu plus clair, je me soumis, sous le coup d'un profond abattement, à une dizaine de séances d'analyse avec une psychiatre de Genève. La thérapie n'arrangea rien, au contraire. Une princesse indienne de Montreux me présenta alors sa diseuse de bonne aventure. Sans doute se dira-t-on qu'une situation désespérée appelle des mesures désespérées. À vrai dire, je n'en étais pas à mon premier contact avec l'occultisme. Un ami de Heini, Henry Ford, épousa en troisièmes noces, du temps où m'employait le baron, une native du Michigan sans prétention ; une certaine Kathleen, ex-mannequin pétulante, dont le premier mari, ouvrier à la chaîne, gagnait sa vie dans une usine Chrysler. Croyant dur comme fer à l'astrologie, Kathy convertit Henry au culte des étoiles.

Ford ne faisait désormais plus un pas sans consulter la voyante attitrée du couple, laquelle ne ressemblait en rien à une gitane mais plutôt à la DG d'un grand groupe automobile. Un jour que je devais donner une conférence au musée d'art de Detroit, Kathy m'offrit une séance avec cette femme extraordinaire, qui devina non seulement le sujet de ma conférence mais tout ce qui m'arrivait alors avec Isabel, Daniella et Phillips.

J'aurais bien voulu solliciter son aide mais un cancer l'avait entre-temps emportée.

J'acceptai donc faute de mieux la proposition de l'Indienne de me présenter une extralucide du nom de Carmen Bietenharder. Vêtue d'une robe blanche, les cheveux blancs virilement taillés en brosse, elle ne sortait jamais sans un petit shih tzu, cadeau de sa cliente Elizabeth Taylor du temps où elle résidait à Hollywood. Elle m'apprit que mon anniversaire coïncidait avec celui de son chien, ce qui revêtait à ses yeux une signification cruciale. Laquelle au juste, je ne saurais le dire. Quoi qu'il en soit, un beau jour de 1998, Carmen débarqua dans nos bureaux flambant neufs et y étala ses cartes sur une table.

Notre assistant arriva sur ces entrefaites et nous surprit, Daniella et moi, en flagrant délit de mysticisme. Il en déduisit que nous avions perdu la tête. Mais Carmen comprit très bien ce qui nous perturbait en privé, Daniella et moi. À la différence de ma psychiatre, elle me soulagea de ma culpabilité et, surtout, me poussa à me décider enfin. Grâce à elle, je trouvai le courage de quitter le domicile conjugal et de m'installer dans mon propre appartement à Genève, sans pour autant me lancer dans une procédure de divorce, que j'appréhendais. À l'aube de la cinquantaine, je devins en quelque sorte un homme nouveau. Ce fut à ce moment-là que je rencontrai Louise MacBain.

Nos chemins se croisèrent une première fois à l'été 2000 alors que tout allait au mieux pour moi, aussi bien sur le plan professionnel que personnel. Carmen venait de m'insuffler un nouvel élan en m'aidant à voir clair dans ma vie. Nos affaires à Daniella et moi prospéraient en Suisse et à l'horizon se profilait l'offre de Bernard Arnault. Je m'apprêtais à passer de simple employé de Sotheby's à rival de la maison de vente. Un week-end où je devais procéder à Long Island à une vente aux enchères caritative au profit du Watermill Center fondé par l'homme de théâtre avant-gardiste Robert Wilson, mon ami Alexis Gregory, des éditions Vendôme Press, m'entraîna à un déjeuner dans une imposante demeure de Gin Lane, l'une des adresses les plus prestigieuses des Hamptons.

La maison, où Woody Allen avait filmé *Intérieurs*, appartenait à Louise MacBain, l'une des plus belles et des plus riches femmes que j'aie jamais connues. Âgée d'une quarantaine d'années, blonde, mince et royale, Louise, canadienne, ne s'exprimait avec un accent qu'en s'adressant à ses compatriotes. Alexis m'avait simplement dit d'elle qu'à la tête d'un empire mondial de revues de petites annonces, elle ambitionnait d'« entrer dans le monde de l'art ». J'avais souvent entendu ces propos de la part de gens riches. Le physique et le charme de Louise me firent tourner la tête. D'autant qu'à la dernière minute, elle prit l'initiative de modifier son plan de table pour me placer auprès d'elle. Ses traits fins, sa blondeur et sa gracile silhouette rappelaient un peu Denise Shorto, la troisième épouse de Heini. Mais alors que Denise ne pensait qu'à faire la fête, Louise, elle demeurait d'un sérieux inflexible. Ce qui ne doit pas étonner au vu de la fortune qu'elle avait amassée.

Je crus je ne sais pourquoi Louise célibataire et seule à la tête de son empire. Alexis me détrompa une fois sorti de table. La compagnie de notre hôte, Trader, Inc., avait été fondée par son époux John MacBain et ils avaient trois enfants. Louise n'hésitait pas à prendre des initiatives, elle s'intéressait aux nouvelles technologies. Elle souhaitait diffuser ses magazines sur Internet et convertir au net le monde antédiluvien de l'art où l'on s'échangeait encore par courrier d'énormes colis de diapositives. Aurais-je l'amabilité de la conseiller à l'occasion d'un entretien chez elle, à Genève ?

L'absence d'œuvres d'art dans sa demeure cossue ne me permit pas de déterminer vers quoi la portaient ses goûts. Pour autant que je pusse en juger, ils l'inclinaient en tout cas vers moi ; ce qui ne manqua pas de me flatter. Je ne saisis pas non plus très bien ce qu'elle entendait par rapprochement de l'art et des nouvelles technologies. Sa beauté et sa réussite valaient la peine que je m'efforce de tirer tout ça au clair. Elle tenait à se positionner à l'avant-garde et comptait sur moi pour l'aiguiller. Southampton, Genève, l'art, les nouvelles technologies… pourquoi pas ?

L'invitation de Louise m'emballa d'autant plus que le couple MacBain avait acheté à Genève l'ancienne résidence de l'excellent ami de Heini, Jaime Ortiz Patiño. Ce roi du golf avait aménagé un parcours de neuf trous autour de son domicile rempli de magnifiques œuvres dont il finit d'ailleurs par me confier la vente. Jusque-là, Patiño m'avait porté chance : aussi bien lors de l'adjudication de sa collection que de celle du Gauguin avec Heini ou encore de la vente aux enchères des bijoux d'Albina du Boisrouvray. Plus superstitieux que jamais depuis que je fréquentais l'extralucide Carmen, je vis dans ces précédents succès un signe du destin.

À Genève la villa, où le sort m'avait jusque-là été clément, grouillait de majordomes et de domestiques dont Louise me livra qu'ils avaient été employés à l'Élysée sous la présidence de Chirac. Le conformisme de mon hôte en matière d'art me déçut : depuis le départ de Jaime, l'ambiance, froide et conventionnelle, n'était plus la même. J'avisai un médiocre Chagall et un Signac mineur. Plus tard, j'avouerais à Louise ne pas partager ses goûts. Elle résolut de les infléchir en les modelant sur les miens. Lorsque je lui déclarai que j'aimais peu son décorateur de Southampton, Alberto Pinto, elle confia la rénovation de son intérieur à François Catroux, dont j'appréciais en revanche le style. Louise se comportait en caméléon. Sa capacité à flatter son entourage la menait où elle voulait, du moins dans les premiers temps.

Ma rencontre, au domicile du couple, avec le mari impressionnant de dynamisme de Louise mit un terme à mes rêveries. J'en appris en outre un peu plus sur les origines de Louise née Blouin, issue d'une famille catholique québécoise, à la tête d'une compagnie d'assurances. Sa sœur aînée avait fait un très beau mariage avec le fils de Paul Desmarais, un milliardaire à la tête de la Power Corporation, une grosse compagnie d'électricité canadienne où travaillait John MacBain. Ce fut la sœur de Louise qui les présenta l'un à l'autre. En 1987, le couple lança *Hebdo Mag* avant d'acquérir plus de trois cents journaux de petites annonces. Tel le roi Midas, les époux MacBain, qui possédaient des résidences un peu partout dans le monde, semblaient changer en or tout ce dont ils s'occupaient ; un don complètement étranger à mon côté artiste et qui forçait mon admiration. Si la culture fascinait Louise, John, lui, aimait mieux courir des marathons.

Il n'en céda pas moins aux désirs de sa femme d'étendre ses activités au milieu de l'art. Ensemble, ils me firent parcourir l'Europe à bord de leur avion privé, le temps d'explorer différentes pistes. Je me rendis d'abord à Monte Carlo où je présentai Louise à mon ami Helmut Newton afin qu'elle discute avec lui d'une campagne photo pour son commerce de petites annonces. Il m'avait suffi de voir les clichés d'Helmut dans *Vogue* pour me convaincre de faire sa connaissance. Je l'invitai par la suite à intervenir dans ma série de conférences chez Sotheby's à Genève. Je sympathisai tout de suite avec lui et son épouse June, elle-même photographe sous le pseudonyme d'Alice Springs, une ville de son Australie natale.

Mes conversations d'affaires avec Louise durent exercer sur nous un effet aphrodisiaque. Un soir, au coucher du soleil, seuls dans mon bureau à la décoration glamour signée Andrée Putman, face à une vue des plus romantiques sur le lac de Genève, un baiser spontané alluma en nous une flamme qui nous dévorerait sous peu ; ce que j'appelle un « baiser prêtant à conséquence ». Du temps de mon adolescence circulait l'expression « elle achètera les rideaux ». Ce fut le cas : des rideaux en l'occurrence choisis par François Catroux.

Du fait de l'étroite collaboration entre John et Louise, notre liaison encore balbutiante prit vite des allures de vaudeville. John, que pour ne rien arranger j'appréciais sincèrement, était bien trop fin pour ne rien flairer. Lors d'un séjour à Londres au Claridge, il multiplia les allées et venues le long du couloir qui menait à ma suite or ce n'était certainement pas un distributeur automatique de boissons qu'il cherchait avec tant d'entêtement. Sans doute se demandait-il si Louise frapperait ou non à ma porte. Une Anglaise que j'avais jadis fréquentée surgit comme par hasard à ce moment-là. Son arrivée dissipa provisoirement les soupçons de John mais attisa l'esprit de compétition de Louise avertie par son mari du passage de ma « bonne amie ». Possessive, elle me reprocha de l'avoir « trompée ».

Le vaudeville atteignit son comble lors d'un dîner à Genève auquel prirent part Louise et John, Daniella Luxembourg et son époux Boubi, et bien sûr Isabel et moi, encore légalement unis. Les idées à présent plus claires grâce à l'extralucide Carmen, je restais indécis, certain de ce que je souhaitais mais redoutant d'aller au bout de mes désirs. Comme de juste, tous les convives se détestaient cordialement. Après le dîner, Louise passa la chanson « Si j'avais un marteau », la bande son d'une vidéo pleine d'humour qu'un ami venait de réaliser de moi dans mes œuvres. S'il ne s'agissait certainement pas de « notre » chanson, à Isabel et moi, ce n'était pas non plus celle qui cimentait ma complicité avec Louise, encore que ce fût apparemment ainsi que mon épouse interpréta son initiative musicale.

Boubi Luxembourg, architecte de métier, descendait en droite ligne de la martyre marxiste Rosa Luxemburg. Les domestiques en livrée et le style de vie royal de Louise réveillèrent le révolutionnaire radical qui sommeillait en lui. Je m'étonnai presque qu'il ne mette pas le feu à la villa. Je me rappelle avoir présenté Daniella au duc de Luxembourg à l'occasion d'une vente dans le duché : ils convinrent sur le ton de la plaisanterie qu'ils n'appartenaient pas aux mêmes branches de la famille.

Après dîner, John MacBain m'emmena faire un tour dans sa nouvelle Ferrari, cadeau de Louise pour son quarantième anniversaire. Encore que « faire un tour » ne soit pas le terme qui convient. La balade me laissa plutôt l'impression d'une mission kamikaze. Me revint en mémoire la même scène d'*Annie Hall* qui s'était déjà imposée à mon esprit au côté de l'envieux Sandor Berkes à Lugano. Cette fois, John MacBain, lui aussi consumé par la jalousie, mania encore plus intrépidement le volant. Je sortis de voiture secoué, n'en revenant pas d'être toujours en vie.

Quand j'étais à bord de leur jet avec Louise et John, la tension devenait rapidement palpable. Ils se disputaient pour un oui ou pour un non. Douée d'un talent inné pour l'organisation, Louise nous arrangea une fabuleuse excursion sur le yacht d'un magnat grec de Helsinki à Saint-Pétersbourg – l'occasion de profiter des soirées d'été qui n'en finissent plus sous ces latitudes. John resta tout le temps au côté de Louise et de leurs enfants alors que je dépérissais seul dans mon coin. Quand John et les enfants rentrèrent chez eux, Louise demeura sur la terre ferme avec moi, le temps d'explorer plus avant les possibilités qui s'offraient à elle dans le monde de l'art.

Une nuit, à Saint-Pétersbourg, nous surprîmes à 3 heures une véritable équipée sauvage : Jeremy Irons et le directeur du Guggenheim Thomas Krens (entre autres) circulant à moto autour de l'immense place de l'Ermitage. Je savais au fond de moi que ma liaison avec Louise finirait mal. Seulement, je n'avais pas la force de l'arrêter. À l'occasion d'un autre voyage en Russie à bord du jet de Louise, avec Eve Scharf, la petite-fille par alliance de ce Gerstenberg dont la collection de tableaux avait reparu à l'Ermitage en partie grâce à moi, Elise Goulandris, la veuve de l'armateur grec Basil Goulandris se joignit à nous. Ces deux femmes avisées me convoquèrent au bar de notre hôtel de Moscou. Telles deux sibylles, elles m'avertirent qu'elles avaient bien vu ce qui se tramait et y voyaient en tant qu'amies une « mauvaise idée ».

Foncièrement impulsive, Louise me dit assez vite vouloir quitter John pour s'installer avec moi. Sensible au prestige de la fortune et du lignage, comme beaucoup de femmes n'ayant pas grandi dans le milieu où elle évoluait à présent, Louise avait eu une aventure avec Laurent Junot, le frère de Philippe aux allures de playboy, ex-époux de Caroline de Monaco. Elle avait en outre épousé en premières noces l'héritier canadien d'une fortune amassée grâce au tabac mais leur couple n'avait pas duré.

En somme, Louise ne craignait pas de larguer les amarres pour repartir de zéro et se disait prête à commencer une nouvelle vie à mes côtés. J'avais quarante-neuf ans et elle, quarante-deux. N'hésitant pas à tout plaquer sur un coup de tête, elle ne souffrait pas du genre de paralysie décisionnelle qui m'avait si souvent empoisonné dans la sphère privée. Sa spontanéité contrastait avec son apparence un peu froide à la Grace Kelly et sa maîtrise d'elle-même. Notre relation se déroulait dans les décors les plus romantiques. Des jets nous amenaient d'un continent à l'autre dans de grands hôtels de luxe ou chez les riches et les célébrités de ce monde. Les faveurs aussi bien de Louise que de Bernard Arnault enflaient alors mon ego. Louise loua pour nous un « nid d'amour » à Chester Square à Londres. Je lui dénichai par la suite une demeure encore plus spacieuse à Holland Park, qu'elle racheta à l'une des deux épouses « officielles » du sultan du Brunei. Elle revendit plus tard cette maison à Goga Ashkenazi, une aventurière de haut vol proche du dirigeant du Kazakhstan. Louise et elle ne tarderaient pas à devenir d'excellentes amies du prince Andrew. De quoi écrire un roman dans le style de Danielle Steel.

Seul me fit revenir sur terre le tragique cancer du pancréas qui frappa sans prévenir mon frère David, à cinquante-sept ans. J'avais grandi dans son ombre. Il restera l'homme le plus intelligent et le plus enchanteur qu'il m'ait été donné de connaître, l'un des meilleurs diplomates d'Europe et négociateurs de Suisse, membre des conseils d'administration de Nestlé ou encore du Crédit Suisse. Nous venions tout juste de fêter son anniversaire à Bâle avec son épouse péruvienne, la veille de son départ pour Lima, où elle devait retrouver sa famille. Son avion n'eut pas plus tôt décollé que le médecin de David lui annonça par téléphone qu'il lui restait au mieux six mois à vivre. Sa seule chance de s'en sortir (mais elle s'annonçait mince) impliquait une intervention chirurgicale. David tenta le tout pour le tout. Lorsque son épouse eut fait demi-tour pour accourir à l'hôpital, on lui assura que l'opération avait été couronnée de succès. Seulement, David ne se remit pas de l'anesthésie. Au bout de quelques jours, on débrancha la machine qui seule le maintenait encore en vie.

Alors même que David se mourait, mon frère Albert, professeur de théologie, célébra son soixantième anniversaire. On me demanda pour l'occasion de prononcer un discours. La femme de David ne souhaitant pas qu'on sache son mari malade, il fallut donner l'illusion que nous formions une famille heureuse, sans souci. Comme lors d'une adjudication où personne n'enchérit, je fis comme on dit bonne mine à mauvais jeu. Et pour être mauvais, il l'était. Je pris la parole devant les miens le 22 décembre 2000. David rendit l'âme le 26. Mon père aussi était mort, d'une crise cardiaque, en 1997, et la flamme qui animait ma mère s'éteignait peu à peu depuis. J'incarnais la génération suivante, or il me semblait impératif de faire mon possible pour me montrer à la hauteur des exigences implacables de ma famille.

Aussitôt après le décès de David, Louise m'invita à la rejoindre en Concorde à Saint-Barthélemy, où elle louait alors le yacht du magnat des montres suisses Jorg Bucherer. Puff Dady venait tout juste d'y séjourner mais mon récent deuil me retint de me laisser gagner par l'ambiance résolument « bling bling » à bord. Je fis de mon mieux pour me concentrer sur ma nouvelle mission chez Phillips : défier le duopole des maisons de vente. Louise se porta volontaire pour soutenir nos efforts, pourquoi pas en s'associant à nous. Je m'évertuai à rallier à sa cause Daniella, alors aux prises avec une liaison qui se conclurait par un divorce. Je ne me doutais pas à quel point un talent tel que celui de Louise pour les affaires nous serait sous peu nécessaire.

Je passai une bonne part de l'année 2000 et de la suivante à faire la navette jusqu'à Los Angeles pour y organiser notre prochaine grosse vente chez Phillips : celle de la collection Smooke. Le couple décédé depuis peu appartenait aux grandes dynasties de l'immobilier de la ville. Ils avaient su allier fortune et culture. À l'initiative, entre autres, de la création du musée d'art du comté de Los Angeles, Nathan et Marion Smooke détenaient un fabuleux ensemble de tableaux allemands et français du début du XXe siècle. Pour emporter la vente, nous assurâmes à leurs héritiers des garanties aussi astronomiques qu'à Heinz Berggruen. Je me doutais bien que la presse nous le reprocherait. Mais n'avait-on pas critiqué de même Michael Eisner ? Or, à présent, Disney damait le pion à Fox et consorts. Nous espérions alors nous assurer une position tout aussi avantageuse sur le marché de l'art.

Conscients que Phillips ne pourrait pas prétendre tout vendre à tout le monde comme Sotheby's ou Christie's, nous avions résolu de rivaliser avec le duopole dans le secteur de l'élite en nous concentrant sur les toiles modernes et impressionnistes les plus onéreuses, celles qui faisaient les gros titres et surtout qui rapportaient gros. Que Sotheby's s'amuse donc à vendre des bandes dessinées, des affiches de cinéma ou des poupées. Qu'ils écoulent le bric-à-brac de Jackie Onassis. Et qu'ils s'étouffent dans leur paperasse ! Nous comptions opérer à la tête d'une cent cinquantaine d'employés, pas plus ; contre plusieurs milliers chez la concurrence. Dans le secteur du luxe, Bernard Arnault éclipsait tout le monde. Nous resterions fidèles à son esprit d'exclusivité. Comme le dit Daniella à un journaliste : « Quand on veut de la haute couture, on ne va pas chez Macy's. »

Daniella et moi allions toutefois devoir viser haut pour rattraper le mauvais départ de M. Arnault chez Phillips. Sa première vente en mai 2000 (avant notre embauche) tourna au désastre. Les tableaux y étaient de piètre qualité et il engagea comme maîtresse de cérémonie Sharon Stone, dont l'étoile pâlissait quelque peu depuis son coup d'éclat de 1992 dans *Basic instinct.* Sharon parcourut les rangs des acheteurs potentiels, telle une animatrice de jeu télévisé, allant jusqu'à s'asseoir sur les genoux de certains dans l'espoir de ramener un peu de vie parmi une assistance qui en manquait cruellement. Elle se posa notamment sur ceux de David Nahmad, tellement habitué à la compagnie de ravissantes créatures que même un contact rapproché avec Sharon ne l'incita pas à enchérir sur une œuvre qui ne lui disait rien. Sharon est irrésistible quand il s'agit de procéder à des ventes de charité mais son style plein de piquant ne convenait pas du tout à une adjudication de l'envergure de celle-là, qui se conclut par un fiasco. M. Arnault prit alors conscience qu'il devait se montrer plus professionnel. Tant mieux pour Daniella et moi. D'un autre côté, nous n'avions plus droit au moindre faux pas. Aussi nous sentions-nous soumis à une pression considérable. Comme j'ai heureusement tendance à me surpasser dans ces cas-là, j'accueillis de bonne grâce le défi.

Évidemment, nul ne pouvait prévoir les attentats du 11 Septembre, qui secouèrent même les investisseurs les plus téméraires. Alors que François Pinault détenait Christie's par l'intermédiaire d'Artemis, un holding privé, et non par celui de Pinault Printemps Redoute (une société par actions), Phillips appartenait à Bernard Arnault à travers LVMH, cotée en bourse. Déjà avant le 11 Septembre, l'année 2001 s'annonçait difficile pour l'industrie mondiale du luxe. Si la presse financière ne s'intéressait pas de trop près à ce que fabriquait Pinault avec Christie's, beaucoup de journalistes économiques se demandèrent en revanche si LVMH n'avait pas tort d'investir dans un secteur étranger au noyau dur de ses activités.

Nous convînmes avec les Smooke des garanties que nous leur accorderions à la fin août. Impossible dès lors de nous dédire. Le 12 septembre, cependant, ni Bernard Arnault, ni Daniella Luxembourg ni moi-même (ni personne d'autre d'ailleurs) ne nous aurait encore conseillé de signer le contrat qui nous liait avec le couple. Bernard estima que, dans un monde désormais sens dessus dessous, notre engagement n'avait plus de sens, économiquement parlant ; d'où son intention de se rétracter. La nouvelle nous parvint, à Daniella et moi : LVMH souhaitait négocier son retrait. Le titre de ce fameux film italien, *Séduite et abandonnée,* résume à merveille la situation. La maison Phillips, de Pury & Luxembourg me fit l'effet d'un cheval lancé au galop, soudain obligé de freiner des quatre fers. Je m'efforçai pour ma part de rester en selle.

Je menais alors une vie de nomade sillonnant la planète. À New York, je logeais à l'hôtel *Mercer* alors que Daniella occupait encore la maison Matisse de la 64e rue. En très peu de temps, il nous fallut à la fois préparer la vente Smooke et faire face au retrait d'Arnault. Non contente de se débarrasser de nous, LVMH revendit dans la foulée les autres maisons de vente qu'elle venait d'acquérir : Bonham à Londres et Tajan à Paris. À en juger par les récentes décisions d'Arnault, le marché de l'art s'apprêtait à connaître le même sort que les tours jumelles. La confiance n'était plus à l'ordre du jour.

Nous passâmes une bonne partie de ce morne automne dans les locaux du cabinet juridique Debevoise & Plimpton auprès de Louis Begley, parvenu par Dieu sait quel miracle à concilier deux carrières a priori incompatibles, brillant juriste d'entreprise et romancier à la sensibilité à fleur de peau. Begley, sous ses allures d'homme de loi à qui tout réussit, était en réalité juif, né en Pologne, comme Daniella. Après une enfance à Brooklyn, il entra à Harvard. Ex-directeur du cabinet Debevoise à Paris, il parlait apparemment le même langage que nous et connaissait aussi bien le monde de l'art que l'Europe.

Au lendemain des atrocités terroristes qui frappèrent New York en plein cœur, la vente Smooke apporta à ses habitants qui en avaient bien besoin un peu de ce glamour et de ce luxe qu'on ne trouve qu'à Manhattan. Je procédai moi-même, avec autant d'allant que possible, à l'adjudication dans notre nouveau QG pour le coup bondé. Se pressaient au pied de mon estrade cinq cents personnalités en vue, aussi bien Steve Wynn de Las Vegas que Ronald Lauder, sur le point, en ces temps difficiles, d'inaugurer sa Neue Galerie dans la 86e rue.

La vente rapporta 86 millions de dollars ; à peine moins que le montant attendu. Seules cinq œuvres ne trouvèrent pas preneur, mais leur sort me brisa le cœur. Loin de m'en laver les mains comme chez Sotheby's, j'en fis une affaire personnelle. Pis encore (et bien sûr, la presse en fit ses choux gras) : une rumeur prétendit que les garanties consenties excédaient de loin nos profits ; de quoi nous miner et nous assurer que Bernard Arnault – investisseur avisé s'il en est – ne regretterait pas la cession de ses maisons de vente.

Au bout du compte, Arnault n'en sortit pourtant pas lésé. Il lui suffit d'attendre quelques années pour écouler les chefs-d'œuvre qu'il venait d'acquérir à son corps défendant, dont quelques tableaux admirables de Klimt. Au passage, il empocha même un coquet bénéfice. S'il retira ses billes, ce ne fut pas tant pour des questions d'argent que parce que les journalistes financiers mirent en pièces Phillips, une société cotée en bourse, propriété de LVMH, selon eux incompatible avec son cœur de métier : la mode. L'année 2001 se révéla l'une des pires dans les annales de l'industrie du luxe. Même les milliardaires se laissent affecter par l'opinion de la presse mondiale sur la provenance de leurs milliards.

Louis Begley eut beau se démener, les cohortes d'avocats de LVMH aux ordres d'Arnault nous réduisirent en charpie. Le retrait de LVMH nous stigmatisa, telle une lettre écarlate dont aucune entreprise n'eût pu se remettre – la preuve la plus accablante que nous ne méritions pas qu'on nous fasse confiance. Daniella et moi, jusque-là à la tête de notre propre compagnie aux coûts de fonctionnement minimes et aux profits maximaux, ne détenions désormais plus qu'une part d'un conglomérat onéreuse à maintenir en service dans la mesure où nous souhaitions continuer. Trouver de quoi financer une entreprise aussi dispendieuse qu'une maison de vente n'est en aucun cas à une partie de plaisir. Au lendemain du 11 Septembre, une telle gageure devint carrément de la folie. Qui pouvait sauver Phillips si Bernard Arnault n'avait pas été en mesure d'y parvenir ?

Et Louise, alors ? Elle demandait sans arrêt de participer à notre aventure alors que je renâclais par crainte de mélanger plaisir et affaires. À ce moment-là, nous semblions fous amoureux l'un de l'autre. Louise avait la bosse du commerce. Or que me fallait-il ? un génie du commerce, ni plus ni moins. Et aux poches bien garnies, tant qu'à faire. Pourquoi n'incarnerait-elle pas le chevalier à la blanche armure dont personne ne souhaitait endosser le rôle ? Louise avait fait ma connaissance parce qu'elle ambitionnait de s'introduire dans le milieu de l'art. Elle voulait maintenant une place dans ma vie, or ma vie, désormais c'était Phillips. Voilà qu'une opportunité se présentait. Que pouvait-on espérer de mieux ?

Le lendemain même de l'arrivée de Louise dans nos locaux, les premières fissures apparurent. Le premier jour, Daniella estima pourtant comme moi que : « ça y est, nous avons trouvé la bonne formule ». Moins de vingt-quatre heures plus tard, elle revint sur ses louanges. « C'est un désastre ! » s'exclama-t-elle. Daniella et moi étions devenus si proches que nous ne faisions presque plus qu'un, finissant les phrases l'un de l'autre. Comment se pouvait-il que j'adore Louise et que Daniella la déteste ? Rien de plus simple : tels sont les risques des mélanges entre plaisir et affaires, en particulier quand les affaires en question se réduisent à pas grand-chose. En échange du poste de DG de Phillips, de Pury & Luxembourg, Louise, qui comptait devenir notre associée, s'était engagée à injecter des liquidités dans l'entreprise dont celle-ci manquait cruellement. Pour l'instant, elle n'avait toutefois pas investi un centime et, d'après Daniella, ne s'y résoudrait jamais.

Pour ne rien arranger, Louise, bien que néophyte en art, non contente de s'occuper de nos finances, voulut aussi se frotter au côté glamour et donc artistique de l'entreprise. Seulement, c'était la chasse gardée de Daniella, qui était en son bon droit. En moins d'un mois s'imposa le recours à un juriste du cabinet Couderc Frères à Paris chargé de jouer les médiateurs entre Daniella et Louise. Le jour de son arrivée, il passa sept heures à discuter avec Louise. « Il est complètement d'accord avec moi », exulta celle-ci à l'issue de leur entretien. Il consacra ensuite de longues heures à Daniella. « Il est entièrement de mon avis », se réjouit cette dernière.

Le lendemain matin, le juriste de chez Couderc nous livra son implacable conclusion : Louise devait s'en aller. Je fis de mon mieux pour départager mon associée et l'élue de mon cœur à la manière du roi Salomon – tâche ingrate s'il en est. L'une comme l'autre possédaient un ego important. Au point d'ailleurs que je peinais à exister entre elles. En plus, Daniella avait vu juste. Louise, quoi qu'elle en dise, ne comptait pas investir dans notre entreprise. Elle ne placerait pas son argent là où, à l'entendre, battait son cœur.

Côté cœur justement, le refus d'Isabel de consentir au divorce que ma voyante m'avait donné le courage de solliciter détourna ma relation avec Louise d'un possible remariage. J'engageai l'un des avocats les plus renommés d'Europe, Marc Bonnant, habitué à représenter les conjointes des oligarques russes et des milliardaires, telles que Lily Safra, dont le mari Edmond venait de trouver la mort à Monaco dans de mystérieuses circonstances. Même Bonnant n'obtint pas gain de cause. La loi suisse oblige les époux à réclamer conjointement le divorce devant le juge, ce qu'Isabel s'obstinait à refuser. « Pour te protéger », affirma-t-elle hors de l'enceinte du tribunal. Aujourd'hui encore, je lui sais gré de son entêtement. Louise ne pouvant plus être ma partenaire en privé ni en affaires, notre liaison tourna court.

Sept mois après son arrivée chez Phillips en 2002, Louise s'en allait déjà. Et Daniella aussi lorgnait vers la sortie. Ronald Lauder, un homme d'affaires des plus brillants, estima, après analyse, la société condamnée. Il conseilla à Daniella de ne plus s'attarder. Son départ me porterait le coup de grâce. Le responsable du département photographie décida de suivre son exemple. Cinq autres chefs de départements me convoquèrent alors dans le hall du Mercer. Comptaient-ils eux aussi me faire faux bond ? Avant que je ne désespère pour de bon, ils me détrompèrent. *Si vous êtes disposé à vous battre, alors nous lutterons à vos côtés.* Leur loyauté m'insuffla du courage dans l'adversité.

Je tiens ici à rendre à chacun son dû. Mon « club des cinq » se composait de Brook Hazelton, mon DG, Michael McGinnis, responsable mondial de l'art contemporain, Michaela Neumeister, chargée du développement et des pays germanophones, Aileen Agopian, à la tête du département art contemporain, et Sean Cleary, directeur de l'exploitation. Aucun d'eux n'avait plus de trente-cinq ans. Conscient que je ne m'en sortirais pas sans leur soutien, je leur cédai 30 % des parts de l'entreprise, les transformant du même coup en partenaires. Ils ne me lâcheraient pas avant 2008. Ensemble, nous réussirions l'un des come-back les plus inattendus de l'histoire du marché de l'art.

L'évolution de ma relation avec Louise illustre à merveille le potentiel de l'art à convertir des amoureux éperdus en couple bancal. Avant que Louise ne rejoigne Phillips, de Pury & Luxembourg, nous passions à Paris de grands moments romantiques. Louise louait un superbe appartement rue Saint-Honoré, juste en face de l'ambassade britannique. Ses immenses fenêtres s'ouvraient sur l'un des plus splendides jardins au cœur de la ville lumière. Nos promenades à n'en plus finir, le soir, nous menaient invariablement au *café de Flore*, où nous prenions place en salle, auprès des habitués. Nous y commandions une paire de Francfort suivie d'un éclair au chocolat en riant de notre régime aussi peu diététique que digne du guide Michelin. Nous tournions ensuite au coin de la rue pour aller boire à *La Palette* quelques verres sous les insultes du patron réputé pour sa grossièreté. C'était amusant de voir Louise, une maniaque du contrôle au maintien étonnamment rigide au vu de son jeune âge, se détendre enfin et se comporter, une fois n'est pas coutume, comme une rustre plutôt que comme Marie-Antoinette.

Après cela, vers 2 heures du matin, nos pas nous ramenaient rive droite, après un peu de lèche-vitrines dans la rue de Seine aux devantures irrésistibles. Un soir, peu après que Louise eut rejoint notre entreprise, alors que nous essayions encore de conclure la paix (et de ramener de l'argent), je m'arrêtai net devant Vallois, le temple de l'Art déco, frappé par un véritable coup de foudre pour deux vases géants en céramique de Jean Besnard, un artiste qui connut son heure de gloire dans les années 1950. Les plus beaux que j'eusse jamais vus. Je fis aussitôt part à Louise de mon admiration extatique. Je ne pense pas qu'elle en conçut de jalousie mais mon transport était tel que c'eût été compréhensible.

Le lendemain, je contactai par téléphone Mme Vallois, qui m'apprit qu'à son grand regret, les vases en question étaient réservés ; pas en vente, donc. Ne me comptant pas parmi les clients privilégiés de la boutique, j'admis ma défaite, du moins provisoirement. Mais je rappelai malgré tout au sujet des vases. Invariablement réservés. Lors de mon passage suivant à Paris, seul étant donné que mes affaires empoisonnaient peu à peu mes relations intimes, je me rendis en personne chez Vallois, espérant que la chance me sourirait enfin. Toujours réservés, m'affirma-t-on. Je finis par perdre patience. Je proposai d'acheter les vases comptant le jour même. On ne voulut rien entendre. Le lendemain, après un dernier verre en solitaire à *La Palette*, histoire de mieux faire passer la rebuffade, je poussai jusqu'à la rue de Seine afin de saluer l'objet de mon affection non payée de retour. Les vases n'étaient plus en vitrine. Quelques heures plus tard, j'allai à la boutique où l'on m'annonça qu'ils venaient d'être vendus. Jamais je ne me sentis à ce point rejeté.

Un peu plus tard, toujours en 2002, plus seul que jamais depuis que Louise venait de quitter Phillips et de sortir de ma vie, je reçus par courrier un magnifique catalogue de Christie's annonçant la vente prochaine de la collection de Karl Lagerfeld. Je songeais avec nostalgie à mon adjudication de son mobilier Memphis à Monte Carlo lorsqu'au détour d'une page en papier glacé, je reconnus, perplexe, mes deux amours : les vases de Besnard objets de ma convoitise. Je compris alors pourquoi chez Vallois on m'avait préféré Lagerfeld, l'un des individus les plus brillants à tout point de vue qu'il m'ait été donné de côtoyer. La vente aurait lieu dans si peu de temps que les vases n'avaient pas pu revenir de fait à Lagerfeld. Sans doute étaient-ils passés directement de la boutique Vallois chez Christie's. Sans épiloguer sur le pourquoi de la chose, je me réjouis de cette occasion de les acquérir.

Le moment venu, je pris part à la vente ; au bout du fil, pour une fois, me jurant de ne pas laisser les vases m'échapper. Un autre enchérisseur compulsif mit toutefois ma résolution à rude épreuve en se montrant systématiquement prêt à payer plus que moi. Les prix s'envolèrent. Je compris alors l'aphorisme de Paul Mellon lors de la première grande adjudication de Peter Wilson : que signifie encore le prix quand la beauté même entre en jeu ? Je finis bel et bien par emporter les vases mais contre une somme astronomique, un record pour Jean Besnard. J'en gardai un sentiment partagé : j'avais certes eu ce que je désirais mais en déboursant bien plus que ce que cela valait. Peu après, je tombai par hasard sur un entrefilet d'un journal allemand évoquant l'enthousiasme de Lagerfeld à propos de la vente, et notamment des vases de Besnard. Il en avait d'autres encore à écouler et en sortirait gagnant.

Plus tard, une connaissance de chez Christie's me confia au creux de l'oreille une trahison que je n'aurais pas un instant imaginée. C'était Louise MacBain qui avait fait monter les prix des vases le soir de la vente. L'enfer n'a pas plus grande furie que celle d'un collectionneur dédaigné. Je conserve aujourd'hui encore ces magnifiques vases quoique sans les exposer. Ce qui me console, c'est que la cote de Besnard n'a malgré tout pas cessé d'augmenter, au point que les vases valent à présent plus encore que ce qu'ils m'ont coûté. Moralité : tant qu'on acquiert des pièces de qualité et qu'on n'est pas pressé de s'en dessaisir, on finit toujours à la longue par rentrer dans ses frais.

Louise MacBain n'en continua pas moins de me persécuter. Ses enchères sur les vases de Besnard ne furent pas grand-chose à côté de sa manœuvre suivante, conçue comme exprès pour me nuire. En mars 2003, elle acquit la bible du commerce de l'art, la revue *Art & Auction.* De même que le despotique John Fairchild, qui la détenait jusque-là, avait ses chouchous et ses bêtes noires, qu'il encensait ou ignorait au contraire superbement, je craignis qu'*Art & Auction* ne me rende pas justice, vu que Louise gardait à l'évidence des comptes à régler. Sans doute n'étais-je alors pas à prendre avec des pincettes : quand Louise acquit la revue, ma carrière s'enlisait plus que jamais.

Mes tentatives de défier le duopole à la tête de Phillips de Pury se soldèrent par un ultime échec en 2002 dans la 57e rue. Faire bonne mine à mauvais jeu devint mon leitmotiv le 4 novembre 2002. Cette date marquée d'une pierre noire dans mon calendrier personnel a été mon Pearl Harbor : la pire adjudication de ma carrière. J'ai toujours été superstitieux à l'orée d'une vente, et la tornade diluvienne qui s'abattit sur la ville ce soir-là me parut de mauvais augure. Elle trempa en tout cas les centaines de personnes plus élégantes les unes que les autres qui investirent la salle des ventes de Phillips. Sur le moment, une telle affluence me parut bon signe mais, avec le recul, je dois admettre que ce n'était pas la perspective d'acheter des œuvres qui attirait la foule mais celle de me voir jeté en pâture aux lions.

Je fondais ce soir-là de grands espoirs sur des toiles impressionnistes. Louise, Daniella et moi incarnions les uns vis-à-vis des autres des menaces telles qu'elles paralysaient la moindre initiative de notre part. Mon loyer grevait qui plus est mon budget. Restaient néanmoins les tableaux de toute beauté réunis par Michel Strauss, le distingué responsable des impressionnistes chez Sotheby's, que nous venions de débaucher. Je comptais sur l'art pour nous sauver, Phillips et moi, tablant sur un montant total d'au moins 50 millions de dollars. Je commençai par un Monet, *Pont japonais à Giverny.* Mise à prix : 6,5 millions. Personne n'en voulut. Je ne voulais pourtant pas renoncer. Au bout du compte je dus quand même déclarer le lot « ravalé » – le mot le plus cruel à prononcer de tout le jargon des adjudications. Ce fut la loi plus que la tradition qui me contraignit à le proférer et à ravaler du même coup ma fierté. Dans les années 1980, David Bathurst, le premier directeur de la branche new-yorkaise de Christie's, raconta à des journalistes que certains lots étaient partis pour plusieurs millions de dollars, tel soir d'enchères. Le vendeur lui intenta un procès sous le prétexte que personne ne les avait en réalité acquis. La justice lui donna raison et Bathurst dut démissionner, discrédité. Il mourut à cinquante-quatre ans alors qu'il chassait dans la lande écossaise. Ce fameux soir, ou plutôt ce soir d'infamie, je dus ravaler mon orgueil et répéter à n'en plus finir ce mot cruel face aux acheteurs potentiels ne se décidant pas à lever le petit doigt. Dix-sept toiles avaient été évaluées à plus d'un million de dollars. Une seule trouva preneur.

La vente rapporta en tout et pour tout 6,9 millions de dollars, à peine de quoi maintenir l'électricité dans le vaste et coûteux bâtiment édifié puis abandonné par LVMH. Avec le recul, je dois admettre que les toiles rassemblées par Strauss avaient déjà pour la plupart circulé sur le marché sans intéresser personne.

Elles manquaient de fraîcheur. Mais je ne le compris qu'après coup. C'est-à-dire trop tard. En descendant Madison Avenue, je sentais chez ceux que je croisais une sorte de pitié mêlée de joie maligne. Beaucoup changeaient de trottoir pour m'éviter. Je n'en dus pas moins continuer à sourire et promettre des jours meilleurs à la presse, à nos clients où qu'ils se cachent et même à nos ennemis. Le plus insensé, à mes yeux, c'est que je n'avais même pas eu l'occasion de me défendre. J'aurais dû me sentir comme Napoléon à Waterloo mais je m'identifiai plus à MacArthur sur l'île de Corregidor. *Je reviendrai.* Phillips tenait bon depuis 1798. La maison ne rendrait pas l'âme tant qu'il me resterait à moi-même un souffle de vie. Faisais-je alors des plans sur la comète ? Peut-être mais, quand on aime l'art et qu'on croit en lui, on sait qu'il finira toujours par l'emporter et s'imposer, et nous avec.

18

Mes oligarques

L'année 2002 ne fut pas la meilleure de ma vie. Je perdis Louise. Je perdis Daniella. Ma maison de vente semblait partie pour rendre l'âme. Et l'homme auprès de qui avait débuté ma carrière commit l'impensable. Heini Thyssen, en dépit du puissant élan vital qui l'animait, nous quitta en avril. À quatre-vingt-un ans. Je m'attendais pour un peu à ce qu'il vive indéfiniment, malgré une récente série d'attaques. Si d'aucuns imputèrent sa fin à son amour du vin, mon diagnostic l'eût plutôt attribuée à un litige en phase terminale. Depuis mon départ, le baron s'empêtrait dans un âpre procès aux Bermudes, repaire de sociétés offshore. Comme toujours, seuls les avocats y gagneraient. Mais combien ! Frappé du même mal dans mes démêlés avec LVMH, je compatis d'autant plus aux souffrances du défunt que je me considérais comme un membre honoraire de sa famille.

J'assistai aux funérailles en petit comité au Schloss Landsberg, aux abords de Düsseldorf, le château des ancêtres de Heini, où il reposerait auprès de son père et de son grand-père. Le souvenir le plus marquant que j'en garde, outre celui du peu de personnes présentes par rapport aux quantités d'amis supposés du baron, reste celui de l'époustouflante salle de bains Art Nouveau du manoir, importée carreau par carreau de l'Exposition universelle de 1900 à Paris, où le monde eut un premier aperçu éblouissant de ce nouveau style. Debout parmi les tombes, je songeai aux origines de la collection familiale. En matière d'art, le grand-père de Heini, fabricant de grillage de son état avant sa conversion en baron de l'acier, ne possédait que des reproductions de peintres hollandais du XVIIe siècle, et curieusement des sculptures en marbre de Rodin, un très bon ami de son grand-père. Heini disposa d'ailleurs celles-ci autour de sa piscine intérieure de Daylesford comme dans des termes de l'Empire romain décadent quand il en rénova la décoration pour Denise.

J'aurais peine à donner une idée de mon chagrin. Je me rappelai qu'après l'entrée en scène de Tita, alors que l'afflux de liquidités commençait à tarir, le comptable de Heini, le Signor Guscetti, m'avait imploré de convaincre le baron de ne plus acheter autant de tableaux. J'avais fait de mon mieux. En vain. Le jour de l'an, Heini prenait invariablement la bonne résolution de limiter ses acquisitions. Il y renonçait en général vers le 5 janvier. On a dit de la collectionnite aiguë que c'est une « belle maladie ». Dans la majestueuse pénombre du château de Landsberg, s'imposa à moi la certitude que ce n'était pas cette belle maladie qui avait emporté mon ami. Au contraire, c'était elle qui l'avait maintenu en vie.

J'embrassai du regard les enfants, les ex-femmes, l'actuelle baronne, Tita. Je songeai au jeu télévisé *Une Famille en or* où deux clans s'affrontent : en voilà une version aristocratique, aussi compliquée que possible. De tous les enfants du baron, c'était encore Francesca qui tenait le plus de lui : l'ancienne fêtarde pendue au bras de Steve Strange était entre-temps devenue archiduchesse de Habsbourg en épousant un descendant en droite ligne de l'empereur du Saint-Empire romain germanique. Karl, son mari, portait un titre aussi solide que celui de Heini semblait incertain. Quartiers de noblesse à part, Heini avait accaparé la vedette au mariage de sa fille en s'y présentant costumé en cosaque. On ne s'ennuyait jamais avec lui.

Depuis la conclusion de la bataille juridique autour du baron, la moitié des hommes de loi de Londres se partageaient le butin. Sur son lit de mort, Heini avait tranché : l'argent reviendrait aux enfants et les œuvres d'art à Tita et à l'Espagne. S'ensuivrait le plus considérable transfert de tableaux depuis la réunion de la moitié des trésors d'Europe au Louvre sous l'impulsion de Napoléon. Le monde entier se disputa la collection de Heini : la convoitaient aussi bien Margaret Thatcher et le prince Charles que Helmut Kohl, le musée Getty, la National Gallery ou même Disney (!). Finalement, l'Espagne l'emporta ; tel était le pouvoir de Tita, de la beauté, seule capable de primer sur l'art.

La cérémonie au château de Landsberg précéda de quelques mois ma propre mise à mort aux enchères. Au début de l'année, je gardais encore la tête haute. Après tout, je détenais une grande maison de vente, non ? Après le mois de novembre, une telle prétention eût été exagérée. Confronté à une infâme défaite, je battis en retraite et amorçai un repli. En 2003, je mis la clé sous la porte de mes encombrants locaux de la 57e rue pour installer la maison (rebaptisée depuis le départ de Daniella « Phillips de Pury ») dans un entrepôt en béton au loyer bon marché de Chelsea, dans la 15e rue ouest, soit en plein ouest sauvage. Sur les terres en friche du Meatpacking District avant que les Hipsters ne l'investissent alternaient les bars minables à tendance SM et les abattoirs désaffectés. Je dus renoncer aux maîtres anciens, aux impressionnistes et même à l'art moderne, mes moyens ne me permettant pas de rivaliser avec Sotheby's et Christie's. Je résolus de me concentrer sur l'art des vingt-cinq dernières années, disons ultracontemporain. Alors qu'on date en général la production contemporaine des années 1970 et suivantes, je m'imposai une limite de dix ans plus tardive, ne serait-ce que pour resserrer mon cœur de cible déjà réduit par nécessité. Aucun secteur n'offrait selon moi de meilleures perspectives de croissance. L'avenir me donnerait raison.

J'avais été témoin de l'émergence d'une nouvelle vague menée par Koons et Hirst, et mon petit doigt me disait que les prix faramineux de leurs créations, raillés par les critiques du bon vieux temps convaincus qu'ils feraient long feu, préludaient au contraire à un raz-de-marée. Chez Phillips, je continuerais en outre à m'occuper de photo et de design. En somme, je vivrais, et vendrais, avec mon temps. Je céderais à mes collaborateurs aux rangs décimés, aux rares courageux prêts à me prouver leur loyauté, des parts dans l'entreprise qui s'apparenterait dès lors à une sorte de coopérative. Dans la lutte entre maisons de vente, Phillips de Pury se changerait en instrument de la guérilla.

La réussite fut en un sens au rendez-vous, en dépit des sinistres prédictions du milieu de l'art. En accueillant de bon cœur le « dernier cri », je fis du Chelsea new-yorkais l'équivalent du Chelsea londonien des Beatles et des Stones, une sorte de King's Road le long de l'Hudson. Fan de musique pop, je diffusai mes chansons favorites dans ma galerie. Certains clients s'en offusquèrent mais ils finirent par s'y faire. Quel genre de musique a-t-on passé à la vente qui, au printemps 2015, a totalisé chez Christie's à peine moins d'un milliard de dollars et battu tous les records ? de la pop. Un changement a bel et bien eu lieu.

Mes adjudications chez Phillips, accompagnées de fêtes échevelées, de concerts de rock et autres *happenings,* hissèrent les stars du moment au rang de superstars. Ma recette consistait à verser les fortunes exponentielles des collectionneurs boursicoteurs dans les poches toujours plus gonflées de Koons et Hirst mais aussi d'une nébuleuse en constante expansion de célébrités telles que Richter, Murakami, Prince ou Fischer. Les peintres ne furent pas les seuls à bénéficier de cette ruée vers l'or. Des designers tels que Ron Arad ou Marc Newson devinrent eux aussi des vedettes. Les prix des photos d'Andreas Gursky et d'Helmut Newton atteignirent quant à eux des sommets leur valant une reconnaissance inespérée. Une ère nouvelle commença : finis, les artistes crève-la-faim ! Les voilà métamorphosés en Crésus. Presque toutes les nouvelles stars firent leurs débuts chez Phillips.

La vente en 2005 de la collection de ma vieille amie la princesse Gloria von Thurn und Taxis (également connue comme « la princesse punk » ou encore « Gloria TNT, la dynamite de la haute société ») rend bien compte de l'ambiance qui régnait alors dans nos locaux. Gloria ne comptait pas plus d'une vingtaine de printemps lorsqu'elle épousa le prince de Bavière Johannes von TNT, de trente-trois ans son aîné, ouvertement bisexuel et grand amateur de blagues de potache, qui cimentèrent d'ailleurs son amitié avec Heini Thyssen. Lors d'un bal tout en blanc à son château de Ratisbonne (de la taille de Versailles), le prince répandit du vin rouge sur le siège de la princesse Margaret en visite de Londres pour le plaisir de souiller d'une embarrassante tache son royal fessier.

Gloria fait partie du petit nombre de personnes qui donnent les fêtes les plus éclatantes. Par exemple, lors de l'anniversaire de son mari en 1986 : soixante phallus en massepain ornaient le gâteau que se partagèrent entre autres Mick Jagger et Jerry Hall, Al et Judy Taubman, Malcolm Forbes, Adnan Khashoggi, Ann Getty et, bien sûr, Heini et Tita. Keith Haring conçut la vaisselle du dîner que les collectionneurs s'arracheraient par la suite. À une autre occasion, Gloria invita Michael Jackson. Combien de châtelains peuvent se vanter d'avoir reçu Michael Jackson dans la demeure d'un « Prince » ? Gloria raffolait de New York et des artistes installés dans la ville. Dans sa suite du château aménagée par un décorateur d'intérieur irlandais des plus tendance figuraient des œuvres des enfants prodiges des années 1980 : Jeff Koons, Keith Haring et Cindy Sherman.

Lorsque la malheureuse issue d'une greffe du cœur emporta le prince en 1990, Gloria hérita de 500 millions de dollars de dettes. Pauvre petite riche ! Du jour au lendemain, elle dut se dessaisir d'une bonne part de sa collection pour liquider les factures impayées et les arriérés d'impôts de feu son époux. Je me chargeai de l'écouler chez Sotheby's lors d'une première grosse vente à Genève en 1992 puis d'une autre au château même, l'année suivante, une adjudication marathon de cinq jours. Je m'occupai des premiers lots, remontai sur l'estrade le troisième jour et m'apprêtais à partir quand Gloria, le cœur serré par l'angoisse de la séparation, appela Al Taubman en personne pour me retenir en otage à Ratisbonne jusqu'à ce que le dernier bibelot trouve preneur. Big Al, qui décroche rarement le téléphone et laisse en général Dede Brooks passer ses coups de fil à sa place, fit une entorse à ses principes pour m'ordonner sur un ton sans appel de rester à mon poste.

Je fis l'objet d'une requête ou plutôt d'une injonction tout aussi flatteuse lors de la vente de trois jours au Palazzo Corsini de Florence des biens de la princesse Corsini, qui insista pour que j'adjuge absolument tous les lots. Un juriste de Sotheby's voulut insérer une clause au contrat autorisant mon remplacement en cas de souci de santé mais la princesse réclama le droit d'examiner personnellement tout certificat médical au cas où je tenterais de me faire porter pâle.

Je ressuscitai Phillips en y réunissant un conseil d'administration jeune et tendance composé de Gloria, sa royale homologue Francesca Thyssen, Lapo Elkann, petit-fils de Gianni Agnelli et à ce titre héritier de Fiat, le designer et collectionneur Marc Jacobs, l'experte ès art de Los Angeles Maria Arena Bell (scénariste des *Feux de l'amour*), les célèbres photographes Mario Testino et Jurgen Teller, Aby Rosen, jamais rassasié d'édifices emblématiques, sans oublier l'ancien manager des Sex Pistols, Malcolm McLaren.

Phillips de Pury, c'était l'anti Sotheby's par excellence, une sorte de cirque du monde de l'art, ravi de faire souffler un vent de folie sur les coincés du milieu. Nos ventes en 2005 rapportèrent au total un peu plus de 100 millions de dollars contre 2,7 et 3,2 milliards chez Sotheby's et Christie's. Ce n'est pas la taille qui compte. Je ne luttais plus contre le duopole mais pour ma survie. En 2005, je récoltai des bénéfices pour la première fois depuis le début de ma folle odyssée cinq ans plus tôt. Personne à New York ou à Londres n'aurait pourtant cru que je me relèverais un jour.

À l'époque où ma vie se retrouvait sens dessus dessous, celle de Gloria elle aussi subit un revirement complet. Elle revint dans le giron de l'Église catholique comme plus proche amie du cardinal Joseph Ratzinger, natif de Ratisbonne et futur pape Benoît XVI. Son accès privilégié au Vatican, ajouté à sa liaison pourtant vue d'un mauvais œil avec son homologue italienne la princesse Alessandra Borghese, fille de la riche héritière des eaux San Pellegrino et du jambon Citterio, incita Gloria à se rapprocher de ses nouveaux centres d'intérêt à Rome.

Autant dire que je la jugeai mûre pour se délester d'autres œuvres d'art encore, or je me pensais meilleur que quiconque pour les écouler. Jusque-là, notre collaboration nous avait réussi. Des souvenirs communs et une belle amitié nous liaient. Je craignais toutefois qu'elle ne confie la vente de ses biens à Sotheby's tant Johannes et elle s'entendaient à merveille avec Al et Judy Taubman. Ne disposant pas de meilleur ambassadeur que moi-même, j'allai à Rome lui en toucher un mot, accompagné de Michaela Neumeister, celle que Gloria appréciait le plus parmi mon fidèle « club des cinq ». Moi aussi je l'appréciais. À quel point, je ne le mesurai que lorsque je m'épris d'elle pour de bon et l'épousai quelques années plus tard, en 2009.

À l'hôtel de Russie près de la Piazza del Popolo, je croisai par hasard le fils de Heinz Berggruen, Nicolas, un excellent ami. Avec ce bon vivant aussi grand amateur de chocolat que Gloria, nous nous livrâmes tout l'après-midi dans la salle à manger à une orgie de douceurs après laquelle Gloria m'eût autorisé à vendre tout et n'importe quoi. Au préalable à l'adjudication programmée en 2006, j'envoyai Jurgen Teller au château de Ratisbonne réaliser le catalogue le plus provocant de l'histoire des enchères. Il y fit imprimer au dos une photo de la princesse Gloria déguisée en serveuse de brasserie, clin d'œil ironique à la *Gemütlichkeit* bavaroise, une cuisse de dinde dans une main et un bock dans l'autre. Gloria ne reculait devant rien.

Il arrivait aux facéties de Jurgen de lui attirer des ennuis, et à moi aussi par ricochet. Je lui confiai un jour la réalisation du catalogue d'une vente de bijoux. Il y fit apparaître les membres de sa famille au grand complet parés de joyaux, y compris son fils encore dans ses langes, ce qui nous valut un courrier d'une association de protection de l'enfance nous menaçant d'un procès pour notre exploitation sans vergogne du tout jeune garçon. Jurgen fit expédier à la veille de cette même vente un catalogue dans un carton de pizza. Il adore associer le sublime au ridicule. Son style fort peu orthodoxe a contribué à doter Phillips de l'identité que je souhaitais conférer à la maison.

La même remarque s'applique à la vente des glorieuses œuvres des années 1980 de Gloria. Un délicieux dîner dans nos locaux de Chelsea précéda l'événement. Y prirent part Tom Ford et Marc Jacob. La soirée se conclut sur la piste de danse au son du groupe des années 1980 favori de Gloria : Kid Creole et les Coconuts. Une telle fête nous assura les faveurs de la presse new-yorkaise toujours à l'affût du dernier cri, au même titre que Gloria, pilier des publications du groupe Condé Nast. L'adjudication de la sculpture en bois kitsch à souhait de Jeff Koons *Yorkshire Terriers*, du subversif *Santa Long Neck* de Paul McCarthy et de l'*Autoportrait* de Keith Haring, marqua quelques moments forts. Les moindres lots trouvant ce soir-là preneur, ce fut ce qu'on appelle dans le jargon de la profession une « vente en gants blancs ». Dans les rares occasions où aucun lot ne reste sur le carreau, le duopole remet au commissaire-priseur une paire de gants en souvenir. En tant que président de ma propre entreprise, j'estimai incongru de m'en offrir à moi-même. Je n'en éprouvai pas moins l'orgueil d'un tout jeune père. Phillips venait de renaître. Longue vie à Phillips de Pury ! Aussi longue, du moins, que je réussirais à maintenir ma barque à flot.

Fort de l'appui de mon jeune DG Brook Hazelton, ex-banquier de Goldman Sachs, nanti d'un MBA de Harvard, la preuve que la prestigieuse université n'est pas incompatible avec la *hype*, je bénéficiai d'une renaissance tellement inattendue à New York que je renouvelai sur ma lancée l'image de Phillips à Londres. Le poste actuel de Brook, président de la branche américaine de Christie's, atteste mon flair pour les jeunes talents. Je métamorphosai la maison Phillips de Londres, une vieille douairière, en gogo danseuse. En 2006, j'inaugurai ses nouveaux locaux, dans un ancien immeuble des Postes près de la gare de Victoria qu'occupaient déjà Tom Ford, transfuge de chez Gucci, et le designer Marc Newson. Un concert du groupe The Human League suivit pour l'occasion un succulent festin mitonné par le célèbre chef Jamie Oliver. Même sans prendre le Concorde, je menais le genre de vie qui va avec, partageant mon temps entre le *Claridge* de Londres et le *Mercer* de New York, créant partout du tapage, en mêlant la culture populaire à l'élitiste. Notre nouvelle aura glamour finit par attirer l'attention des oligarques russes férus d'art contemporain.

Nul ne pouvait se targuer de plus brillants états de service en Russie que moi. J'évoluais désormais dans le monde de rêve à l'avènement duquel j'avais contribué en œuvrant à l'ouverture de l'ancienne Union soviétique ; le monde de Dacha et Macha, les deux jeunes et jolies tsarines de l'élite artistique russe. Dacha Joukova est la compagne du milliardaire Roman Abramovitch, le fondateur du Garage, le fameux musée de Moscou. Ce célibataire sans doute le plus convoité de la planète vit aujourd'hui à Londres. Macha (Baibakova), la rivale de Dacha au titre de Catherine la Grande, ou de Peggy Guggenheim de notre époque, est la fille du milliardaire de l'immobilier Oleg Baibakov. Je fis la connaissance de Macha alors qu'elle cherchait à doter d'une visibilité internationale de jeunes artistes russes depuis une ancienne chocolaterie de Moscou. Si Dacha, élevée dans la classe moyenne à Los Angeles, a fréquenté l'université de Santa Barbara avant de rencontrer son prince charmant, Macha, elle, a mené dès sa naissance une vie de princesse à Moscou et un peu partout ailleurs, collectionnant les diplômes du Barnard College, de l'école de commerce de Harvard et de l'Institut Courtauld, et même de la formation dispensée par Sotheby's. Si Dacha se donne pour mission de faire connaître Koons et Hirst au peuple russe, Macha, elle, ambitionne d'affiner le goût de ce même peuple en lui présentant de jeunes artistes en devenir de sa terre natale et de l'étranger, comme par exemple Sterling Ruby de Los Angeles.

Je ne tardai pas à connaître tous les oligarques intéressés par l'art. Ils achèteraient sous peu encore plus d'œuvres contemporaines que les spéculateurs américains. À la tête d'une fortune acquise du jour au lendemain, ils n'étaient sous la coupe ni de l'establishment ni de Christie's et Sotheby's, mais plutôt bien disposés envers les outsiders comme moi, surtout lorsque ceux-ci leur proposaient ce qu'ils convoitaient. Ils formaient une bande haute en couleur, ces hommes de l'Est sauvage. Prenez par exemple Victor Pintchouk. Ce brillant ingénieur métallurgiste né en Russie et enrichi par les brevets qu'il déposa fonda le géant Interpipe avant de mêler l'argent à la politique – une formule toujours gagnante – en épousant la fille du Président ukrainien.

Pintchouk partageait ma fascination pour la culture japonaise qui cimenta notre relation. Il possédait aux abords de Kiev une magnifique résidence aux allures de temple de Kyoto rendue plus spectaculaire encore par le contraste qu'elle formait avec les environs. Je tentai de vendre à Pintchouk un Kabakov. Sans succès. Bien que né en Ukraine, Kabakov se prétend russe. Un tel manque de patriotisme ne pouvait que dissuader le gendre du Président d'acquérir ses œuvres. Pintchouk n'est pourtant pas tout le temps fourré à Kiev. Il a contribué au montage de l'exposition Jeff Koons à Versailles et fait les gros titres lors de son cinquantième anniversaire dans les Alpes françaises. Alain Ducasse y officia aux fourneaux et le Cirque du Soleil assura le spectacle.

Mais parlons plutôt de Vladislav Doronin. Si Vladimir Poutine devait se glisser dans la peau de l'un de ces milliardaires dont il a facilité l'éclosion, son choix se porterait sans nul doute sur Doronin. Ce soi-disant James Bond de l'oligarchie russe incarne l'idéal platonique d'un Poutine tel que lui-même doit le concevoir. Tous deux ont vu le jour à Leningrad, tous deux sont mordus de sport et tous deux font preuve d'une belle audace. Doronin ressemble à une version hollywoodienne de l'homme qui a fait de lui le roi qu'il est. Ce capitaine d'entreprise, le plus sophistiqué et le plus occidentalisé de l'Est, vit sur un pied plus grand que n'importe qui au monde. Il a quitté Naomi Campbell pour Luo Zilin, Miss Univers Chine, elle-même depuis peu détrônée dans son cœur au profit d'une beauté russe. Détenteur de biens immobiliers parmi les plus convoités partout dans le monde, il vient d'acquérir la chaîne d'hôtels de luxe Amanresorts.

Doronin est relativement jeune. Il est né en 1962. Son meilleur ami aux États-Unis n'est autre que Leonardo DiCaprio. Tous deux s'intéressent énormément à l'art. Doronin m'a été présenté à l'Art Basel par feu le milliardaire du pétrole Marc Rich, qui l'employa au début de sa carrière. Rich est connu pour l'amnistie qu'il doit à Bill Clinton de sa violation de l'embargo sur l'Iran mais l'ampleur de la controverse qui en résulta le dissuada de remettre les pieds sur le sol américain. Doronin raffole du pop art. Comme les autres oligarques, il a réuni son appréciable collection en un temps record. Et comme Pintchouk, il donne des fêtes fabuleuses. Il m'a convié à son anniversaire au fort de Jodhpur en Inde, organisé par Naomi Campbell, auquel assistèrent ses collègues mannequins Karolina Kurkova, Eva Herzigova et Kate Moss. Chaka Khan et Diana Ross se chargèrent de l'animation. Celle-ci interprétait « I Will Survive » lorsqu'une chute subite de la scène l'escamota durant quelques minutes de suspense. Elle revint heureusement conclure la chanson. Le *Daily Mail* publia quelques jours plus tard une photo de la diva dans un plâtre. Elle ne recule devant rien pour assurer le spectacle. En Inde, nous montâmes tous à dos d'éléphants, vêtus en rajahs. Doronin n'eut sans doute pas le sentiment de se déguiser.

Et bien sûr restent mes oligarques, les gars de Mercury. Les Russes et moi parlions le même langage. Le rachat partiel de Phillips par le groupe Mercury au plus fort de la crise financière américaine de 2008 survint à point nommé. Surtout connu pour son centre commercial de luxe dans l'équivalent moscovite de Beverly Hills, Mercury doit sa création à deux Leonid, Fridlyand et Strounin, nés sans le sou dont la chute du rideau de fer remplit les poches. Une belle histoire d'ascension sociale. Les deux Leonid, l'un plus mince que l'autre, plutôt dodu, se sont connus à l'école maternelle. Dans les années 1990, ils vendaient des coffrets laqués et des poupées russes aux touristes, en pleine rue. Ils se démenèrent pour ouvrir un stand à l'hôtel Radisson SAS, où ils écoulèrent des montres.

Le reste appartient à l'histoire : ils n'ont pas cessé depuis de surfer sur la vague russe de l'accumulation de fortune et de biens de prestige.

Mon entente avec ces nouveaux capitalistes issus de l'ancien bloc communiste, que me présenta le marchand parisien Albert Benhamou en 2007, se scella dans le port de Saint-Tropez, sur un yacht grouillant de plus de starlettes que la Croisette en plein festival de Cannes. Les deux Leonid, l'un et l'autre à l'orée de la quarantaine, s'habillaient moins comme des capitaines d'industrie que des touristes au budget serré : en joggings en polyester. Ils dépensaient cependant autant en champagne que Heini Thyssen en grands crus et dans leur entourage évoluaient plus de mannequins, d'actrices qu'auprès de Hugh Hefner de *Playboy* dans ses années fastes. Au club *La Voile Rouge*, sur la plage de Saint-Tropez, où l'on célébra l'aboutissement de la transaction, les deux Leonid s'amusèrent en secouant le contenu de bouteilles de champagne hors de prix sur les clientes. La plupart, seins nus, ne s'en formalisèrent pas outre mesure.

À l'origine, les deux Leonid ne s'intéressaient pourtant pas à l'art, seulement à l'argent. Phillips de Pury leur apparut comme une extension naturelle de leur empire commercial ; une marque de luxe de plus. La gestion n'étant pas mon fort, je me félicitai que ces magnats aux dents longues tiennent la barre et s'occupent de la boutique. Je me réjouis toutefois moins quand ils m'imposèrent le DG le plus improbable de toute l'histoire des maisons de vente : Bernd Runge. Son lancement de *Vanity Fair* en Allemagne pour le compte de Condé Nast lui valut dans ce pays le titre d'homme de presse de l'année 2003. Runge ne connaissait toutefois rien à l'art, un problème auquel on se heurte sans cesse dans le milieu. Cela dit, la plupart des cadres de Hollywood ne connaissent rien au cinéma et le spectacle continue quand même. Runge ressemblait un peu à Dennis Hopper dans *Blue Velvet,* en plus malveillant.

Une apparence tout sauf trompeuse. En 2004, on le démasqua comme ancien espion de la Stasi de 1981 à 1989. Il y fit ses débuts à l'époque de ses études à l'université de Moscou. On l'accusait d'avoir espionné sous le nom de code d'Olden jusqu'à sa propre sœur désireuse de fuir la RDA. Les Newhouse, propriétaires de Condé Nast, lui conservèrent malgré tout son poste, n'estimant pas son « lointain passé » susceptible de rejaillir sur son actuelle réussite en affaires. Les deux Leonid, espionnés durant toute leur jeunesse, ne s'émurent pas non plus des services rendus par Runge à la Stasi. Moi, si, et je fis part aux Leonid de mes réserves. « Oui mais il obtient des résultats », me rétorquèrent-ils. Et en fait de résultats, entre 2008 et 2012, trente-six employés de Phillips démissionnèrent.

Travailler main dans la main avec un espion de la Stasi comportait sa part de défi mais pas autant que de participer à un programme de téléréalité : *Work of Art* (« À la recherche du prochain grand artiste »). La chaîne câblée Bravo s'ingéniait alors à reproduire l'immense succès de *Projet haute couture* en transposant l'émission dans le milieu de l'art en quête d'un nouveau Warhol. Sarah Jessica Parker de *Sex and the City,* produisait la série par l'intermédiaire de sa compagnie Pretty Matches en s'associant à une maison de production de Los Angeles du nom de Magical Elves. Que de grands noms ! Un producteur de Sarah Jessica m'avait remarqué lors d'une vente chez Phillips : il entrevit en moi le potentiel d'une star. Quand William Morris Endeavor vint me trouver au débotté, je me crus dans la peau de Lana Turner repérée par un responsable de casting au drugstore Schwab de Hollywood.

Comme de juste, tous mes amis de l'establishment me dissuadèrent de tourner dans l'émission. Tu ne peux pas faire de l'art, cette discipline sacrée, un spectacle, me dirent-ils. Et comme de juste, conscient que l'art, en particulier contemporain, s'était déjà changé en spectacle, je pris part au programme, y assumant un rôle de mentor bien moins cruel que celui de juge en incitant les participants à donner le meilleur d'eux-mêmes. Ces fonctions délicates revinrent à un trio des plus qualifiés composé de Jeanne Greenberg-Rohatyn, galeriste et fille de galeriste de St. Louis, épouse du fils du grand banquier et ancien ambassadeur américain en France Felix Rohatyn ; de William Powers, également galeriste, et qui forme avec la créatrice de mode Cynthia Rowley un couple des plus influents à New York, et enfin du critique d'art du *New York Magazine*, Jerry Saltz, qui détient lui aussi avec sa moitié d'orange Roberta Smith, son homologue au *New York Times*, une influence certaine.

La sélection des candidats prit des allures de marathon : pas moins de onze cents artistes fondirent sur les studios pour nous présenter leurs vidéos de cinq minutes et passer un entretien éclair dans l'espoir de capter notre attention. Une sorte de speed-dating à l'issue tout aussi arbitraire. Je remarquai que sur les quatre-vingts artistes retenus après un premier tri figuraient les six vus juste après la pause déjeuner, une fois passée l'hypoglycémie du midi. Et voilà pour l'impartialité.

Je pris plaisir à côtoyer Sarah Jessica Parker, étonnamment anxieuse pour une vedette de son calibre. Ses nerfs la lâchaient dès qu'on s'apprêtait à nous filmer. Souvent, elle quêtait auprès de moi un soutien moral. Son stress me rappelait ma propre appréhension à l'orée d'une vente aux enchères. Ne devant toutefois rien adjuger dans le monde de faux semblants de la téléréalité, je gardai mon calme, hors de mon élément, ce qui impressionna beaucoup Sarah Jessica. Sans doute parce que ma vie ne dépendait pas de l'émission, à laquelle je ne pris part que pour m'amuser. Cela dit, les caméras ne commençaient pas plus tôt à tourner que l'anxieuse Miss Parker faisait des étincelles, une vraie star, alors que l'impassible M. de Pury révélait à son insu son amateurisme.

L'émission dura deux saisons. Même si il n'y en eut pas de troisième, plus d'un million de spectateurs suivirent chaque épisode. Très peu d'artistes au cours de l'histoire ont attiré une foule aussi considérable à leurs expositions. En dépit de son échec relatif par rapport à *Projet haute couture,* je considérai *Work of Art* comme un franc succès dans la mesure où le programme atteste le potentiel de la télé et des nouvelles technologies ; preuve de l'esprit visionnaire de Louise MacBain quand elle ambitionnait, certes de manière brouillonne, d'allier l'art et le net. Comme Heini Thyssen, j'aspirais à montrer l'art au plus grand nombre. Les candidats à l'émission n'étaient peut-être pas des Rembrandt mais, après tout, Jeff Koons non plus, à ses débuts.

En 2012, bien que le raz-de-marée du dernier cataclysme financier en date ne nous eût pas engloutis, mes oligarques et moi, je décidai que j'avais assez goûté à l'esprit de l'école de commerce de Harvard ou même de la Stasi. Les oligarques lorgnaient sur un nouveau QG à Londres. Ils souhaitaient s'agrandir. Ils voulaient en réalité, comme Bernard Arnault avant eux, défier le duopole, le sacré Graal des enchères. Je me sentais pour ma part prêt à un peu de changement et à renouer avec les jours heureux des projets fastes et des coûts de maintenance réduits, quand il ne me fallait rien de plus qu'un téléphone portable et la confiance de mes clients. Là où un marchand use de son charme pour mener à bien une transaction, une maison de vente ne reculera pas forcément devant l'intimidation. Et si l'intimidation a son charme, la vente d'œuvres et la constitution de collections nourrissent les rêves plus qu'elles n'alimentent les liquidations de successions.

Il semblerait que dans ma vie se succèdent les cycles de dix ans. Celui de Phillips, commencé en 2001, touchait à son terme. Célibataire depuis un long moment (depuis mon divorce d'avec Isabel, que j'obtins enfin en 2004, dès lors qu'elle n'estima plus nécessaire de me protéger de moi-même), j'unis mon sort à une femme qu'appréciaient sincèrement mon ex et nos quatre grands enfants : ma partenaire chez Phillips, Michaela Neumeister, brillante doctorante de Stanford dont la famille détient la célèbre maison de vente munichoise Neumeister. Elle aime l'art autant que moi. Nous n'avons pas tardé à donner naissance à une fille, DD. Fin 2012, je vendis mes dernières parts chez Phillips à mes camarades de Mercury et m'embarquai dans une nouvelle aventure dont je m'attends à ce qu'elle soit aussi mouvementée que les précédentes.

19

À LA COUR DES MÉDICIS

Je craignais que la place ne manque sous une simple tente de bédouins pour accueillir côte à côte deux gloires du calibre de Jeff Koons et Damien Hirst. Après tout, il faudrait, plus encore qu'une tente, un pays aux dimensions supérieures au Qatar – l'Antarctique, qui sait ? – pour que s'y épanouissent sans entrave les ego des deux artistes vivants les plus fêtés de la planète. Quoi qu'il arrive, la perspective m'emballait de fouler le sol du Qatar et d'assister au spectacle. On m'avait invité à l'inauguration de la rétrospective Damien Hirst d'abord présentée à la Tate Modern et, maintenant, à Doha. Personne dans le monde de l'art n'eût songé à refuser une telle invitation, pas même Jeff Koons, venu rendre hommage à son rival. Toutes proportions gardées, c'eût été comme si Michel Ange refusait de se rendre à Florence. Le Qatar apparaît en effet comme la Florence de l'Arabie et Sheikha Al Mayassa, la sœur de l'émir, diplômée de l'université Duke, fait figure, à trente et un ans, de Catherine de Médicis du désert. En ce qui concerne l'art, aucune femme au monde ne détient autant d'influence et nul autre pays ne conçoit de plus grandes ambitions.

L'événement culminerait en public avec l'inauguration théâtrale à souhait de quatorze sculptures monumentales (de près de cinq mètres de haut) en bronze de Hirst illustrant le cycle qui va de la conception à la naissance. Ces œuvres se dresseraient devant le Centre de recherches médicales de Sidra, conçu par César Pelli. (Doha, la capitale ultramoderne du fief pétrolier, au bord du golfe Persique, regorge de temples d'architectes stars : Pei, Hadid, Nouvel, Herzog et de Meuron, pour ne nommer qu'eux.) Le clou personnel de mon séjour ne fut autre qu'une odyssée dans le désert digne de T.E. Lawrence. Une caravane de vingt-cinq Land Rover nous conduisit pendant près de deux heures à travers un paysage désolé de dunes de sables à n'en plus finir jusqu'à une romantique oasis hérissée de tentes au clair de lune, où nous accueillirent des hommes à la peau sombre en tunique blanche et leur horde de vaisseaux du désert, si nombreux qu'ils nous incitèrent à surnommer l'endroit « Camel-lot » (littéralement : « ceux des chameaux ») en clin d'œil au roi Arthur.

La plus grande tente avait été transformée, en l'honneur de Hirst, en pharmacie ; clin d'œil à feu son restaurant artistique iconoclaste de Notting Hill. Comme nous étions en Terre sainte, on ne nous servit pas d'alcool. Cela ne nous manqua pas : à la place, des serveurs nous apportèrent des plateaux de seringues hypodermiques remplies d'un étourdissant assortiment de jus de fruits exotiques frais pressés. Une façon saine d'atteindre le septième ciel. L'orgie de tahini et de spécialités locales à base de mouton et de riz m'évoqua les *Mille et une nuits*. L'élégant groupe de jazz et les fox-trots qu'il interpréta me rappelèrent quant à eux *Gatsby le magnifique*. Nous avons dansé, mangé puis sommes montés sur des chameaux alors que se perchaient sur nos bras des faucons dressés par les hommes du désert, tout en cherchant discrètement, bien sûr, à conclure entre marchands et acheteurs des transactions juteuses.

Une moitié des cent cinquante invités venait de l'émirat ; l'autre, du reste de la planète. Les Qataries voilées en noir de la tête aux pieds nous donnèrent tout le loisir d'épiloguer sur ce qu'on peut inférer d'un simple regard, sans parler de l'infinie variété des coupes de leurs tuniques à première vue toutes taillées sur le même patron. Évoluer dans le milieu de l'art vous apprend à bien ouvrir les yeux. Dieu se niche dans les détails. Il y avait toute une panoplie de collectionneurs et de marchands parmi lesquels on comptait plus d'Européens que d'Américains, du fait de la situation géographique de l'émirat. Les stars de l'art, Hirst et Koons, concentraient sur eux l'attention. Comme si l'on eût réuni dans la même pièce Michel Ange et Léonard de Vinci, ou Picasso et Matisse. Qu'allait-il se passer ? Leur rencontre allait-elle faire des étincelles ?

Leur rapprochement se révéla moins inflammable qu'on ne l'eût cru. Je connaissais les deux artistes depuis leurs débuts, du temps où Hirst, étudiant en art déluré, était sous la coupe du mécène et magnat de la publicité Charles Saatchi et Koons, courtier en matières premières manqué, sous celle de la Cicciolina, star du porno italo-hongroise. Tous deux s'étaient hissés au plus haut niveau en associant à leurs créations outrageusement originales un diabolique talent pour le marketing. Hirst, qu'on eût dit tout droit sorti d'*Orange mécanique*, secouait le milieu de l'art anglais conventionnel.

Koons avait cinquante-cinq ans, soit une dizaine d'années de plus que Hirst. Conscient que le client est roi (ou émir), il s'arrangea pour que chacun se sente ce soir-là le centre du monde. La première fois que nos chemins se croisèrent, il était habillé en Elvis. Je l'avais convié à prendre part à ma série de conférences chez Sotheby's à Genève. Il choqua notre public en lui montrant une série de nus, tout un Kamasutra illustré par lui-même et la Cicciolina. À l'instar d'une star de Hollywood avant même qu'il en eût acquis le statut, Jeff avait exigé un menu spécialement « viril », concocté à son intention par ni plus ni moins qu'Arnold Schwarzenegger : viande saignante, huîtres, etc. Tous les convives y eurent droit. Et après la harangue pleine d'énergie sexuelle de Jeff, tous se resservirent.

À Doha, vingt ans après, Jeff, cette fois vestimentairement paré pour réussir, pouvait se targuer d'un mariage aussi heureux que celui de n'importe quel banlieusard ; les tromperies en moins. Même Hirst avait remisé au placard ses intimidants T-shirts ornés de têtes de mort au profit d'un costume. Courtiser les Médicis de quelque époque que ce soit exige un maintien irréprochable. Les deux artistes rentrés dans le rang ne tarissaient plus d'éloges réciproques. En compétition, eux ? Absolument pas ! Sur le marché actuel de l'art, tout le monde gagne, et beaucoup, et le client a toujours raison.

Courtiser les Médicis, voilà ce à quoi je m'occupe désormais. Pas une semaine ne s'écoule sans que je voyage au Qatar, à Shanghai ou quelque autre contrée de fées où ceux qu'elles ont touchés de leur baguette se constituent une collection d'art pour leur plus grand plaisir. Je me tiens à leur disposition de manière à les guider. Un aspect essentiel de mon rôle de conseiller me permet d'assouvir ma passion pour les ventes aux enchères : je continue à en mener à des fins caritatives partout dans le monde. La volumineuse assemblée d'amateurs d'art immensément riches et puissants qui assista en juillet 2015 à Saint-Tropez à une adjudication dont je me chargeai pour la Fondation Leonardo DiCaprio, dédiée aux causes environnementales et à la préservation de la nature et de la faune sauvages, qu'elle promeut par un entêtant mélange hollywoodien de fêtes et de vie en grand, n'avait rien à envier à la foule des grands soirs chez Sotheby's ou Christie's. Alors qu'on accède librement aux salles de vente du duopole, un ticket d'entrée au grand show de Leonardo ne coûte pas moins de 12 000 livres, de quoi éviter aux petits joueurs de s'égarer dans la cour des grands. Le fait que six cent cinquante personnes aient déboursé une telle somme pour participer à la fête de Leonardo atteste de l'extension et de la générosité du pourcentage le plus riche, malgré tout tant décrié, de la population.

De même que Los Angeles est aujourd'hui à mon sens la capitale mondiale de la création artistique, il n'est plus question de dénigrer Hollywood en tant que désert culturel. Fini l'époque où l'on ne dénombrait pas plus de collectionneurs dans la colonie cinématographique que de diplômés d'université. Dans les années 1950, dans ce monde de décors en carton-pâte, on ne comptait guère, comme collectionneurs dignes de ce nom, que Edward G. Robinson et Billy Wilder. Des vedettes telles qu'Elizabeth Taylor ornaient certes leurs manoirs de Bel Air de magnifiques tableaux mais, dans la plupart des cas, ceux-ci sortaient en réalité des mains d'un décorateur de plateau. De nos jours, les vedettes et les producteurs goûtent aux joies des collections et Leonardo DiCaprio fait figure de chef de meute des passionnés d'art à Hollywood. Le Loup de Wall Street cache en lui un grand sage de Bond Street ou peut-être un Midas de Madison avenue, à la fois star et amateur éclairé.

J'avais fait sa connaissance l'année précédente, au gala de l'amfAR, la fondation américaine pour la recherche contre le sida ; depuis vingt ans, le principal événement du festival de Cannes sans lien direct avec le cinéma. J'eus le plaisir d'y « vendre Leonardo » : d'adjuger le privilège de fouler le tapis rouge à la cérémonie des Oscars au bras de cet éblouissant acteur qui y a tout de même été cinq fois nommé. Et le plus exaltant reste que c'est en compagnie du meilleur enchérisseur que Leonardo pourrait bien décrocher enfin la récompense.

Encore plus exaltant : au gala de l'amfAR en 2014, j'adjugeai le squelette de mammouth de Damien Hirst à l'intérieur d'une cage en verre, *Disparu mais pas oublié*, contre 15 millions de dollars ; un grand record pour une vente aux enchères de charité. Aucun artiste n'avait jusqu'alors consenti à un tel don à des fins caritatives. Et aucun convive à un dîner de bienfaisance, peu importe le nombre d'étoiles au Michelin que méritait son assiette, n'avait encore déboursé plus de trois millions de dollars en échange d'une œuvre d'art. Ce soir-là, j'incitai Len Blavatnik, l'oligarque d'origine ukrainienne, installé à Londres et propriétaire du colosse Warner Music, à se surpasser en empochant le mastodontesque mammouth de Hirst et en établissant du même coup un record. Je suppose que Leonardo apprécia mon numéro : il m'invita peu après à procéder à une première adjudication au nom de sa fondation en juillet. Impossible de refuser. Comme tout ce que touche Leonardo, la vente connut un franc succès. On y récolta 26 millions de dollars au bénéfice de la planète.

Me voilà quoi qu'il en soit à Saint-Tropez en pleine canicule. À en juger par les températures record, on se serait plutôt cru dans le Sahara que sur la Côte d'Azur. Michaela et moi souffrions encore du décalage horaire avec les Hamptons où nous venions de recevoir les honneurs de la fondation philanthropique Rush en faveur des arts, dirigée par le grand manitou américain du hip-hop Russell Simmons et ses deux frères tout aussi talentueux : Joseph Simmons (alias « Révérend Run ») de Run-DMC et le plasticien Danny Simmons. Leur mission : mettre en contact avec l'art des gamins des quartiers défavorisés. Mon épouse et moi, sans peine ralliés à cette bonne cause, avions fait notre possible pour soutenir la fondation, en créant des ponts entre les galeries de Chelsea et les rues de Harlem. Du point de vue de beaucoup de membres de l'establishment artistique, c'était toutefois pousser le pont un peu trop loin. Les frères Simmons, en revanche, n'oublieraient pas les deux Européens ayant répondu présent à leur appel pour attirer sur eux l'attention qu'ils méritaient, alors que tant d'Américains les boudaient. La fondation Rush fit aussi honneur au comique Dave Chappelle, à la réalisatrice de *Selma* Ava DuVernay, et à Wangechi Mutu, un excellent artiste originaire d'Afrique et qui œuvre à présent aux États-Unis. Nous faisions peut-être un peu tache parmi l'assistance en majorité afro-américaine costumée pour l'occasion comme dans les années folles façon *Gatsby* mais quel plaisir pour une fois d'incarner un peu d'exotisme ! Comme de juste, je payai mon écot en procédant à une vente aux enchères avant de danser jusqu'au bout de la nuit ; après quoi, nous traînâmes nos carcasses épuisées jusqu'à l'aéroport où un vol commercial nous conduisit à Nice.

Courtiser les Médicis n'implique pas nécessairement de se déplacer à la manière des grands de ce monde. À notre arrivée, nous fûmes malgré tout reçus à bord du luxueux yacht du couple Sebastian Kulczyk, le fils et la belle-fille de l'homme le plus riche de Pologne, Jan Kulczyk, qui doit sa fortune à la première concession Volkswagen du pays. La mort inopinée de Jan, grand mécène du musée varsovien de l'histoire des Juifs de Pologne, ayant par ailleurs facilité le passage de son pays du communisme au capitalisme, nous l'enleva hélas à peine une semaine après que son fils nous eut choyés sur son bateau.

En réalité, le temps manqua pour le repos : une adjudication m'attendait, d'où ma nervosité, indépendamment des circonstances. J'ai toujours l'impression de débuter dans le métier, tenaillé par l'anxiété. Une bonne chose, en un sens, dans la mesure où cela me maintient alerte. Leonardo, pas du genre à se reposer sur ses lauriers, voulait récolter lors du cru 2015 encore plus que l'année précédente. Il souhaitait vendre plus de lots. Or ce que Leonardo veut, Leonardo l'obtient.

J'œuvrai en étroite collaboration avec les deux cerveaux de l'entreprise, tous deux enrôlés comme moi par Leonardo lui-même, témoin de leur fabuleux travail au gala de l'amfAR. Pour commencer : Andy Boose, un ancien rockeur plus connu sous le nom de scène de Rene Risque, lancé dans l'événementiel par l'organisation, entre autres, des galas de charité de l'amfAR partout dans le monde.

Ma prestation de commissaire-priseur au service d'Andy et de l'amfAR (tout comme ma découverte par Leonardo), je la dois à un enchaînement de circonstances façon « effet domino ». Six ans plus tôt, à un gala de l'amfAR, je procédai à quelques adjudications pour faire une fleur à mon ami Thomas Flohr, propriétaire de l'entreprise de location d'avion VistaJet. Il tenait à ce que je vende moi-même deux de ses tableaux de l'artiste tagueur australien Richard Hambleton. Je me levai de table, les adjugeai et me rassis auprès de Kanye West et Kim Kardashian. Quelques minutes plus tard, Harvey Weinstein, la force motrice de l'amfAR, grâce à laquelle la fondation récolte tant de dons, me pria de remonter sur l'estrade, le temps de m'occuper de ses propres lots. Depuis, j'ai fait les honneurs de tous les galas de l'amfAR, pour mon plus grand honneur à moi.

L'équipe gagnante de Leonardo comprend un autre homme de l'amfAR, un Européen de l'Est doté d'une impressionnante force de conviction, chargé en tant que président de l'amfAR de récolter des fonds. Il porte le nom de Milutin Gatsby, mélange unique de force serbe et de rêveries à la Fitzgerald. Ce n'est sans doute pas un hasard si Leonardo a incarné le personnage de Gatsby, au patronyme « plein d'argent », tout comme la voix de Daisy Buchanan. Milutin aussi est « plein d'argent ». Il est en tout cas passé maître en l'art d'obtenir des dons. Chargé de « tondre » les bienfaiteurs de l'amfAR et de la fondation de Leonardo, il a pour mission de rameuter des oligarques et surtout de s'assurer que, non contents de débourser douze mille livres pour le billet d'entrée, ils se feront un devoir d'enchérir oligarchiquement sur les lots que je présenterai.

Milutin se débrouilla comme un chef. Il réunit des magnats des quatre coins du monde, milliardaires asiatiques de l'électronique, rois du pétrole africains et investisseurs américains, sans oublier les Russes de rigueur, le tout assaisonné de mannequins vedettes. À un moment, j'en vins à me demander si j'assistais encore à une vente de bienfaisance ou aux préparatifs d'un défilé pour la marque de lingerie Victoria's Secret. Naomi Campbell, Heidi Klum, Petra Nemcova, Irina Shayk, Jessica Stam et Chrissy Teigen n'étaient que les plus connues des délices pour l'œil réunis sous la vaste tente érigée au Domaine Bertaud Belieu, un vignoble digne de Gatsby près du club de polo du village magique de la Côte d'Azur où Brigitte Bardot devint la déesse des plages de sa génération dans *Et Dieu créa la femme.*

Parmi les vedettes de Hollywood, gages d'une publicité mondiale (nul ne manipule les médias avec plus d'habileté que Leonardo) se trouvaient cette fois-là Sylvester Stallone, Goldie Hawn et sa fille Kate Hudson, Adrien Brody, Orlando Bloom, Marion Cotillard et le faiseur de vedettes Harvey Weinstein. Le milieu de l'art était quant à lui représenté par Larry Gagosian, la famille Nahmad, mon ex-bonne amie Anh

Duong au bras du rejeton de Fiat, le collectionneur d'art africain Jean Pigozzi, sans oublier Budi Tek, le milliardaire indonésien de l'agriculture ayant fait édifier de fabuleux musées à Jakarta et Shanghai.

L'élite entrepreneuriale était quant à elle représentée par Steve Schwarzman du groupe Blackstone, propriétaire d'une villa dans les environs, le ponte des supermarchés de Los Angeles Ron Burkle, Len Blavatnik, que l'on voit dans tous les galas musicaux de bienfaisance, l'armateur Idan Ofer, l'Onassis israélien, le couturier Tommy Hilfiger et Laurence Graff, le spécialiste de tout ce qui brille. Si on avait pris la température de l'assemblée, on n'aurait pu imputer le résultat à la seule canicule. Peu d'étoiles y brillèrent toutefois : les puissants de ce monde présents pour l'occasion veillaient sur leur anonymat : plus ils avaient le bras long, moins ils tenaient à se faire remarquer. À notre table dînèrent par exemple les Kulczyk, de Pologne, les Sasan Ghandehari (un oligarque kazakh et son épouse) et Thomas Leclerc (des supermarchés du même nom ; l'homologue français d'Al Taubman). Leur nom ne vous dit rien ? C'est voulu.

Quoi qu'il en soit, on se serait cru dans un sauna. Jamais je n'ai eu aussi chaud de ma vie. Je montai sur l'estrade à 21 heures après avoir troqué mon habituel costume Caraceni bleu marine, mon uniforme, contre des jeans et une chemise banche en lin. Au fil de l'adjudication marathon, qui ne se conclut qu'à 2 h 30 du matin, je m'esquivai en coulisses à quatre reprises, le temps de changer de chemise. En nage, je ne savais plus où donner de la tête, au point que j'en oubliai de croquer ma pomme porte-bonheur en prélude à la vente. Je transgressai la règle que je m'impose d'ordinaire de ne boire que de l'Evian pour siffler un verre de rosé, histoire de me détendre. Je crois me rappeler que j'avalai à bord du yacht des Kulczyk un steak bourré de protéines, mais je confonds peut-être avec des pâtes, riches en sucres lents. En tout cas, tel un athlète aux Jeux olympiques, je brûlai toute l'énergie à ma disposition.

Le magicien fétiche de Leonardo, un Israélien du nom de Lior Suchard, capable de tordre des petites cuillers comme Uri Geller et de lire dans les pensées avec une facilité déconcertante, dissipa une part de la tension en coulisses. Il pria Sylvester Stallone, qu'il ne connaissait absolument pas, de se rappeler sa première amoureuse, afin d'en deviner le prénom. Il ne sollicita qu'un indice : l'âge de Stallone quand Cupidon le frappa de ses flèches. « Huit ans », grommela l'acteur. Suchard gribouilla quelque chose sur un bout de papier et demanda à Stallone comment s'appelait celle qui inaugura sa carrière amoureuse. Stallone n'eut pas plus tôt répondu que Suchard révéla ce nom sur sa feuille. L'assistance en resta bouche bée. Suchard se surpassa ensuite en devinant le nom du premier petit copain de Mme Stallone.

Enfin, Leonardo me présenta et j'entrai en scène pour faire mon numéro. La vente se déroulerait en trois temps. D'abord, j'adjugerais des expériences qui, en principe, ne se monnayent pas, comme assister aux plus prestigieuses remises de prix de Hollywood en compagnie de Harvey Weinstein. Vingt mains se levèrent, contre cinq à dix en moyenne pour un Picasso chez Sotheby's. Une Chinoise jeune et jolie et surtout très riche emporta ce « gros lot » pour un million d'euros. Roger Federer s'offrit à disputer un match et le prince Albert de Monaco me rejoignit sur l'estrade, le temps de proposer une place à bord d'une expédition qu'il organisait dans l'Arctique. Le magnat de l'immobilier américain Tom Barrack de Colony Capital déboursa douze millions d'euros pour des terrains à bâtir, cette fois sur le domaine respectueux de l'environnement que Leonardo a entrepris d'aménager sur son île privée de Blackadore Caye, au large du Belize. Milutin Gatsby avait bien fait son boulot. Des flopées d'enchérisseurs aux poches bien garnies firent monter en flèche les prix du moindre lot.

Je passai ensuite à la deuxième partie de la vente : des œuvres d'art, dont certaines cédées par Leonardo en personne (un Warhol et un Banksy). Les Nahmad se dessaisirent d'un Monet. Une copie du *Penseur* de Rodin trouva preneur à un million et demi d'euros. La galerie new-yorkaise de Marianne Boesky (la fille d'Ivan, le négociant en bourse impliqué dans un délit d'initié) fit don d'une sculpture de Frank Stella, qui partit à bon prix, et Michael Chow, qui ne se passionne plus seulement pour ses casseroles, bondit de joie lorsqu'une toile dont il avait généreusement accepté de se séparer atteignit quatre cent cinquante mille euros. La pièce de résistance ne fut autre qu'un concert privé d'Elton John, dont Sir Elton donna un avant-goût à l'assistance, à Saint-Tropez. John Leggend y alla de son couplet en entonnant deux chansons sur le même piano. L'avant-goût dut être de celui du public : ce ne furent pas un mais deux concerts que des milliardaires d'Asie se disputèrent, d'une valeur de trois millions d'euros chacun.

À 2 h 30, la vente se conclut enfin. Nous venions de récolter 40 millions de dollars, un record. Et une bonne raison pour moi de danser (au bras de ma légitime épouse) jusqu'au bout de la nuit. Le DJ, une valeur sûre répondant au nom de scène de Cassidy, avait officié aux platines lors de l'entrée en fonction du Président Obama ainsi qu'aux noces de Jay Z et de Beyoncé. En somme : il s'agissait d'une star, au même titre que n'importe quel membre de l'assistance, ce soir-là. Mon taux d'adrénaline me maintint en éveil jusqu'à notre retour au yacht des Kulczyk aux aurores. Le soir suivant, nous étions encore assez remontés pour nous rendre à une autre fête monstre donnée cette fois par les frères Reuben, les équivalents londoniens de Donald Trump dans l'immobilier. Je ne cherche plus à me reposer : autant arborer à mon cou une pancarte indiquant comme ces cafétérias américaines : « ouvert en continu ». Le matin suivant, je me levai à l'aube pour embarquer à bord d'un vol de la compagnie Delta à destination de New York, d'où je me rendis en voiture dans les Hamptons en vue d'une autre vente aux enchères de bienfaisance ; cette fois au Watermill Center de Robert Wilson où j'officie depuis vingt et un ans. Pas la peine de se demander pour qui sonne, non pas le glas mais le marteau : pour moi.

On pourrait penser qu'aujourd'hui fort de dizaines d'années d'expérience, je ne crains plus de procéder à une vente. Eh bien pas du tout. En dépit de mes succès, comme ceux de ces trois ventes d'été coup sur coup, j'ai essuyé quelques désastres, en particulier chez Phillips en 2002, en ce mois de novembre fatidique. Mais en d'autres occasions aussi. Dans un château suisse, par exemple, où je me chargeai d'une adjudication pour l'association caritative La Main tendue. « Le poing fermé » eût été plus approprié. La salle grouillait de banquiers genevois, dont je connaissais la plupart, peu enclins à mettre la main au portefeuille. Pas un seul de ces prospères mais frugaux calvinistes ne se montra prêt à débourser un franc. Je pris les choses en main en tendant la mienne à leur place. Merci, Didier ; c'est très généreux de votre part, Jacques ; Henri, tant de charité t'honore. Ma gêne face à leur attitude me poussa à recourir à des mesures désespérées, pour le plus grand bien de tous, au final.

Pis encore : l'épouse d'un ami d'enfance me pria un beau jour de procéder à une vente aux enchères à Neuchâtel, afin de récolter des fonds pour la maladie de Parkinson. Bien entendu, je ne demandai pas mieux que de lui accorder cette faveur. À mon arrivée, je m'aperçus hélas que l'assistance se composait en grande partie de victimes de la maladie, aux moyens financiers limités, pour ne rien arranger. Dans le jargon du métier, il n'y avait pas d'argent dans la salle. En langage courant : de quoi vous briser le cœur. Même avec la meilleure volonté du monde, je n'aurais pas réussi à délester ces gens de sommes qu'ils ne possédaient pas. Je m'efforçai de prendre les choses à la légère mais je rentrai chez moi au trente-sixième dessous.

Heureusement, en ce qui concerne les ventes de bienfaisance, j'ai connu plus de hauts que de bas. Certains commissaires-priseurs y font merveille alors qu'ils se débrouillent assez mal dans les ventes classiques, ou l'inverse. Je me plais à croire que je me défends sur l'un et l'autre terrains. Dans le domaine caritatif, je me suis fait les dents au cours des années 1980, les années sida ; une maladie qui frappa le milieu de l'art particulièrement vite et fort. Je pris part à l'organisation de galas dans des boîtes de Genève où j'adjugeai des maillots et des ballons de basket des Lakers signés par la première légende du sport à contracter le VIH : Magic Johnson. Ce fut toutefois la mort prématurée de Thomas Ammann, bien parti pour devenir le Duveen de son époque, qui incita le monde de l'art à prendre les devants.

Tout commença en 1990 à l'Art Basel, deux ans avant qu'Elizabeth Taylor ne fonde l'amfAR : avec Audrey Hepburn, elle monta en scène pour inviter les collectionneurs à tendre une main charitable. La vente, ce soir-là, se déroula en silence. Je fus à mon tour prié de rejoindre le podium, le temps d'expliquer aux enchérisseurs les règles du jeu. Je connus en présence de ces deux légendes dont la beauté ne rivalisait qu'avec leur bonté un moment de grâce extatique à la saint François d'Assise, qui me convertit une fois pour toutes aux causes charitables. Faire le bien, c'est encore plus gratifiant que de bien faire et, en plus, on n'a pas à se préoccuper de la commission de l'acheteur.

20

À l'avant-garde

J'ai enfin trouvé une réponse imparable aux inévitables questions : « Et maintenant, qu'est-ce que vous allez faire ? » ou encore « Où va l'art ? » L'art et moi allons là où tout au monde converge : vers le net. A priori, marier l'art et les nouvelles technologies n'a rien d'évident, surtout pour qui partage la vénération de Heini Thyssen envers les maîtres anciens et sa conviction qu'un grand artiste (digne d'une collection), c'est un artiste mort. Cependant, l'explosion actuelle de l'art contemporain et les fortunes qu'il génère prouvent que même le milieu extrêmement conservateur et rétif au changement qui m'a engendré est mûr pour une révolution. En octobre 2015, soucieux de surfer sur la nouvelle vague, j'ai fondé une entreprise baptisée de Pury (autant faire simple) destinée à vendre des collections particulières de tout premier ordre sur la toile.

C'est ma toute première « vente à domicile » qui m'en a donné l'idée, celle de la collection Rosemarie Kanzler à Genève avec Sir Peter Wilson en 1977. Les curieux avaient alors pris grand plaisir à venir admirer dans sa splendide demeure au bord du lac de Genève sa collection de tableaux, de meubles et de sculptures constituant dans leur ensemble un tout bien supérieur à la somme de ses parties. Les collectionneurs raffolent des ventes au domicile d'un particulier. Elles les inspirent. Ils y piochent des idées sur la manière de mettre en valeur les œuvres en leur possession. Je souhaitais exploiter ce filon. Mon projet consistait à déplacer sur la toile les ventes à domicile, à les dématérialiser en y associant néanmoins une maison tout ce qu'il y a de plus solide où montrer aux acquéreurs potentiels la collection objet de la vente. Une gageure et un sacré défi à relever mais je raffole des défis. Voici comment je résolus de procéder :

Pour commencer, j'analysai le marché de l'art en termes de chiffres. D'un côté : eBay, le plus grand marché aux puces de la planète. De l'autre : les antiques Sotheby's et Christie's, et Phillips qui les talonne. Entre les deux : pratiquement rien. Je pris aussi en compte dans mes calculs la pyramide du marché de l'art au sommet de laquelle une cinquantaine de personnes sont prêtes à débourser plus de cent millions de dollars pour une œuvre alors que plusieurs milliers dépenseraient jusqu'à un million, comme les invités à la petite fête de Leonardo à Saint-Tropez. Jadis, acheter une toile un million de dollars vous valait la une du *New York Times*. Bien sûr, la base de la pyramide est large, et se contente d'eBay. Il n'en reste pas moins de la place pour s'imposer entre les deux.

J'avais une *bête noire* chez Sotheby's, cette même hydre que je m'échinai à exterminer chez Phillips : les coûts de fonctionnement. C'est-à-dire le personnel pléthorique, les onéreux catalogues à livrer par messagerie aux multiples domiciles des collectionneurs, sans parler des 25 % astronomiques de commission de l'acheteur. De ce point de vue, la toile s'annonçait comme la Terre promise des coûts réduits à leur plus simple expression. Sauf que personne n'y avait encore trouvé le moyen de vendre de l'art « bourgeois », c'est-à-dire dont le prix s'échelonne de 10 000 à un million de dollars. Artnet (fondé par l'Allemand Hans Neuendorf) fit œuvre de pionnier en la matière mais s'il a le mérite de renseigner sur les prix du marché, les ventes aux enchères y tardent en revanche à décoller.

Pas plus que sur Artsy que l'on doit à Carter Cleveland, un diplômé de Princeton d'une vingtaine d'années à l'origine de ce qu'il a baptisé du séduisant nom d'Art Génome. Si séduisant qu'il attira d'ailleurs des investisseurs du calibre de Larry Gagosian, Dacha Joukova et Wendi Murdoch (l'ex de Rupert). Cleveland a développé la même idée que Pandora pour la musique : si vous aimez ceci, alors vous apprécierez aussi cela. Pas bête. Seulement, dans la pratique, la médiocre sélection d'œuvres proposées fait insulte aux goûts les plus exigeants.

Un autre site attend encore et encore de prendre son envol : Artspace, récemment vendu au ponte de la finance Leon Black, que je tiens (au même titre que Ronald Lauder) pour l'un des principaux collectionneurs des États-Unis et dont la profondeur inouïe des poches a de quoi faire rêver n'importe quel entrepreneur. Artspace vend des œuvres sur le net mais pas aux enchères.

Il y a aussi Paddle8 (le 8 se veut un clin d'œil au Bungalow 8, haut lieu des folles nuits chic de

Manhattan) créé par mon éblouissant jeune protégé de chez Phillips, Alexander Gilkes, auquel j'ai moi-même participé. Paddle8 se donne pour ambition d'écouler des œuvres valant d'un millier à cent mille dollars, une gamme de prix assez distincte de celle que je vise personnellement. Si l'avenir d'un site dépend de l'éclat des personnalités qui s'y impliquent, alors Paddle8 va faire un carton. Y ont investi Damien Hirst, Jay Jopling de White Cube, Matthew Mellon de la famille Mellon qu'on ne présente plus, Jimmy Choo et les Wertheimer propriétaires de Chanel. Jusqu'ici, Gilkes n'a eu de succès qu'avec les adjudications de bienfaisance en ligne mais comme celles-ci n'ont pas d'ambition lucrative, pour engranger des profits Paddle8 devra écouler des œuvres au grand public, et en quantité compte tenu de son cœur de cible. Un défi qui reste encore à relever.

Je tournai les yeux du côté des maisons de couture, elles aussi sceptiques au départ vis-à-vis du net. Qui donc songerait à acheter de la haute couture en ligne ? ! s'écrièrent-elles toutes dédaigneusement. Vint alors Net-à-Porter qui leur prouva leur erreur. Le site 1stdibs appliqua ensuite le même principe au mobilier contemporain haut de gamme. Les consommateurs adorent commander des vêtements et des meubles hors de prix en ligne. Pourquoi pas des œuvres d'art aussi ? Bien sûr, je n'aurais pas forcément exploré cette piste sans un enchaînement fortuit de circonstances. D'abord, j'eus le plaisir de rencontrer à Londres Klaus Hommels, un Allemand établi en Suisse considéré comme l'un des plus grands génies européens des nouvelles technologies. Klaus a d'entrée de jeu investi dans des entreprises à succès telles que Skype, Spotify et Facebook. Nous avions beaucoup en commun et nous sommes mis en quête de projets dans lesquels nous lancer ensemble.

Comme par un fait exprès, ma chère amie la baronne Marion Lambert, soucieuse de vendre sa splendide collection, sollicita à peu près au même moment mes conseils. Comme son mari venait de mourir et que l'art n'intéressait pas son fils, Marion voulait que je l'aide à décrocher d'alléchantes propositions de la part des trois principales maisons de vente. La famille belge des Lambert peut se targuer d'un goût des plus sûrs. Apparentés aux Rothschild, ils fondèrent en 1840 la banque de Bruxelles et financèrent la colonisation du Congo sous l'égide du roi Léopold. Marion, hollandaise, épousa le baron Philippe, qui mourut en 2011. Elle possédait de fabuleuses propriétés à Genève, Gstaad et en Grèce. Le frère de Philippe, le baron Léon Lambert, occupait un somptueux appartement à l'étage des locaux bruxellois de la banque, où il conservait l'une des plus belles collections d'œuvres d'art d'Europe. Sa mort prématurée du sida en 1987 eut un tel retentissement qu'elle contribua, comme celle de son ami, le marchand Thomas Ammann, à mettre la maladie au premier rang des causes charitables du XXe siècle finissant.

Marion fut parmi les premiers collectionneurs au monde à s'intéresser à la photographie. Elle en détenait des quantités qu'elle entreposait à la banque familiale, laquelle portait alors le nom de Bruxelles Lambert. Lorsque l'un de ses directeurs tatillon s'opposa publiquement à la conversion de l'établissement financier en musée, Marion se tourna vers moi pour écouler sa collection chez Phillips en 2005. Il en résulta l'une des plus importantes adjudications de photos de l'histoire. Nous l'intitulâmes la Revanche de Véronique, en référence à la sainte sur le voile de laquelle la légende affirme que s'imprima la face du Christ. D'aucuns y voient la première photo jamais prise en l'absence même de tout appareil.

Tel est le pouvoir de la foi. Marion Lambert, peu convaincue par les propositions des trois grandes maisons de vente, plaça en tout cas la sienne en moi. Les pièces qui composaient sa collection, aussi éclectique et peu orthodoxe que Marion elle-même, avaient pour seul dénominateur commun son goût très sûr. On y trouvait du mobilier du XVIIIe siècle, du design du XXe et de l'art contemporain, dont la plus belle œuvre abstraite de Christopher Wool (le lot le plus cher estimé à plus de 9 millions de dollars). Mais aussi de la haute couture et une voiture, une Topolino italienne des années 1950 (presque de la taille d'une bicyclette). Plus de quatre cents pièces en tout ; toute une vie d'élégance et d'innovation. Christie's avait soumis à Marion une offre sur mesure des plus élaborées, comme celle de Sotheby's, d'ailleurs, mais moins personnelle. Ce fut encore celle de Phillips qui me laissa la moins bonne impression. J'attendais pourtant mieux de leur part. Je recommandai Christie's à Marion.

Elle me choisit moi. « Tu n'as qu'à l'adjuger, toi », m'assena-t-elle. Je ris, supposant qu'elle plaisantait. Pas du tout. Mais où ? lui demandai-je. Je ne disposais plus de maison de vente. « Sur le net » me répliqua, d'un ton confiant, la baronne, pourtant pas plus versée en informatique que la majeure partie des têtes couronnées de sa génération. Mais aucune collection d'une telle ampleur n'avait encore été vendue aux enchères sur la toile, insistai-je, dans l'espoir de la raisonner. « Ce sera une première », affirma-t-elle.

Je songeai au conseil reçu chez Sotheby's à l'époque de mes débuts sous la houlette de Peter Wilson. « Autant manger son pain blanc tant qu'il en est temps. » Ce pain (pour le coup bénit) n'attendait que de se laisser engloutir. Il me parut encore plus appétissant après un autre heureux coup du sort. Mon épouse Michaela cherchait depuis plus d'un an à ce que nous fassions connaissance avec Arnaud Massenet, le cofondateur de Net-à-Porter. Une amie commune avait promis de se charger des présentations. La perspective de la vente poussa Michaela à insister auprès de son amie et nous fîmes enfin connaissance avec Arnaud lors d'un dîner à Londres chez Alfred, un club privé de Davies Street, dans le quartier de Mayfair.

En véritable magicien des affaires, Arnaud, qui a grandi à Paris mais décroché son MBA à l'université de la Caroline du Nord avant de travailler pour Morgan Stanley, cache en lui un collectionneur passionné. Ayant lui-même réussi à surmonter l'hostilité du milieu de la mode envers Net-à-Porter, il saisit tout de suite notre objectif et estima tout à fait possible d'y parvenir. Le destin frappait à notre porte. Il nous fallait un expert et voilà que nous en dénichions un ! Nous décidâmes sans attendre d'unir nos forces, Arnaud, Klaus Hommels, Michaela et moi, et de nous lancer dès l'automne 2015 avec la vente de la collection de la baronne. À table, ce jour-là, je mangeai mon pain blanc ; du pain bénit en vérité.

La vente intitulée « Une odyssée visuelle, morceaux choisis de la collection Lambert » mêlerait le virtuel à la brique et au ciment. Il nous faudrait un lieu où accueillir les acheteurs potentiels en prélude à la « vente à domicile ». Quelle adresse, pour le coup, que la nôtre ! Nous investîmes le 37 Dover Street à Mayfair, l'ancienne résidence londonienne de l'évêque d'Ely, dont la construction s'acheva en 1776, l'année de la Révolution américaine. Considéré comme l'une des plus belles maisons de ville de la métropole, cet ex-palais épiscopal abritait depuis peu le QG de Mallett, un vénérable antiquaire.

Nous louerions ses locaux pendant les deux semaines précédant l'adjudication. Par chance pour nous, Marion comptait parmi ses meilleurs amis le décorateur star Jacques Grange (dont la clientèle comprend aussi bien Saint Laurent, Lagerfeld, Valentino ou Pinault). Nous l'enrôlâmes pour qu'il transforme pendant une quinzaine de jours magiques le 37 Dover Street en Maison Lambert, le temps d'y convier des experts, des universitaires, des conservateurs et des critiques à prononcer des conférences sur tout un éventail de thèmes en rapport avec les trésors réunis par la famille. Nous retransmettrions en direct sur la toile la vente dans les locaux de Mallett, la rendant ainsi accessible sur les tablettes et les smartphones.

Notre intention était d'organiser en plein cœur de Mayfair un festival artistique aussi unique et volatil que le village de Brigadoon en posant ainsi les jalons des futures adjudications en ligne de la maison de Pury car nous espérons à terme remplacer les catalogues par des expositions, à New York, Los Angeles, Shanghai ou Dubai, partout où il y a de grandes collections, et de grands collectionneurs. Cerise sur le gâteau : nous ne prélèverons aux acheteurs qu'une commission de 15 % sur les lots d'une valeur inférieure à deux millions de dollars, alors que nos principaux rivaux fixent la leur à 25 %. Certes, nous ne garantirons pas de prix de vente seuil à nos vendeurs. Notre objectif : ne pas grever le budget des enchérisseurs, ni le nôtre.

Une autre imposante maison de ville, le 40 rue Dover, héberge l'Arts Club, fondé en 1863 par Dickens et Trollope et fréquenté au fil des ans par Degas, Monet, Whistler et consorts. On y croise aujourd'hui Gagosian, Hirst, Koons et leurs pareils. Dover Street, c'est la rue de l'art par excellence, où palpite le pouls du monde de l'art. Nous étions certains qu'en établissant notre Maison Lambert chez Mallett nous attirerions le chaland sophistiqué en alimentant le bouche à oreille.

À l'approche de la vente, force nous fut d'admettre que nous avions beau être à la pointe en art moderne et contemporain, il n'y en avait pas moins de meilleurs experts que nous dans certains domaines de la collection, unique de par sa diversité même. De fait, nul ne s'y connaît mieux en mobilier français du XVIIIe siècle, l'un des points forts de l'ensemble de pièces réunies par les Lambert, que Charles Cator de Christie's ; une maison également plus à même que nous de valoriser les paravents japonais et les œuvres asiatiques. Nous devant d'assurer à notre cliente les meilleures prestations, nous convînmes d'un commun accord qu'il vaudrait mieux procéder à la vente en partenariat avec Christie's. Et quelle ne fut pas notre joie quand la célèbre maison accepta de se joindre à notre équipe !

L'adjudication qui se déroulerait en grande partie en ligne n'en représentait pas moins pour cette raison même une innovation. Un autre aspect encore la rendit unique : elle me fournit l'occasion (et le plaisir) d'abaisser pour la première fois mon marteau dans les locaux de Christie's de King Street à Londres. J'y partageai l'estrade avec le formidable commissaire-priseur de la maison, Jussi Pylkkanen. Il se chargea du premier tiers des lots, les « vieux machins » d'avant 1970. Je m'occupai du reste. Il ne me fallut pas moins de quatre heures et demie pour écouler l'ensemble des trois cents et quelques pièces. Je peux désormais me targuer d'avoir mené des ventes aux enchères pour les trois maisons les plus en vue : Sotheby's, Christie's et Phillips. Le résultat final me rendit encore plus fier. Grâce à l'enthousiasme des enchérisseurs en ligne et au bout du fil, le montant total de la vente atteignit l'impressionnant chiffre de 22,9 millions de dollars. Tout est bien qui finit bien, et nous avons la ferme intention de rester à la pointe du virtuel dans un avenir proche.

Malgré tout, aussi exaltante que soit la vente d'œuvres d'art, c'est encore la création qui m'exalte le plus. À mes débuts, j'aspirais à devenir artiste et rien ne me flatte plus que de découvrir des artistes en herbe avant tout le monde. À la direction de Phillips, je prenais plaisir à dénicher de nouveaux talents mais aussi à faire œuvre de pionnier en adjugeant des pièces de design ou des photos jusque-là inédites dans les ventes aux enchères. Ron Arad, Marc Newsom et feu Helmut Newton m'ont tous remercié, et profusément, de la visibilité que je leur ai octroyée dans le milieu. Je ne suis peut-être pas le Christophe Colomb de l'art mais j'adore défricher de nouvelles terres inconnues et y poser le pied avant tout le monde.

Si je n'ai pas été le premier à m'intéresser à Gerhard Richter, le peintre actuel qui compte sans doute le plus en ce moment, c'est malgré tout l'impression que j'en garde. Je ne suis pas près d'oublier mon émerveillement quand, il y a quelques dizaines d'années, je découvris ses toiles à l'intérieur même de la maison de Friedrich Nietzsche, à Sils-Maria dans les Alpes suisses, où les exposait alors le conservateur prodige Hans-Ulrich Obrist. À ce moment-là, il restait encore bien du chemin à parcourir à Richter jusqu'à sa métamorphose en Superman de la peinture mais l'ombre de Nietzsche qui planait sur les lieux confirma mon intuition que je me trouvais face à une œuvre considérable.

Je fis part de mon enthousiasme à l'oracle des marchands d'art, Thomas Ammann, qui se montra dubitatif. « Tu n'as peut-être pas tort », me concéda-t-il. Je me réjouis par la suite d'avoir vu juste. Les toiles de Richter s'arrachent à présent à plusieurs dizaines de millions de dollars chacune et ses tableaux abstraits, objets de ma fascination initiale, valent encore plus que les figuratifs. Comme Richter touche également à la photographie et à la sculpture, il est impossible de lui coller une étiquette. Son éclectisme joua malgré tout contre lui au départ. Si seulement j'avais acheté une pleine cargaison de ses toiles !

Je m'enorgueillis également de m'être enthousiasmé parmi les premiers pour l'œuvre de mon compatriote, le Suisse Urs Fischer. Bien que tout juste à l'orée de la quarantaine, Fischer restera selon moi l'artiste le plus marquant de la décennie actuelle comme Koons fut celui des années 1980, Hirst celui des années 1990 ou encore Cattelan à l'aube du nouveau millénaire.

Sans cesse à l'affût du nouveau Richter ou du prochain Fischer, je profitai chez Phillips des adjudications en journée que ne couvre pas la presse pour attirer l'attention sur des créateurs à fort potentiel. Je m'échinais ensuite à glisser quelques-unes de leurs œuvres dans celles du soir dans l'espoir que les critiques d'art volages les repèrent avant de les aider à percer. Un artiste à la reconnaissance duquel je me sens particulièrement fier d'avoir contribué reste Mark Bradford, dont les collages forcent autant le respect que son CV. Mark a grandi au bord du ghetto de Los Angeles où sa mère gérait un salon de coiffure. La famille finit par s'installer à Santa Monica mais elle conserva le salon où Mark s'occupa bientôt lui-même des clientes à sa sortie du lycée. Il ne s'inscrivit dans une école de beaux-arts qu'à trente ans : à la pépinière de talents Cal Arts.

Le talent de Mark a éclos tard mais il a donné de beaux fruits. Il a percé grâce au soutien de la Principessa Kika Borghese, une Italienne installée à New York surtout intéressée par la création afro-américaine. Sa première vente aux enchères chez Phillips a rapporté la somme faramineuse pour un débutant de 180 000 dollars et sa cote n'a dès lors plus cessé de monter. Il figure dans la collection Lambert et a reçu pour 2,5 millions de dollars la commande d'une création hommage à la constitution des États-Unis, visible à la nouvelle ambassade américaine de Londres. Pas près pour autant d'oublier d'où il vient, Mark a installé son atelier dans le salon de sa mère désormais à la retraite. Je me rappelle qu'un lumbago me paralysait à l'hôtel Bel-Air lors d'un de nos séjours annuels à Los Angeles où mon épouse et moi rencontrons les futurs grands artistes de demain. Michaela se dit navrée de me voir aussi mal en point : elle comptait saluer Mark dans son atelier. Tel un infirme en pèlerinage à Lourdes, je m'arrachai à mon lit, malgré mes courbatures, pour me joindre à elle. Je me plais à croire que je dois ma guérison à l'art. Qui sait si ce ne fut pas le cas ?

Mark a un tempérament remarquable, en consonance avec son œuvre, ce qui ne va pourtant pas de soi. En général, j'aime mieux voir la production d'un artiste avant de le rencontrer, pour éviter de subir l'influence de sa personnalité. Ce qu'il y a de beau, quand on collectionne de l'art contemporain, c'est qu'on peut franchir le seuil des ateliers et faire la connaissance de ceux qui y œuvrent, n'en déplaise à Heini Thyssen. Depuis quelques années, Michaela et moi passons systématiquement le mois d'août à Los Angeles, à nos yeux le centre névralgique de la création contemporaine, l'équivalent actuel du Paris des impressionnistes ou même des surréalistes. La lumière y est idéale, les loyers bon marché, les collectionneurs influents et en nombre. Les milieux culturels avides de nouveauté y ont l'esprit large et on peut désormais circuler sans crainte au cœur de la ville, plus avant-gardiste encore que Berlin, dans les quartiers mêmes où ont élu domicile les créateurs.

Prenons le cas d'Alex Israel, repéré pendant l'un de nos interminables étés à Los Angeles. Ce fut China Chow qui nous le présenta, la fille de Michael qu'on a pu voir à mes côtés dans l'émission de la chaîne Bravo, *Work of Art,* qu'elle présentait d'ailleurs. Ce qu'elle nous dit d'Alex m'intrigua. Son œuvre traite du culte des vedettes et de la culture du vedettariat et, fait unique au monde, il a installé son atelier dans des studios de cinéma, ceux de la Warner Bros en l'occurrence. Tout à fait dans l'esprit de Los Angeles. Michaela et moi résolûmes de lui rendre visite. Nous parvînmes à un vaste hangar où Alex Israel avait établi son domicile artistique.

Nous y accueillit un type fluet, vêtu à la mode, s'exprimant avec éloquence, quoiqu'en peu de mots. Ses lunettes noires le rendent aussi reconnaissable que celles à la monture ronde de Michael Chow, si ce n'est plus encore dans la mesure où Alex a créé sa propre marque de verres teintés haut de gamme Freeway Eyewear. De ce point de vue, il se contente de suivre la tradition warholienne. De fait, Alex connaît ses classiques. Il connaît aussi l'art et s'y connaît en affaires. Pur produit du luxe et du confort de la côte Ouest, il a d'abord étudié à Yale avant de retourner en Californie du Sud décrocher un master en beaux-arts. Il reprit ensuite la route de l'Est pour investir le marché de l'art depuis les coulisses sous les ordres de Tobias Meyer chez Sotheby's, puis à la galerie Hauser & Wirth et enfin en tant qu'assistant du défunt artiste Jason Rhoades.

Ce ne fut qu'à l'issue de sa dizaine d'années d'apprentissage qu'Alex s'estima enfin prêt à endosser son costume de créateur. Fort du soutien technique de l'armée de décorateurs de la Warner, il réalisa d'abord une série de peintures aux tons pastel sur des panneaux qui, à en croire certains critiques, ressemblent aux décors des films porno qui firent de la vallée de San Fernando le Hollywood des productions érotiques. Les Européens, qui nourrissent en général un faible pour tout ce qui touche au cinéma, séries Z y compris, mordirent à l'hameçon.

Toujours au début de sa carrière artistique, Alex réalisa une série de performances hommage à Warhol, intitulée *As it Lays* (en hommage pour le coup à Joan Didion, auteur du roman *Play it as it Lays, Maria avec et sans rien* en version française). Sur un plateau au décor pastel, Alex en costume de Teddy Boy, dissimulé derrière ses verres teintés, interviewe dix minutes durant, sans état d'âme mais avec un humour pince-sans-rire, des célébrités locales à la gloire souvent un peu éteinte comme Phyllis Diller, Cheryl Tiegs, Jon Peters, Marilyn Manson, Oliver Stone, Bobby Shriver et d'autres encore. La liste rend moins compte de l'intérêt pour l'art de ces ex-légendes vivantes que du vaste réseau de connaissances d'Alex en Californie.

En Californie mais pas seulement. Où que nous nous rendions, Michaela et moi, nous le croisons. Nous l'avons vu au Liebighaus Museum de Francfort, à l'ouverture de l'exposition de son inspirateur Jeff Koons. Face à la statue dorée de Michael Jackson et de son chimpanzé Bubbles, dressée parmi les objets funéraires égyptiens de la collection permanente, Alex surgit tel un *deus ex machina* au côté de son influente représentante parisienne, l'épatante Almine Rech, franco-thaïlandaise, mariée à Bernard Picasso, le petit-fils de Pablo, la noblesse du milieu de l'art.

Nous avons aussi croisé Alex et ses parents à Rome, alors qu'il y exposait ses œuvres avec celles de Kathryn Andrews au nouveau QG de Larry Gagosian dans la Ville éternelle, une ancienne banque, comme il se doit, près de l'escalier de la Trinité-des-Monts. S'il fallait résumer Alex par un verbe, ce serait

« réseauter ». Lorsqu'il apparut en couverture de la revue d'art *Purple*, il demanda à Jeff Koons de poster sur Instagram une photo de lui-même brandissant un exemplaire du magazine où figurait Alex ; l'ultime consécration dans le monde de l'art.

La persévérance d'Alex à se mettre en avant a fini par payer. En 2014, l'une de ses peintures de ciel aux tonalités pastel se vendit un million de dollars chez Christie's. Deux jours plus tard, une autre s'arracha à 750 000 dollars chez Phillips. Quels sommets va-t-il encore atteindre ? Je ne sais pas pourquoi mais je ne m'inquiète pas pour lui. Nous l'avons vu dernièrement à une soirée de Rosette Delug, la superbe blonde d'origine turque, doyenne de la scène artistique contemporaine de Los Angeles, membre du conseil d'administration du musée Hammer et avant cela du musée d'art contemporain de Los Angeles, dont elle ne se retira que quand Eli Broad fit mine de s'approprier l'institution.

Rosette Delug occupe dans le quartier de Trousdale à Beverly Hills un manoir des années 1950 rempli des centaines de merveilleuses œuvres d'art amassées au fil de sa pourtant courte carrière de collectionneuse. Ruschas, Baldessaris, les plus grands succès de Los Angeles. Même sa piscine fait figure d'œuvre d'art : sur le fond se détache le texte de Lawrence Weiner *Stretched as Tightly as Possible : Satin & Petroleum Jelly*. Les fêtes de Rosette Delug, des performances à part entière, mettent en scène des modèles de Playboy au corps peint à la bombe et j'en passe et des meilleures. Ce soir-là étaient bien sûr présents Alex Israel et China Chow, qui faisait tout pour qu'il l'épouse, afin de se faire appeler China Israel.

Michaela et moi adorons découvrir de nouveaux artistes du genre d'Alex Israel. Nous adorons aussi collectionner leurs œuvres. Nous rencontrons au gré de nos déplacements des hommes et des femmes ayant réussi dans différents domaines mais il semblerait que ce soient les artistes qui emportent à chaque fois notre préférence. Quoi qu'il en soit, il est bien plus intéressant de se lier avec un créateur avant qu'il ne fasse l'objet d'un consensus. Quoi de plus gratifiant que d'orienter le goût des autres ? De quoi vous remonter le moral, de même que cela aide un artiste à voir la vie du bon côté quand des oligarques russes se bagarrent pour acquérir l'une de ses œuvres à plus de 10 millions de dollars. L'argent est un gage de reconnaissance or quel artiste n'aspire pas à ce qu'on le reconnaisse ? Telle est l'arithmétique du goût. Ainsi soit-il.

Depuis le début de ma carrière dans le négoce de l'art, je me perçois comme un artiste ayant endossé le costume d'un marchand. Comme le souligna en son temps mon premier mentor, Ernst Beyeler, j'ai une approche de l'art plus physique qu'intellectuelle. Ce qui m'exalte, ce n'est ni l'histoire ni l'argent mais le plaisir à l'état pur de voir et de côtoyer de fabuleuses œuvres. En cultivant d'autres plaisirs, je me serais sans doute bien plus enrichi et je disposerais aujourd'hui d'une immense demeure où exhiber ma collection.

Pour autant, je n'ai rien contre l'argent. Aucun collectionneur de ma connaissance ne se vanterait de la dégringolade du prix d'une œuvre en sa possession. La chute de la valeur d'une toile n'a rien de chic. J'ai cependant connu des critiques qui, notamment dans le cas des débutants, se méfient des cotes qui montent en flèche. Je n'ai qu'un mot à leur dire : *Foutaises !* En vertu d'une telle logique, les collectionneurs feraient mieux de se débarrasser de leurs Picasso et de leurs Matisse. Ce que j'acquiers, je l'acquiers en tout cas par amour et je croise les doigts pour que sa valeur augmente. Accro à l'art, j'achète si possible deux ou trois œuvres chaque mois, que j'entrepose dans une zone franche en Suisse en attendant en vain de me construire une Villa Favorita dont je sais qu'elle ne se matérialisera que dans mes rêves. Au moins me reste l'art pour me consoler. C'est mon obsession, ma boussole et, à vrai dire, le seul domaine où je m'y connaisse un tant soit peu. J'ai mis tous mes œufs dans le même panier, celui de l'art. Dommage que ce ne soient pas des œufs de Fabergé…

CET OUVRAGE A ÉTÉ COMPOSÉ PAR PCA
CET OUVRAGE A ÉTÉ IMPRIMÉ EN FRANCE
PAR CPI BUSSIÈRE
EN SEPTEMBRE 2016
POUR LE COMPTE DES ÉDITIONS JC LATTÈS

N° d'édition : 01 – N° d'impression : 2024324
Dépôt légal : octobre 2016
Imprimé en France